SIEGLINDE QUICK

KARL SUNDERMEIER
DER ORCHIDEENMISSIONAR

EIN LEBEN FÜR DIE GUTE BOTSCHAFT

Alle verwendeten Bibelstellen sind der Lutherbibel, revidierter Text 1984, durchgesehene Ausgabe, © 1999 Deutsche Bibelgesellschaft, Stuttgart, entnommen.

Die Fotos wurden dem Verlag von der Autorin zur Verfügung gestellt. Ein Abdruck ist nur nach Rücksprache mit dem Verlag möglich. Fotos S. 58, 90, 93 © CVJM-Westbund (Abdruck mit freundlicher Genehmigung).

Bibliografische Information der Deutschen Nationalbibliothek

Die Deutsche Nationalbibliothek verzeichnet diese Publikation in der Deutschen Nationalbibliografie; detaillierte bibliografische Daten sind im Internet über http://dnb.d-nb.de abrufbar.

© 2014 Neukirchener Verlagsgesellschaft mbH, Neukirchen-Vluyn
Alle Rechte vorbehalten
Umschlaggestaltung: Andreas Sonnhüter, Niederkrüchten unter Verwendung eines Bildes von © hitemay, traveler1116, pictore, Antonel / iStockphoto.com
Lektorat: Nadine Weihe, Hille
DTP: Breklumer Print-Service
Verwendete Schriften: Futura, Adobe Garamond Pro
Gesamtherstellung: FINIDR, Lipova
Printed in Czech Republic
ISBN 978-3-7615-5936-9 Print
ISBN 978-3-7615-6115-7 E-Book

www.neukirchener-verlage.de

INHALT

VORWORT   7

KAPITEL 1: KINDHEIT IN BÜNDE

Haus, Hof und Familie	11
Kindheit in politisch schwerer Zeit	15
Prägung im Glauben	21

KAPITEL 2: STUDIUM AN VIER VERSCHIEDENEN ORTEN

Wuppertal	27
Ferienjobs und Reisen	29
Studium in Göttingen, Tübingen und Münster	32

KAPITEL 3: DER BEGINN DES REISELEBENS

Erste Station: Reisesekretär bei der SMD	37
Zweite Station: Vikariat in Meinerzhagen	48
Dritte Station: Bundeswart des CVJM-Westbundes	51

KAPITEL 4: HINAUS IN DIE WEITE WELT: NACH SRI LANKA

Ausreise und Ankunft	97
Die „Kandy City Mission"	104
Der Klopastor: Toiletten und andere Bauwerke	105
Die eigene Kirche	110
Weihnachten in der eigenen Gemeinde	114
Orchideenzüchter und Häuserbauer – aber in erster Linie Missionar	115

Konfirmation, Kindergarten, Kirche – und Nachwuchs 122
Heimaturlaub 126
Käserei und Landwirtschaft 134
Umzug nach Augustawatte 137
Heimaturlaub, Unruhen und neue Bauprojekte 139
Geburtstag im Busch und andere Jubiläen 149
Abschied in schweren Zeiten 154

KAPITEL 5: NAMIBIA – VON DEN TROPEN IN DIE STEPPE

Ein belastetes Erbe 159
Farmgottesdienste, Rundfunkpastor und Kirchenpolitik 171
Haus und Familie 178
Krieg, Politik und Kirchenpolitik 185
Heimaturlaub und Besuch in der „Heimat Sri Lanka" 187
Wie zerstörend Kirchenpolitik sein kann 188
Familiäre Veränderungen 194
Freie Wahlen und die Unabhängigkeit Namibias 196
Alltag nach der Unabhängigkeit 202
Abschied aus Namibia 208

KAPITEL 6: AUCH IM RUHESTAND IMMER UNTERWEGS

Zurück in Schwelm, doch viel unterwegs 213
Auftankstationen, Familienfeiern und Reisen 214
Abschied nehmen 225

NACHWORT UND DANK 231

LITERATURVERZEICHNIS 233

ANMERKUNGEN 235

VORWORT

An einem Sonntagmorgen bei herrlichem Sonnenschein sitzt mein Vater mit seinen 81 Jahren bei uns draußen auf der Terrasse, trinkt genüsslich eine Tasse guten Ceylontee und unterhält sich mit einem unserer Gäste, die ich anlässlich einer Familienfeier bewirte. Mit halbem Ohr nehme ich wahr, was er sagt. Dabei sitzt er nicht gemütlich zurückgelehnt im Gartenstuhl, sondern in seiner ihm so typischen „Lehrhaltung": leicht vornübergebeugt, den einen Arm verschränkt, den anderen mit der offenen Handfläche zum Gegenüber hingestreckt, als wolle er ihm etwas ganz Kostbares anbieten. Zuerst denke ich, er wolle die gerade gehörte Predigt unseres Pfarrers kritisieren – wie Pfarrer das gerne tun –, doch dann werde ich eines Besseren belehrt. Schnell setze ich mich hin und höre zu, wie ich schon als Kind immer dann besonders aufmerksam gelauscht habe, wenn er bei einer seiner Bibelarbeiten auf irgendeine kleine, aber äußerst wichtige Sache im Urtext hinwies. Eigentlich sollte ich ja weiter meine Gäste bewirten und will schon wieder aufstehen, auch weil es um die Schöpfung zu gehen scheint und ich dieses Thema als Theologin schon fast nicht mehr hören kann, da merke ich plötzlich auf. Es erstaunt mich, dass mir das, wovon mein Vater gerade spricht, selber noch nie aufgefallen ist, wo ich doch den Luthertext fast auswendig kann. Mein Vater stellt fest, dass Gott Adam den Auftrag im Paradies gibt, die Erde zu bebauen und zu bewahren, aber nach dem Sündenfall Gott nur noch die Aufgabe gibt, die Erde zu bebauen. Von Bewahren ist keine Rede mehr. Dann folgt natürlich gleich die Auslegung, dass durch Jesus auch die Schöpfung erlöst werden müsse, und zwar nicht durch unser Tun, sondern durch Gottes Neuschöpfung. Mich hat es wieder einmal erstaunt, wie genau mein Vater hinschaut und das Augenmerk auf Dinge lenkt, über die man normalerweise einfach so hinwegliest.

Wenn er früher sonntags bei seinen – immer frei gehaltenen Predigten – den Bibeltext vorlas, dann erklang bei neutestamentlichen

Texten original Luther, obwohl er nur das griechische Neue Testament vorliegen hatte. Dabei ging es ihm aber nie um theologische Spitzfindigkeiten oder gar Lehrstreitigkeiten, sondern immer darum, die Bibel und den Glauben in seiner ganzen Tiefe und Breite zu erforschen und für das jetzige Leben lebendig zu machen – eben ganz Missionar! In diesen Momenten war ihm auch später sein fortgeschrittenes Alter überhaupt nicht anzumerken. Mit fester, überzeugter Stimme war er jederzeit bereit, das zu bezeugen, was ihm das Wichtigste war auf Erden: das Heil, das wir im Glauben an Jesus geschenkt bekommen.

Es war selten, dass meine Eltern so gemütlich bei uns auf der Terrasse saßen, waren sie doch meistens – auch noch im hohen Alter – unterwegs: in Sri Lanka, in Israel, mal eben in der Türkei oder zu irgendwelchen Kulturbesichtigungen in und um Deutschland. Wobei die Kultur mehr Steckenpferd meiner Mutter war. Mein Vater war glücklich, wenn er solche Reisen mit einem „Dienst" verbinden konnte – hier ein Gottesdienst, da eine Bibelarbeit …

Wenn ich an meinen Vater denke, kommen mir noch andere Bilder in den Sinn: wie er in seinem kakifarbenen Outfit mit geschultertem Gewehr in Namibia das Abendessen in Form eines Springbocks jagt – natürlich in Begleitung des Farmbesitzers, nachdem morgens mit vielen Farmern der Umgebung ein Farmgottesdienst fast wie ein kleines Gemeindefest gefeiert wurde. Oder ich sehe ihn, wie er sich mit uns Kindern im warmen Ozean Sri Lankas tummelt, um hinterher auf der Terrasse eine Runde Skat mit uns zu spielen. Dann denke ich daran, wie er nach langer Reise aus Afrika mit bunten, afrikanischen Blusen für uns Mädchen im Koffer heimkommt und am nächsten Tag auf dem Weg zur Schule uns animiert, mit ihm zusammen lauthals die CVJM-„Ohrwürmer" zu schmettern: „Jesu Name nie verklinget …"

Auch ein Bild aus seiner Studentenzeit erscheint vor meinem inneren Auge: Er steht vor einem Kreis junger Männer, ein Bein auf einen Stuhl gestellt, in der einen Hand die Bibel, die andere wieder zu den Menschen hingewandt. Zuletzt ein Bild aus seiner Kindheit: Er steht sinnierend da, eine Hand in der Hosentasche und auf der Schulter sitzt seine zahme Elster …

Ein Bekannter sagte mir einmal, dass er Biografien nicht möge, weil dort immer die Person viel zu sehr gelobt und als unfehlbarer Mensch hingestellt werde. So als gäbe es nicht auch die Schwächen, Schuld und schweren Stunden im Leben dieses Menschen. So gesehen dürfte man keine Biografie schreiben, denn selbst die großen Heiligen der Menschheitsgeschichte seien bestimmt keine Engel gewesen und hätten ganz gewiss auch menschliche Schwächen und Fehler.

Deshalb hoffe ich, dass in dieser Biografie letztlich nicht die Person meines Vaters im Vordergrund steht, sondern wie Gott ihn in seinem bewegten Leben immer wieder geführt hat, um für viele Menschen in den verschiedensten Teilen dieser Welt zum Segen zu werden.

KAPITEL 1
KINDHEIT IN BÜNDE

HAUS, HOF UND FAMILIE

Freude und Trauer liegen nah beieinander

Am 21. Januar 1930 wurde Fritz und Paula Sundermeier ihr ältester Sohn im Haus Südlengern Nr. 84 geboren. Stolz marschierte der Vater zum Standesamt, um den Namen seines Sohnes eintragen zu lassen: Friedrich Wilhelm Hans Walter. Diesen Namen, gespickt mit den Namen großer deutscher Kaiser, trug er allerdings nur zwei Tage lang. Dann verstarb ganz plötzlich und unerwartet sein Großvater, Carl Sundermeier. Sein ältester Sohn Fritz war bei ihm im Arbeitszimmer, als Carl plötzlich sagte: „Ich glaube, es geht zu Ende mit mir." Dann fiel sein Kopf vornüber auf die Tischplatte und er war tot. Das war natürlich ein Schock für die Familie. Trotz all der Trauer wollten sie die Taufe des kleinen Jungen nicht verschieben. Während sich also noch der Sarg mit dem Großvater im Haus befand, wurde Fritz' Sohn im Hause Sundermeier von Pfarrer Julius Prüßner getauft, allerdings auf den Namen Friedrich Wilhelm Hans *Karl* – in Gedenken an den gerade verstorbenen Großvater, geschrieben allerdings mit K.

Karls Eltern

Von zu Hause aus war Fritz Sundermeier eine gute Kirchlichkeit gewohnt, fand dann aber durch Veranstaltungen des Westdeutschen Jungmännerbundes (heute: CVJM-Westbund) zum lebendigen Glauben in der Nachfolge Jesu. Um diesen Glauben weiter zu vertiefen, meldete er sich 1923 zu einem einjährigen, freiwilligen Praktikum beim Reichsverband des CVJM in Wuppertal an. Danach hängte er noch ein zweites Jahr für einen Spezialkurs in der Evangelistenschule

Johanneum in Wuppertal dran, die er in der Zeit beim CVJM kennen- und schätzen gelernt hatte.

Zurück in Bünde nahm er weiterhin regen Anteil nicht nur an der dortigen evangelischen Gemeinde, sondern auch an der Bünder CVJM-Gruppe. Er hielt Bibelarbeiten, spielte im CVJM-Posaunenchor und nahm an den Bünder Missionsfesten teil, und zwar nicht nur als Bläser, sondern auch als sehr interessierter Zuhörer.

Der beste Freund Fritz Sundermeiers, Walter Knollmann, hatte eine ältere Schwester, Paula, die am 19. Juli 1900 geboren wurde. Fritz kannte sie nicht nur von seinen Besuchen im Hause seines Freundes in der Brunnenallee, sondern auch von der Gemeinde, denn Paula leitete dort den Mädchenkreis.

Sie hatte die Handelsschule besucht, eine Stelle in Düsseldorf gefunden und kam dort in dieser Zeit zum Glauben. Als sie von zu Hause wegging, hatten ihre Eltern ihr die Liedstrophe „Sing, bet' und geh auf Gottes Wegen" aus dem Lied *Wer nur den lieben Gott lässt walten* von Georg Neumark mit auf den Weg gegeben, die ihr seitdem zeitlebens wichtig wurde:

> *Sing, bet' und geh auf Gottes Wegen, verricht' das Deine nur getreu'*
> *und trau des Himmels reichem Segen, so wird er werden bei dir neu.*
> *Denn welcher seine Zuversicht auf Gott setzt, den verlässt er nicht.*

Nachdem sich Paula und Fritz wieder einmal in Bünde begegnet waren und daraufhin besser kennengelernt hatten, verlobten sie sich 1927 und heirateten am 11. Mai 1928. Im Haus Nr. 84 wurde für sie eine eigene Wohnung eingerichtet. Außerdem wohnte in dem Haus noch die älteste der drei Schwestern von Fritz, Erna, zusammen mit ihrem Mann Hans Schrader und ihren beiden ältesten Kindern Reinhard und Hanna, die später mit Karl in die gleiche Schulklasse ging.

Die Zigarrenfabrik

Als nun der Großvater Carl Sundermeier so kurz nach Karls Geburt mit nur 52 Jahren starb, hinterließ er eine kleine, aber feine Zigarrenfabrik, die sich ebenfalls im Haus befand. Mittlerweile hatte Fritz das

Haus vergrößert, sodass nun der große Dachboden zur Herstellung der Zigarren benutzt werden konnte. Im Erdgeschoss lagen Büro und Kontor. Vor dem Haus befand sich ein Schild, das auf die Zigarrenherstellung hinwies: „C. Sundermeyer Zigarrenfabrik". (Im Laufe der Zeit war aus dem Y im Namen ein I geworden.) Jetzt übernahm natürlich Fritz die Gesamtleitung und Paula tat nichts lieber, als neben ihrer Hausarbeit auch im Kontor mitzuhelfen.

Die Herstellung der Zigarren war sehr zeitaufwendig, da die Blätter handverlesen und jede einzelne Zigarre von Hand gerollt werden musste. So waren viele fleißige Hände gefragt. Die Stadt Bünde war zu der Zeit in Deutschland die Zigarrenstadt schlechthin. Dort und in der Umgebung gab es an die einhundert kleine Zigarrenheimbetriebe – wie der von Carl Sundermeier und nach dessen Tod von Fritz. Er stellte in dieser kleinen Fabrik nicht nur die Zigarren her, sondern genoss sie auch selber in vollen Zügen.

Ein volles Haus und viel Arbeit

Karl wuchs behütet zusammen mit Reinhard, seinem Cousin, und Hanna, seiner Cousine, auf und bekam selber bald auch noch Geschwister: zunächst seine Schwester Friedegard, dann die drei Brüder Martin, Fritz und Theo und viel später nochmals eine Schwester, Irene.

Karl (1. v. l.) mit seinen Eltern und fünf Geschwistern.

Bei den vielen Kindern war es gut, dass das Haus groß genug war, um für jeden Platz zu haben. Auch der Garten war groß und wurde sowohl für Obst- und Gemüseanbau als auch für die Landwirtschaft genutzt. Das war zu der damaligen Zeit nichts Besonderes – fast jeder Hof ringsherum hatte eine eigene Landwirtschaft.

Der große Apfelgarten lag direkt vor dem Haus und angrenzend daran der Gemüsegarten. Seitlich gab es noch jeweils 2 500 Quadratmeter große Roggen-, Hafer- und Kartoffelfelder, sodass Karl und seine Geschwister viel Gelegenheit hatten, schon früh mit Arbeiten in der Obsternte und auf dem Feld vertraut zu werden. Die groben Arbeiten auf dem Feld wie Pflügen und Ernten wurden von einem Bauern aus Bünde übernommen. Hoch oben auf dem Leiterwagen saßen Karl und seine Brüder auf den Getreidegarben und durften mit zum Dreschen fahren. Ein anderes Mal mussten sie die Kartoffeln auflesen, die mit einem speziellen Holzgestell, das von Pferden gezogen wurde, an die Erdoberfläche befördert worden waren. Das war zwar harte Arbeit, aber sie machte ihnen definitiv mehr Spaß, als den Schaf- und Schweinestall auszumisten. Dreimal am Tag musste Karl die beiden Schafe melken. Hühner waren natürlich auch vorhanden. Früher hatte es sogar eine Kuh gegeben, die noch von Johanne, Karls Großmutter, als Kind gehütet worden war, während sie ihre Schularbeiten machte. Doch als Paula einzog, zog die Kuh aus – wie Paula später ihren Kindern verriet.

Gelebter Glaube in der Familie

Vater Fritz war ein großer Tierfreund und auch Züchter: Er hatte sowohl Kaninchen als auch Tauben und war im Kaninchenzucht- und Taubenverein. Manchmal, wenn ein Brief vom Verein kam, mussten die Kinder lachen, da die Anrede meistens lautete: „Lieber Zuchtbruder!" Aus dem Taubenverein und der -zucht stieg Fritz aber bald aus, da die Wettflüge immer sonntagmorgens stattfanden und er lieber in den Gottesdienst gehen wollte.

Überhaupt war es für Paula und Fritz sehr wichtig, ihren Glauben in ihrem Familienleben zum Ausdruck zu bringen. So wurde jeden Morgen gemeinsam am Frühstückstisch die Losung der Herrnhuter Brüdergemeine gelesen und nach dem Mittagessen das Blatt des Neukirchener Abreißkalenders. Das war auch dann noch so, als wir Enkelkinder später unsere Großeltern in Südlengern besuchten. Gesungen wurde vor allem in der Advents- und Weihnachtszeit und später auch viel musiziert. Das waren die musikalischen Höhepunkte im Jahr. Außerdem betete und sang Paula regelmäßig mit den Kindern abends beim Zubettgehen.

Die Liebe zur Natur und der gelebte Glaube der Eltern zu Hause und in der Gemeinde, in der Karl später regelmäßig den Kindergottesdienst besuchte, prägten ihn entscheidend in seiner Kindheit.

KINDHEIT IN POLITISCH SCHWERER ZEIT

Die Schuljahre

Mit vier Jahren ging Karl und bald auch seine Schwester Friedegard in den Kindergarten in Bünde. Von 1936 bis 1940 besuchte er zusammen mit Hanna die Dorfschule in Südlengern und musste danach wieder nach Bünde, wo er von 1940 bis 1950 in das neusprachliche Gymnasium ging und neben Englisch und Französisch auch Latein lernte.

Hanna erzählte von den ersten gemeinsamen Jahren in der Dorfschule, dass Karl es faustdick hinter den Ohren hatte. Allerdings konnte er sich so geschickt herausreden und unschuldig dreinschauen, dass er selten erwischt und bestraft wurde. Seine durchschlagkräftigste Waffe war sein Humor, mit dem er viele gespannte Momente rettete.

Auf dem Gymnasium hatte er einen Freund, Herbert Klaus, dessen Vater den größten Bauernhof Bündes besaß. Was sie verband, war vor allem ihr gemeinsames Interesse für die Natur, für alles, was mit Pflanzen und Tieren zu tun hatte. Darin wurden sie sehr durch ihren Biologielehrer am Gymnasium gefördert, der seine Schüler aufmunterte, die Natur selbst zu erforschen. Im Laufe der Gymnasialjahre legte sich Karl eine stattliche Anzahl verschiedener Sammlungen zu: Oft fuhr er mit dem Fahrrad zum nahegelegenen Doberg, wo viele seltene Pflanzenarten zu finden waren. Diese pflanzte er in seinen eigenen kleinen Garten zu Hause und zog sie groß. Daher kannte er sich in der Pflanzenwelt sehr gut aus, sodass er oft sogar seinen Biologielehrer mit seinem Wissen verblüffte.

Mit seinem besten Freund Herbert Klaus hatte Karl in seiner Kindheit viel Spaß.

Aber auch die Tierwelt interessierte Karl sehr: Er legte sich eine ansehnliche Schmetterlingssammlung zu und hatte sogar dreißig verschiedene Vogeleier gesammelt. Dabei achteten er und sein Freund Herbert sorgfältig darauf, nicht das Gelege der Vögel zu stören. Sie beobachteten sehr genau, wann sie unbeschadet ein Ei an sich nehmen konnten. Manchmal fuhren sie zu solchen Vogelbeobachtungen nach der Schule mit dem Fahrrad zu dem 40 Kilometer entfernt liegenden Dümmer See und abends natürlich wieder mit dem Fahrrad zurück. Ab und zu halfen sie dort auch zusammen mit dem Biologielehrer bei der Vogelberingung der Jungvögel.

Neben einem Hund, einer Katze und einem Warmwasseraquarium besaß Karl auch noch ein Terrarium mit selbst eingefangenen Eidechsen, Molchen und ungiftigen Schlangen der verschiedensten Arten. Manchmal stromerten Karl und Herbert auch durch den Wald, um Wild zu beobachten. Damals wollte Karl am liebsten Förster werden.

Außerdem machte er gerne Sport. Einmal gab es deshalb sogar einen Eintrag ins Klassenbuch – als er nämlich auf dem Weg von der Schule zum Schulschwimmbad seinem Lehrer und der Klasse mit dem Fahrrad davonfuhr, um schon einmal vom Zehnmeterturm zu springen, bevor alle anderen da waren. Aber das war ihm die Strafe wert.

Karl und die Hitlerjugend

Von den politischen Verwirrungen und ideologischen Irrungen bekamen Karl und seine Geschwister zunächst relativ wenig mit, da ihre Eltern sie so viel wie möglich von ihnen fernhielten. Als Karl zehn Jahre alt war, durfte er – dank des Hinweises seines Vaters, dass er noch nicht so kräftig sei – ein weiteres Jahr dem Jungvolk der Hitlerjugend (HJ) fernbleiben, doch mit elf Jahren musste er beitreten.

Karl merkte, dass diese Jugendverbände einen sehr großen positiven Reiz auf alle Kinder ausübten, war doch das, was ihnen beigebracht wurde, der interessanten Pfadfinderarbeit sehr ähnlich. Sie lernten, Zelte aufzubauen, wie Lagerfeuer entfacht wurden und erlebten andere spannende Dinge einer normalen Jugendarbeit. Als elf- und zwölfjähriger Junge fand er es natürlich auch klasse, eine Uniform zu tragen, zumal man in dieser Uniform nicht geschlagen werden durfte. Die Gruppe der „Kleinen" wurde sogar Jungschar genannt!

Nichtsdestotrotz war es Karl bewusst, dass die ganze Sache nicht ganz konform war mit dem Leben und der Lehre, die er zu Hause mitbekam. So war es für ihn selbstverständlich, wenn sie sonntags morgens zum Appell antreten mussten, dass er um kurz vor 11 Uhr zum Kommandeur ging, sich ordnungsgemäß abmeldete und mit noch einigen anderen Jungen zum Kindergottesdienst ging. Da der Gottesdienst und Kindergottesdienst im Gegensatz zu aller anderen Jugendarbeit, zum Beispiel auch der Arbeit des CVJM-Westbundes, nicht verboten war, ließ man sie gehen. Die Glaubenshaltung der Familie Sundermeier war in Südlengern bekannt und wurde respektiert, sodass sie keine Repressalien zu fürchten hatten.

1944 sollte Karl in der HJ befördert werden, was er aber nicht wollte. Um dem zu entgehen, meldete er sich freiwillig bei der Flieger-HJ. Aus der Not wurde eine Leidenschaft fürs Segelfliegen, die er aber leider bei seinen späteren zeitaufwendigen Tätigkeiten nicht weiter vertiefen konnte. Bei der Flieger-HJ ging es zunächst einmal darum, im Fliegerhorst Barntrupp und in Oerlinghausen alle zwei bis drei Wochen das Segelfliegen zu erlernen. Wenn es nach Karl gegangen wäre, hätte es viel öfter sein können, so viel Spaß machte es ihm! Für ihn gab es damals nichts Schöneres als Fliegen, und später genoss er die vielen Flüge, die er beruflich machen musste, auch wenn es natürlich nicht damit zu vergleichen war, selber das Steuer in der Hand zu halten. Nur zwei Mal hatte er im Verlauf seines weiteren Lebens noch einmal die Chance, ein Flugzeug in der Luft eine Zeit lang selbst zu steuern – natürlich nur in Begleitung: einmal bei einem Flug über sein späteres Haus in Schwelm und einmal bei einem Flug mit einem Freund in Namibia.

Dass das Fliegen einen so schrecklichen Kriegshintergrund hatte, war Karl in dem Moment wohl in seiner ganzen schlimmen Konsequenz nicht bewusst. Erst im Nachhinein war er dankbar, dass er im Krieg keine Waffen gebrauchen und nicht gegen andere Menschen kämpfen musste. Um eingezogen zu werden, war er genau einen Monat zu jung.

Sein Vater konnte dem allerdings nicht entgehen und wurde 1941 eingezogen. Zunächst war Fritz in der Kaserne in Bielefeld stationiert. Zwei oder drei Mal fuhr Karl vor der Schule die 15 Kilometer mit dem Fahrrad nach Bielefeld, um seinem Vater Zigarren in die Kaserne zu bringen. Er musste sich jedes Mal sehr beeilen, denn schließlich musste er pünktlich um 8 Uhr auf seiner Schulbank sitzen. Vater Fritz kam aber bald wieder nach Hause, da seine Frau Paula einen Antrag an die Behörden stellte, dass Fritz wichtig sei, um die Produktion der für das Wohlbefinden der Wehrmacht wichtigen Zigarren zu gewährleisten.

Ende 1944 wurde Fritz dann doch noch einmal eingezogen und geriet später in Bayern in amerikanische Kriegsgefangenschaft. In dieser Zeit leitete Paula die Zigarrenfabrik. Da gegen Ende des Krieges die Schule von Frühjahr bis Herbst 1945 ausfiel, konnte Karl seiner Mutter im Büro helfen.

Kurz vor Ende des Krieges wurde Karl als Flakhelfer einberufen, musste aber nur Schützengräben ausheben. Da ein Offizier der englischen Besatzung in Bünde Mitglied des YMCA war, ermöglichte er Karl nach dem Krieg einen Austausch nach England – zu dieser Zeit ein außergewöhnliches Ereignis im Dorf und in der Familie.

Nach dem Krieg

Dann war der Krieg endlich zu Ende. Als die amerikanischen Soldaten in Bünde und Südlengern einzogen, kamen sie auch zum Sundermeierschen Haus, um es in Beschlag zu nehmen. Da stellte sich Paula mit ihren sechs Kindern, die sich wie die Orgelpfeifen hinter ihr aufgereiht hatten, vor das Haus. Als das einer der Soldaten sah, entschied er kurz entschlossen, sie könnten dort weiterhin wohnen, müssten dann aber noch andere Familien aufnehmen. Das war selbstverständlich für die Familie. So kamen viele aus den umliegenden Häusern zu ihnen.

Trotzdem wollten die Soldaten am nächsten Tag ihre riesigen Lastwagen – wie bei den anderen Häusern – auf dem Ackergelände der Sundermeiers parken. Zufällig war aber Karl gerade dabei, den Schaf- und Schweinemist auf dem Acker zum Anpflanzen der Kartoffeln zu verteilen. In den Mist wollten die Soldaten ihre Lastwagen nicht stellen, und deshalb blieben diese Äcker verschont. Mit den dadurch gewonnenen Erträgen konnten die vielen Menschen, die im Sundermeierschen Haus untergekommen waren, in der Hungerszeit satt werden. So hatte Gott auch hier seine schützende Hand über sie gehalten.

Im Sommer nach Kriegsende verbrachte Karl die meisten Stunden des Tages draußen auf dem Feld und im Wald. In dieser Zeit zähmte er sich eine junge Elster, die er Jakob nannte. Zuerst schützte er Jakob in einem Käfig, damit er nicht von der Katze gefressen wurde und nicht wegfliegen konnte, als er flügge wurde. Bald wurde Jakob so zahm und zutraulich, dass Karl ihn auf seiner Schulter spazieren führen konnte. Allerdings konnte er Jakobs Wesen nicht zähmen, sodass er wie andere Elstern auch seiner räuberischen Ader nachkam. Da die Elster keine natürliche Scheu mehr vor den Menschen hatte, war sie auch so dreist, durch die offenen Schlafzimmerfenster zu fliegen und nach glitzernden Gegenständen Ausschau zu halten. Das rief natürlich bei den Nachbarn etwas Unmut hervor, da sie sich um ihren Schmuck sorgten.

Manchmal klaute Jakob auch Erdbeeren. Und einmal wollte ein Mann, der ganz stolz seine amerikanische Zigarette rauchte, mit dieser die Elster ärgern. Er hielt ihr das glühen-

Karl hatte die Elster Jakob so weit gezähmt, dass er mit ihr auf der Schulter spazieren gehen konnte.

19

de Zigarettenende entgegen, damit der Vogel sich daran seinen Schnabel verbrannte. Doch Jakob nahm blitzschnell die Zigarette am hinteren Ende in den Schnabel und flog mit ihr davon. Damit hatte der Mann natürlich nicht gerechnet, und er lief laut schimpfend hinter seiner Zigarette her, ohne sie jedoch wiederzubekommen.

Schließlich musste Karl Jakob doch noch hergeben, da er sich an den mühsam gezüchteten Taubeneiern eines Taubenzüchters vergriffen hatte. So schenkte er Jakob seinem Freund Herbert, auf dessen elterlichem Hof er bleiben durfte.

Im Juli 1945 kam zum Glück auch Vater Fritz wohlbehalten aus der Gefangenschaft wieder nach Hause. Aber er war nicht nur dafür äußerst dankbar, sondern auch, dass er in diesem ganzen schrecklichen Krieg nicht einen Schuss hatte abgeben müssen.

Da es in diesen Zeiten kaum möglich war, Tabak zu bekommen, ruhte die Zigarrenwerkstatt. Deshalb baute Fritz neben dem Haus eine Scheune mit einem Dachboden, wo er Holz lagern konnte, und arbeitete als Schreiner. Er stellte sogar einen Schreinermeister und Gesellen ein. Gemeinsam stellten sie Speile für die Schuhindustrie her. Das waren ganz speziell gefräste kleine Holzstifte, die als Nägel für Schuhe verwendet wurden und schwer zu bekommen waren. So lernte Karl auch das Schreinerhandwerk mitsamt allen Maschinen kennen, was er später noch gut gebrauchen konnte.

Zum neuen Schuljahr im Herbst ging für Karl und seine Geschwister ganz normal die Schule wieder los. Auch wenn es ihnen besser ging als vielen anderen Deutschen in der Nachkriegszeit, waren die Folgen des Krieges doch auch hier in Südlengern zu spüren. Dennoch blieb Karl weiterhin der schelmische und zugleich zielstrebige Junge, der mitunter auch heimlich zusammen mit seinen Brüdern eine Zigarre rauchte.

Mit seinem Freund Herbert begann Karl 1945 noch etwas anderes: Sie nahmen sich vor, gemeinsam die ganze Bibel durchzulesen. Jeder las für sich jeden Tag zwei Kapitel und am Sonntag lasen sie alle Kapitel noch einmal gemeinsam und sprachen miteinander darüber. Immerhin kamen sie bis zum Propheten Jesaja. Karl las später die Bibel alleine zu Ende. In dieser Zeit sollte sich sein Glaube sehr verändern.

PRÄGUNG IM GLAUBEN

Konfirmation und erste Mitarbeit in der Gemeinde

Pfarrer Julius Prüßner, der Karl schon 1930 getauft hatte, konfirmierte ihn auch im Jahre 1944 in der Kirche des Ortes. Karl bekam den Konfirmationsspruch aus 1. Johannes 3,1 mit auf seinen Lebensweg: „Seht, welch eine Liebe hat uns der Vater erwiesen, dass wir Gottes Kinder heißen sollen – und wir sind es auch." Groß gefeiert wurde mitten im Krieg natürlich nicht. Für Karl veränderte sich nach der Konfirmation hauptsächlich, dass er nicht mehr Teilnehmer beim Kindergottesdienst war, sondern dort Mitarbeiter wurde. Als nach dem Krieg christliche Jugendarbeit wieder erlaubt war, gründete der Jugendpfarrer mit Karl und anderen Jugendlichen der Gemeinde eine Jugendgruppe, die später den Antrag stellte, zum CVJM-Westbund zu gehören.

Auch in der Bünder Gemeinde, in der Fritz und Paula nach wie vor beheimatet waren, fing nach dem Krieg die Jugendarbeit des Westbundes wieder an. Die Fahne des CVJM, die auf unerklärliche Weise verschwunden war, als sie den Nationalsozialisten ausgehändigt werden sollte, tauchte nach dem Krieg wie durch ein Wunder plötzlich wieder auf. Auch der Posaunenchor, in dem Fritz mitgespielt hatte, wurde wieder aktiv. So gab Fritz seinen vier Söhnen Instrumente in die Hand. Sie lernten, darauf zu spielen, und wirkten bald selber im Posaunenchor mit – in Gottesdiensten, auf Beerdigungen und bei runden Geburtstagen. Karl hatte sich das Blasen mehr oder weniger an einem Tag selber beigebracht und konnte fröhlich zwischen den einzelnen Stimmen mit verschiedenen Blasinstrumenten hin und her wechseln, je nachdem, was gerade gebraucht wurde. Nicht nur Flügel- oder Tenorhorn, sondern auch Zugposaune, Waldhorn und die Tuba konnte er spielen. Am häufigsten war die Tuba gefragt. Gerne spielte er auch das Helikon, ein großes Horn, das fast um den ganzen Körper gewickelt ist. Später gründeten die Brüder in Südlengern einen Posaunenchor und spielten in beiden Chören. Oft taten sich die Jungen mit dem Vater auch zu Hause zusammen und musizierten für sich oder für Gäste. So gab es immer wieder die Gelegenheit, zusammen Hausmusik zu machen.

Bei Beerdigungen spielten meist sechs Personen, die blasend vor dem Sarg herlaufen mussten. Oft spielten Karl und seine Brüder mit. Das Gute daran war, dass es für jeden immer 5 DM gab. Das war zu der damaligen Zeit viel Geld, zumal die Brüder kein Taschengeld bekamen.

Eine Entscheidung fürs Leben

Im Frühjahr 1946 fand in Bünde die erste Bünder Missionskonferenz statt, an dessen Organisation Fritz beteiligt war und an der auch Karl mit viel Interesse teilnahm. Der Hauptredner war Daniel Schäfer, der durch seine Bibelarbeiten und Vorträge einen tiefen Eindruck bei Karl hinterließ. Gleichzeitig wühlte ihn das Gehörte auf und er fragte sich, ob er wirklich ein Kind Gottes war. Irgendwie spürte er, dass seine Eltern etwas hatten, was er nicht hatte, und dass ihre Beziehung zu Jesus näher und tiefer war als seine.

Nach der Konferenz machte Daniel Schäfer, der im Sundermeierschen Haus übernachtete, einen kleinen Spaziergang mit Karl durch den Garten und fragte ihn, ob er denn auch schon ein Kind Gottes sei. Karl antwortete mit Ja, da er an Gott glaubte und auch als Mitarbeiter tätig war. Aber irgendwie hatte er das Gefühl, nicht wahrheitsgemäß geantwortet zu haben, und seitdem ließ ihn die Frage nicht mehr los: „Gehöre ich wirklich zu Jesus? Bin ich tatsächlich ein Kind Gottes, wie es in meinem Konfirmationsspruch heißt?"

Im Sommer 1946 fand eine Freizeit des Westbundes statt, geleitet von Richard Lörcher, dem Posaunenwart des Westbundes, und Karl Drees, einem Volksschullehrer aus Walbrecken. Eifrig lud Karl noch drei aus seiner Jugendgruppe in Südlengern ein, mit ihm daran teilzunehmen.

Karl fuhr auf diese Freizeit mit einer ganz tiefen Sehnsucht, auch so eine innige Beziehung zu Jesus zu haben, wie er sie bei seinen Eltern spürte, und so bat er Gott während dieser Freizeit: „Wenn es dich wirklich gibt, wenn du, Jesus, wirklich am Leben bist, dann zeige es mir hier auf dieser Freizeit. Mache es mir so deutlich, dass alle meine Zweifel ausgeräumt sind." Dann wartete Karl – einen Tag, fünf Tage, ja, die ganze Freizeit über. Aber nichts geschah.

Am allerletzten Abend sagte Karl enttäuscht zu Gott: „Jetzt ist die Freizeit vorbei und du hast nicht zu mir gesprochen." Innerlich hatte er die Sache schon abgehakt. Doch dann bei der Schlussandacht von Karl Drees über Psalm 51 veränderte sich etwas in ihm. Karl merkte plötzlich, wie Gott zu ihm sprach; er spürte tief in sich Gottes Worte. Nach der Andacht suchte er das Gespräch mit Karl Drees und war sich mit einem Mal ganz sicher, dass Jesus für ihn gestorben und auferstanden war, dass er ein Kind Gottes war und Christus, dem lebendigen Herrn, gehörte.

Das veränderte Karls Leben entscheidend und stellte die Weichen ganz neu. Als er von der Freizeit nach Hause kam, war er innerlich ein anderer Mensch. Manch einer seiner Freunde und Verwandten fand das übertrieben und hielt ihn vielleicht im Stillen für einen frommen Spinner, aber für Karl selbst war der weitere Weg jetzt vorgezeichnet. Hinter diesen Doppelpunkt in seinem Leben konnte und wollte er nicht mehr zurückgehen. Es war für ihn eine große Hilfe, sich von seinen Eltern verstanden zu fühlen, und er teilte jetzt noch mehr ihren unermüdlichen Einsatz für die Gemeinde und die Mission. Ja, auch seine Mitarbeit in der Jugendgruppe und im Kindergottesdienst bekam eine neue Zielrichtung.

Prägende Begegnungen und Freundschaften

Kurz nach dieser Freizeit führte Wilhelm Busch in Bünde eine Mitarbeiterschulung für das Weigle-Haus in Essen durch, dessen Pfarrer er war. Da er bei Sundermeiers wohnte, lernte er Karl kennen und lud ihn zu sich nach Hause und zu einer Freizeit des Weigle-Hauses im Hespertal ein. So entstand ein lebendiger und sehr prägender Kontakt zu Wilhelm Busch und später auch zu dessen Bruder Johannes Busch, der mittlerweile Bundeswart des CVJM-Westbundes war. Auf dieser Freizeit im Hespertal lernte Karl außerdem noch Klaus Bockmühl kennen, mit dem er sein Leben lang befreundet blieb.

In den kommenden vier Jahren vor seinem Abitur nahm Karl nicht nur an den Bünder Konferenzen und Missionsfesten teil, sondern auch an vielen missionarischen Posaunen- und Jugendfreizeiten des Westbundes, wo er durch die Leiter und Mitarbeiter sehr in seinem geistlichen Denken geprägt wurde. Auch besuchte er etliche christliche Großveranstaltungen. Dabei wurde er durch viele bekannte christliche Persönlichkeiten geprägt, die er durch diese Veranstaltungen kennenlernte: Paul Deitenbeck, Rudolf Schmidt, Wilhelm und Johannes Busch und John R. Mott.

In diesen Jahren vor seinem Abitur las Karl neben der Bibel viel Literatur der Erweckungsbewegung und auch des württembergischen Pietismus, um so sein Glaubensleben zu vertiefen. Einige dieser Bücher prägten ihn sein Leben lang. Dazu gehörten die Bücher von Charles Haddon Spurgeon, besonders *Ratschläge für Prediger* und *Der Seelengewinner*; dann die alttestamentlichen Bibelarbeiten von Paul Humburg, den sein Vater Fritz persönlich kannte und durch den er in den ganzen Vorkriegs- und Kriegsjahren maßgeblich geprägt worden war; ebenso Bücher über und vom württembergischen Erweckungsprediger Ludwig Hofacker sowie Missionsberichte der Liebenzeller Missionsgesellschaft. Außerdem las Karl John Bunyans *Pilgerreise* und Lebensbilder von Philipp Jacob Spener, Nikolaus Ludwig von Zinzendorff, John Wesley und vielen anderen.

Liebe zur Mission und zu Israel

Die Liebe zur Mission entwickelte Karl zum einen durch die Bünder Missionsfeste, die nach dem Krieg zunächst auf einem benachbarten Bauernhof und später auf dem Kirchengelände stattfanden. Die große Frage war immer, wer dieses Mal predigen würde. Da die Prediger meistens bei Fritz und Paula übernachteten, war es natürlich auch für Karl eine gut genutzte Gelegenheit, verschiedene Evangelisten kennenzulernen und mit ihnen zu reden. Zum anderen wurde diese Liebe zur Mission durch seine Mutter Paula genährt. Sie las nicht nur regelmäßig die Zeitschrift der Liebenzeller Mission, sondern sie hatte auch eine Freundin, die in China Missionarin war. Einmal kam diese nach Bünde zu Besuch und brachte – was damals für Karl und seine Geschwister eine große Sensation war – Popcorn mit. Wichtiger waren natürlich ihre Berichte aus der Missionsarbeit. Selber zog es Karl allerdings eher nach Afrika, insbesondere nach Namibia – schon wegen der interessanten Flora und Fauna. Ein Farmer aus Namibia hatte Farmbriefe für Kinder geschrieben, die Karl begeistert las. Eine tolle Überraschung war es für Karl, dass er später, als er selber in Namibia war, den Enkel dieses Farmers konfirmieren durfte. Natürlich erzählte er ihm dann, wie begeistert er als Jugendlicher die Farmbriefe gelesen hatte.

Aber noch eine andere Liebe entwickelte Karl dank seiner Mutter: die Liebe zu Israel, zum gerade neu gegründeten Staat und zum ganzen jüdischen Volk. Die Israelfrage bewegte ihn auch theologisch sein ganzes Leben lang.

Als das Abitur näher rückte, wurde die Frage nach seinem Beruf für Karl immer dringender. Für ihn stand nicht mehr die Frage im Raum, ob er Förster werden sollte, sondern wo Gott ihn gebrauchen wollte. Alle anderen fanden es ganz selbstverständlich, dass er Theologie studieren würde, aber für Karl selbst war die Frage entscheidend, ob durch ihn Menschen zum Glauben an Jesus Christus finden würden – in Anlehnung an Spurgeons Buch *Der Seelengewinner*. Als Karl tatsächlich jemanden auf einer Freizeit dabei begleiten durfte, wie dieser sich für ein Leben mit Jesus entschied, wurde er darin bestärkt, in den Evangelistendienst zu gehen. Doch damit war die Berufsfrage noch nicht endgültig geklärt, denn die Ausbildung zum Evangelisten verlangte nicht unbedingt ein Theologiestudium, sondern er konnte auch im Johanneum in Wuppertal eine Ausbildung zum Evangelisten machen. Das hätte sein Vater natürlich gerne gesehen. Trotzdem erkundigte sich Vater Fritz bei Johannes Busch, dem Bundeswart des CVJM-Westbundes, wo es – wenn Karl denn Theologie studieren würde – am besten sei, anzufangen: in Bethel oder Wuppertal. Busch antwortete: „Wuppertal".

So schrieb sich Karl dort für das Studium ein.

KAPITEL 2
STUDIUM AN VIER VERSCHIEDENEN ORTEN

WUPPERTAL

Da das Studium in Wuppertal erst am 1. Mai 1950 begann, arbeitete Karl noch den April über bei einer Baufirma in Bünde als Maurer. Er bekam 1 DM pro Stunde und sparte das Geld weitestgehend für das Studium. Dort hatte er nämlich pro Monat nur 100 DM zur Verfügung. Davon gingen – neben den selbstverständlichen zehn Prozent für Spenden und Kollekten – noch weitere 25 DM für die Zimmermiete ab, sodass er über sein Erspartes sehr froh war.

In der Kirchlichen Hochschule in Wuppertal wohnte er oben auf dem „heiligen Berg", wie die Studenten ihre Lernstätte liebevoll nannten, für zwei Semester in einem Dreibettzimmer. Im letzten Semester in Wuppertal nahm er gerne ein Vierbettzimmer in Kauf, damit sein Freund, Klaus Bockmühl, dort ebenfalls wohnen konnte.

Besonderes Interesse für Exegese, Gemeinschaft und Mission

Da Karl sich vorher zu Hause selber Griechisch beigebracht hatte, konnte er in Wuppertal gleich in den zweiten Griechischsprachkurs einsteigen, sodass er schon nach dem ersten Studiensemester das Graecum erfolgreich abschloss. Das Hebraicum folgte im zweiten Semester.

Nach den Sprachprüfungen konnte Karl sich voll und ganz auf die Vorlesungen, Seminare und Hausarbeiten konzentrieren. Hier merkte er, dass er eine ganz besondere Liebe für die exegetischen Fächer entwickelte, und vertiefte sich gerne darin, obwohl er natürlich auch Veranstaltungen zur Systematik und praktischen Theologie belegte. Im Fach Altes Testament hörte er die Genesisvorlesung (1. Buch Mose) von Hans Walter Wolff, der ihn von den Tiefen der Exegese begeisterte und wohl auch die Fundamente legte, sodass Karl bis ins hohe Alter immer sehr genau auf die einzelnen Worte, ihre Bedeutungen und auch ihr weites Hineinreichen ins Neue Testament achtete.

Im Fachbereich Neues Testament war Prof. Eichholz sehr prägend für Karl, mit dem er besonders intensiv über die Israelfrage im Römerbrief diskutierte. In diesem Zusammenhang kam auch die Frage nach der Endzeit auf, wie die Wiederkunft Jesu im Zusammenhang mit Israel gesehen werden müsse. Was heißt es genau, dass „ganz Israel" gerettet wird, wenn Jesus wiederkommt? Diese Frage war natürlich jetzt nach der Staatenbildung Israels im Jahr 1948 besonders spannend, auch in der Diskussion über die Judenmission. In sämtlichen Debatten war es Karl wichtig, dass alle Endzeitaussagen der Bibel keine Zeitberechnungen seien, das Ende aber trotzdem erst dann kommen könne, wenn Israel das Land wieder besitzen würde, da Jesus ja in Jerusalem auf dem Ölberg wiederkommen würde.

Neben diesen spannenden inhaltlichen Fragen des Studiums waren Karl noch zwei weitere Dinge – auch für seine späteren Betätigungsfelder – ganz wichtig: Zum einen erlebte er hier im Kreise einiger Mitstudenten tiefe Gemeinschaft im Glauben. Jeden Mittag traf sich dieser Kreis zu einer Gebetsgemeinschaft, was ihnen Kraft, Hoffnung und Freude für ihren Alltag als Studenten gab. Mit vielen aus diesem Kreis blieb Karl sein Leben lang in freundschaftlicher Verbindung, zum Beispiel mit Hans Währisch, Ingfried Woike, Theo Wendel, Martin Wendel, natürlich Klaus Bockmühl, Manfred Strunk, der später seine Schwester Friedegard heiratete, und Jürgen Blunck.

Zum anderen wurde es für Karl ganz wichtig, dass er die Rheinische Mission (später umbenannt in Vereinigte Evangelische Mission, VEM) kennenlernte, auf dessen Gelände ja die Kirchliche Hochschule gastierte. Eigentlich vertiefte er den Kontakt nur, denn einige Personen kannte Karl schon von den Bünder Missionsfesten. Sowohl hier als auch an der Kirchlichen Hochschule gab es keine staatlichen Professoren, da es eine kirchlich gebundene Fakultät war, die sich stark an der Bekennenden Kirche orientierte. Die Dozenten und Professoren waren entweder von der Kirche oder direkt von der Rheinischen Missionsgesellschaft eingestellt. Einige Studenten der Rheinischen Mission kannte Karl schon von früher, zum Beispiel Siegfried Zöllner, der später nach Irian Yaja (Indonesien) ging.

Aber auch die Kontakte zum CVJM-Westbund hielt Karl in seiner Zeit in Wuppertal aufrecht. Ab und zu besuchte er zusammen mit Klaus Bockmühl den Lehrer Karl Drees in dessen Haus, oder er ging in die Besenbruchstraße, in der sich sowohl die Geschäftsstelle des Westbundes als auch der Aussaat Verlag befanden, bei dem Karl sich mit Büchern fürs Studium eindeckte.

So waren diese ersten drei Semester seines Studiums angefüllt mit vielen guten Begegnungen, viel Gemeinschaft im Glauben und wertvollen „Grabungen" in die Tiefe der Heiligen Schrift.

Aber auch der Kontakt zur Gemeinde fehlte nicht. Der Studentenpfarrer Koscherke sorgte dafür, dass die Studenten verschiedene Gemeinden besuchen, ihre ersten Predigten halten und über ihre Erfahrungen mit Gott berichten konnten. So lernten die Studenten nicht nur verschiedene Gemeinden im Bergischen Land kennen, sondern die Gemeinden nahmen auch Anteil an der Ausbildung der Studenten.

FERIENJOBS UND REISEN

Karl als Bergmann und Buchverkäufer

Gleich in den ersten Semesterferien im August und September 1950 arbeitete Karl im Bergwerk Wische in Mühlheim, auch um sein Studium und die ganzen Bücher, die er brauchte und gerne haben wollte, mit dem verdienten Geld zu finanzieren. Er hatte immer die erste Schicht von 6 bis 14 Uhr. Für die gesamte Schicht erhielt er 11,50 DM, das sehr hart verdientes Geld war.

„Kumpel" Karl vor dem Bergwerk Wische in Mühlheim.

Die Erfahrungen, die er hier im Bergwerk gemacht hatte, waren für ihn sehr wertvoll. Als es gleich am ersten Tag einen Toten gab, wurde Karl bewusst, wie wichtig gerade im Bergwerk die Teamarbeit war. Wenn nur einer einen Fehler machte, so war das Leben vieler anderer ebenfalls gefährdet. Da begriff Karl, wie eng zusammengeschweißt so eine Gemeinschaft dieser „Kumpel" unter der Erde wirklich sein musste. Und die Bergleute wussten, was es heißt, auf die Hilfe anderer angewiesen zu sein – nicht nur Hilfe zu geben, sondern auch annehmen zu müssen. Denn diesen furchtbar schwarzen und an allem haftenden Kohlestaub abzurubbeln, war harte Arbeit: Trotz dichtem Anzug war der ganze Körper schwarz. Den Rücken bekam keiner alleine sauber; da musste jeder die Hilfe eines anderen in Anspruch nehmen.

In den nächsten Semesterferien im April 1951 arbeitete Karl noch einmal für einen Monat im selben Bergwerk und wurde sogar befördert, sodass er nun DM 17,50 pro Schicht verdiente.

Im dritten Semester und den darauffolgenden Semesterferien bekam Karl das Angebot, sich durch den Verkauf von Büchern Geld zu verdienen. An den Haustüren brachte er Kochbücher an die Frau; den Männern versuchte er, ein dreibändiges Schweizer Lexikon schmackhaft zu machen, und verschiedenen Firmen pries er ein Buch zur Schulung von firmeninternen Verkäufern an. 20 Prozent des Verkaufspreises gingen direkt an ihn. Das war ein lukrativer Handel!

Karl war ein guter und wahrscheinlich sehr charmanter Vertreter. Dadurch hatte er bald so viel Geld zusammen, dass er im August 1951 zusammen mit seinem Bruder Fritz und zwei Freunden aus dem CVJM eine einmonatige Reise nach Italien machen konnte.

Urlaub in Italien und Besuche in Flechtdorf

Auf dem Weg nach Rom, wo sie bei einem deutschen Pfarrer übernachten konnten, machten Fritz, Karl und die beiden Freunde in Rimini Halt und genossen den Strand dort sehr. So sehr, dass sie kurzerhand, da es schon Abend war, ihre Sachen dort ausbreiteten und sich zum Schlafen mitten auf den Strand legten. Selig und zufrieden schliefen sie bis 10 Uhr am anderen Morgen. Als sie aufwachten, mussten sie allerdings feststellen, dass der ganze Strand voller Badegäste war, die sie erstaunt musterten. Schnell und peinlich berührt packten sie ihre Sachen zusammen und machten, dass sie wegkamen! Trotzdem war es ein tolles Erlebnis, einfach so am Strand zu übernachten und die Wärme Italiens zu genießen. Nur die letzte Nacht der Reise war nicht so angenehm. Da wurden sie, die als Tramper unterwegs waren, kurzerhand mitten auf einem Autobahnrastplatz ausgesetzt und mussten dort übernachten, da niemand mehr sie so spät abends noch mitnahm. Aber am nächsten Tag kamen sie gut wieder zu Hause an.

Einer der Freunde auf der Italienreise war Johannes Liebau, der ebenfalls Theologie in Wuppertal studierte und ein ganz spezieller Freund Karls wurde. Johannes war mit seiner Familie aus Schlesien vertrieben worden und sein Vater bekam eine Stelle als Diakon in Flechtdorf bei Braunschweig, wo er ein Kinderheim leitete.

Johannes war ein begnadeter Maler. Da er aber wegen einer Kriegsverletzung am Bein nicht selbst Autofahren konnte, bat Johannes Karl eines Tages, zusammen mit seinen Brüdern und ihren Blasinstrumenten nach Flechtorf zu fahren und den Gottesdienst in dem Kinderheim mitzugestalten. So fuhren sie mit zwei von Karls Brüdern, dem Flügelhorn, dem Tenorhorn und der Tuba im Auto von Vater Fritz dorthin und machten mit ihrem Spiel allen eine große Freude.

Bevor Karl zum Wintersemester 1951/52 zum Studium nach Göttingen ging, machte er am 29. Oktober 1951 seinen Führerschein in Bünde, nachdem sein Bruder Martin ihn vorher im Firmenwagen hatte fahren und üben lassen. So brauchte er nur noch zwei Stunden offiziellen Fahrunterricht. Nachdem er seinen Führerschein in den Händen hielt, mietete sein Freund Johannes gleich einen Wagen, damit Karl ihn und sich noch einmal nach Flechtdorf fahren konnte.

STUDIUM IN GÖTTINGEN, TÜBINGEN UND MÜNSTER

Göttingen und die Hauskreisarbeit

Bevor Karl nach der Zeit in Wuppertal in die „Theologenhochburg" Tübingen kam, bewarb er sich erst noch in Göttingen, weil sein Freund Johannes Liebau dort hinging. So teilten sich Karl und Johannes in Göttingen ein Zimmer, was ihre Freundschaft und ihre geistliche Gemeinschaft sehr förderte, zumal sie so auch andere mit in ihre „geistliche Zelle" hineinnehmen konnten.

Das Studium in Göttingen war für Karl sehr interessant. Auch hier lag sein besonderes Interesse bei den exegetischen Fächern. Im Fach Neues Testament lernte er viel von Joachim Jeremias und im Fach Altes Testament von Walther Zimmerli. Auch Dogmatik bei Otto Weber war lehrreich. So waren die drei Semester in Göttingen gut ausgefüllt.

Aber Karl studierte hier nicht nur, sondern er engagierte sich auch in diversen Kreisen. Bei der Studentenmission in Deutschland (SMD) schaute er allerdings nur kurz einmal vorbei, blieb aber noch nicht dabei. Stattdessen war er Teilnehmer im Hausbibelkreis beim Juraprofessor Hans Bartholomeyczik und im Emmauskreis der Stadtmission in Göttingen unter der Leitung von Hans Dannenbaum. Viele der Dinge, die Karl in diesem Studienort mitbekam und lernte, waren für seinen späteren Dienst maßgeblich und ihm für die Gemeindearbeit wichtig. Besonders die Hauskreisarbeit lernte er hier so richtig kennen und schätzen. In allen Bereichen, in denen er später tätig war, erachtete er sie als äußerst wichtig und förderte sie.

Tübingen und erste Kontakte zur Studentenmission

Zum Sommersemester 1953 wechselte Karl nach Tübingen und blieb dort zwei Semester bis zum April 1954. Wegen Tübingens gutem theologischen Ruf war es für Karl ein inneres Muss, dort zu studieren. Namhafte Theologen wie Prof. Otto Michel im Fachbereich Neues Testament und Prof. Helmut Thielicke in der Systematik waren da natürlich für viele ein großer Anreiz. Karl überraschte besonders, dass just in seinem ersten Semester in Tübingen Helmut Thielicke ausnahmsweise ein Semester Praktische Theologie statt Systematik lehrte und sich das Seminar, das er anbot, ausgerechnet mit dem Buch *Ratschläge für Prediger* von C. H. Spurgeon beschäftigte. Dieses Buch hatte Karl ja schon als Jugendlichen sehr bewegt. Das war ein für ihn sehr eindrückliches Seminar!

Mit Otto Michel lernte Karl wiederum einen exzellenten neutestamentlichen Exegeten kennen, von dem er sehr viel lernen konnte und dessen Vorlesung über den Römerbrief ihn besonders begeisterte. In diesem Professor fand Karl auch einen theologischen Freund, der sich die Zeit nahm, die großen Probleme, die es zwischen der Evangelischen Studentengemeinde (ESG) und der Studentenmission in Deutschland (SMD) gab, mit ihm zu besprechen.

Karl war sehr glücklich, dass sein Freund Klaus Bockmühl ebenfalls gerade nach Tübingen gekommen war, sodass sie gemeinsam in einem Zimmer wohnen konnten. Auf eine andere Sache freute sich Karl besonders: Er wollte in seiner freien Zeit neben dem Studium unbedingt Segelfliegen, da es in Tübingen einen Segelflugplatz gab. Gleich am Tag der Einschreibung an der Uni wollte er dahin, um seiner Leidenschaft zu frönen. Doch dann ereignete sich eine – eigentlich ganz kleine – Begebenheit, die seine Tübinger Zeit in eine ganz andere Richtung lenkte. Als er gerade in der Schlange zum Einschreiben stand, sagte plötzlich eine vertraute Stimme hinter ihm: „Kommst du heute mit zum Mittagsgebet der SMD?" Karl drehte sich erstaunt um und erkannte Theo Wendel, der mit ihm zusammen in Wuppertal studiert hatte. „Nein", sagte Karl, „ich hatte eigentlich vor, zum Segelfliegen zu gehen." – „Och", sagte Theo Wendel, „das kannst du doch auch morgen noch. Komm doch gleich einfach mit." Wer kann so einer freundlichen Einladung widerstehen? Dieses eine Mittagsgebet war jedenfalls das Ende seiner Segelflugkarriere, aber der Anfang einer langen und wunderbaren Verbundenheit mit der Arbeit der SMD. Es gefiel Karl in der Gruppe so gut, dass er nicht nur daran teilnahm, sondern sich auch sehr engagierte und am Ende des Semesters sogar als Leiter für das neue Semester gewählt wurde.

Konflikte zwischen ESG und SMD

In Karls zweitem Semester in Tübingen, als er Leiter der SMD war, schlugen die Wellen plötzlich hoch und es entstand eine harte Auseinandersetzung zwischen der ESG und der SMD. Die SMD war bis dahin noch keine eigene Hochschulgruppe und arbeitete eng mit der ESG zusammen. Aber diese Zusammenarbeit war im Laufe der Zeit immer schwieriger geworden, da die Zielsetzung der Arbeiten und auch die theologische Ausrichtung beider Gruppen sehr unterschiedlich waren.

Da Karl der Leiter der Tübinger SMD-Gruppe war, suchte er das Gespräch mit dem Studentenpfarrer der ESG. Im Laufe des Gespräches wurde Karl deutlich, dass die Studentengemeinde die SMD als Konkurrenz empfand, und so fragte er den Pfarrer, was denn das Ziel der ESG sei. Dieser antwortete: „Studenten mit den Problemen des Christentums vertraut zu machen." Da sagte Karl: „Dann sind wir keine Konkurrenz, sondern können uns wunderbar ergänzen, denn das Ziel der SMD-Arbeit ist es, Menschen zum Glauben an Jesus Christus einzuladen." Diese missionarische Ausrichtung der SMD war dem Pfarrer der ESG zu massiv. So endete das Gespräch mit einem Verbot, die Plakate der SMD im Schlatterhaus, dem Haus der ESG, aufzuhängen.

Otto Michel stand der Arbeit der SMD sehr nahe. Deshalb begleitete Karl ihn oft nach den Vorlesungen nach Hause und bat ihn um seinen Rat. Auch jetzt besprach Karl mit ihm die Probleme mit der ESG.

Für dieses Semester hatte die SMD-Gruppe im Rahmen ihres „Offenen Abends" eine Evangelisation im Januar mit Dr. Hans Bürki aus der Schweiz geplant. Plötzlich aber beschloss die theologische Fakultät – bei zwei Gegenstimmen –, der SMD dafür keinen Raum in der Universität zur Verfügung zu stellen. So artete diese Sache sogar zu einem richtigen Machtkampf aus, der auch an der theologischen Fakultät nicht spurlos vorüberging. Zum Glück erfuhr ein katholischer Geschichtsprofessor von dem Problem und stellte der SMD seinen Hörsaal in der alten Universität zur Verfügung, da er sich nicht an den Beschluss der evangelischen theologischen Fakultät gebunden fühlte. So konnte die geplante Evangelisation doch noch stattfinden. Etliche Studenten kamen durch diese Offenen Abende mit Dr. Hans Bürki zum Glauben, sodass die Gruppe in Tübingen auf über 40 Studenten anwuchs und somit eine der zahlenmäßig größten Hochschul-SMD-Gruppen in Deutschland wurde. Das aber glättete die Wogen der Auseinandersetzung keinesfalls, sondern heizte sie eher noch an.

Nach der Semesterabschlussfreizeit mit Otto Michel wollte die SMD einen Gottesdienst zum Semesterende mit Johannes Busch gestalten und fragte die ESG, ob sie dafür die Stiftskirche nutzen könnte. Das wurde vom Studentenpfarrer abgelehnt mit dem Argument, die Gemeinde habe nach dem Semesterschlussgottesdienst der Uni, also in den Semesterferien, offiziell geschlossen. Der ESG-Pfarrer schrieb selber einen Brief an Johannes Busch mit der Bitte, nicht zu kommen. Die Antwort von Busch an ihn – mit Durchschrift an Karl – lautete, dass er kommen wolle, und der Brief schloss mit den Worten eines Liedes: „Wenn Christus seine Gnadenzeit bald hier, bald dort verklärt, so freu dich der Barmherzigkeit, die andern widerfährt. Ich komme! Ihr Busch". So kam er und hielt den Gottesdienst in der Stiftskirche.

Vorher schon hatte die Gruppe bei der Universität den Antrag gestellt, als offizielle Hochschulgruppe anerkannt zu werden, was aber von der Uni abgelehnt worden war. Nun hatte die Kirchenleitung in Stuttgart davon erfahren. Oberkirchenrat Manfred Müller lud die Leiter der ESG und SMD zu einem klärenden Gespräch nach Stuttgart ins Landeskirchenamt ein. Der Pfarrer der ESG nahm seinen Vorgänger mit und für die SMD fuhren Karl, Hans-Heinz Damm und Otto Michel hin. Das Gespräch wurde in offener und guter Atmosphäre geführt. Dann sagte Müller, dass in der württembergischen Landeskirche die Selbstständigkeit der freien Werke anerkannt werde, und er entschied, dass die SMD als eigene Hochschulgruppe zugelassen werden und die ESG diesen Antrag unterstützen sollte. So wurde im nächsten Semester der Antrag von der Universität Tübingen bewilligt und die SMD offizielle Hochschulgruppe.

Examen in Münster

Für Karl war die Zeit in Tübingen jetzt schon wieder zu Ende, da er zur Examensvorbereitung weiter an die Uni Münster gehen wollte. So bereitete er sich dort 1954/55 auf das Erste Theologische Examen vor.

Daneben arbeitete er in der – damals noch zahlenmäßig sehr kleinen – SMD-Gruppe mit.

Noch vor seinem Examen beantragte der Bruderrat der SMD bei der westfälischen Landeskirche die Freistellung von Karl nach seinem Examen für eineinhalb Jahre, um bei der SMD als Reisesekretär die einzelnen Gruppen an den verschiedenen Hochschulen Deutschlands zu besuchen und zu betreuen. Karl sollte Fritz Laubach ablösen. Dazu gab die Landeskirche ihre Einwilligung und rechnete diese eineinhalb Jahre als Vikariatszeit an. So ging Karl nach Marburg, nachdem er am 12. März 1955 sein Examen im Landeskirchenamt in Bielefeld, wo die Prüfungen stattfanden, erfolgreich absolviert hatte.

KAPITEL 3
DER BEGINN DES REISELEBENS

ERSTE STATION: REISESEKRETÄR BEI DER SMD

Die Anfänge der SMD-Arbeit

Da sich die Zentralstelle der SMD in Marburg an der Lahn im Melanchthon-Haus der Stadtmission in der Reitgasse 5 befand, nahm sich Karl in Marburg ein Zimmer. Am ersten Tag wurde er von Martin Philipp begrüßt, der im Leitungsgremium der SMD und bis 1954 auch als Reisesekretär tätig gewesen war.

Als Karl 1955 bei der SMD anfing, bestand sie eigentlich erst seit sechs Jahren. Angefangen hatte es nach dem Krieg, als etliche Studenten unabhängig voneinander sich an verschiedenen Unis zu Bibel- und Gebetskreisen zusammengetan hatten. Einige von ihnen waren in den Schrecknissen des Krieges zum Glauben gekommen und wollten die Freude und den Trost, den sie dadurch empfangen hatten, an andere weitergeben.

Besonders ein Mann, der schlimme Verletzungen im Krieg davongetragen hatte und durch den Krieg erst zehn Jahre nach seinem Abitur mit dem Theologiestudium in Wuppertal und Bonn beginnen konnte, hat hier Wesentliches dazu beigetragen, dass 1948 und 1949 die verschiedenen Gruppen sich zur SMD zusammentaten: Ernst Schupp. Unermüdlich bereiste er die Gruppen an den verschiedenen Universitäten und unterhielt ausgiebige Korrespondenz untereinander.[1]

Auf einer internationalen, christlichen Freizeit traf sich ein kleiner Kreis deutscher Teilnehmer – unter anderem Günter Dulon, Fritz

Laubach und Bernhard Popkes –, die sich daran machten, für alle Mitarbeiter, die in der zu gründenden Organisation einer missionarischen Studenten- und Schülergruppe mitarbeiten wollten, Richtlinien zur inhaltlichen Orientierung zu erstellen. Diese wurden – mit leichten Veränderungen – im Herbst 1951 bei einer Mitarbeiterbesprechung der SMD einstimmig angenommen. Schon im Jahr 1949 hatte sich auf einer Konferenz in Wiesbaden-Kloppenheim die SMD konstituiert und dort gleich ihre erste Mitarbeiterbesprechung abgehalten. Wichtig war von Anfang an, dass nur der mitarbeiten sollte, der eine persönliche Heilsgewissheit im Glauben an Jesus Christus hatte.

Bald nach der Gründung der SMD übergab Ernst Schupp, der mittlerweile Lehrer an der Bibelschule in Wiedenest war, seine Verantwortungsbereiche an den studentischen Mitarbeiterausschuss, der seinerseits Günter Dulon die Geschäftsführung der Zentralstelle in Marburg übergab. Besagte Zentralstelle war zunächst seine eigene Studentenbude! Die erste gemeinsame „Amtshandlung" bestand darin, miteinander für eine Schreibmaschine zu beten, um die vielfältige Korrespondenz aufrechterhalten zu können. Als Mitarbeiter in dieser Geschäftsstelle waren neben Günter Dulon noch Fritz Laubach, Fred Ruski und Ulrich Wever. Später kam noch Vikar Martin Philipp dazu. Schließlich konnte die „Zentralstelle" in die Reitgasse 5 umziehen.

Der Raum in der Reitgasse mitsamt allem Zubehör war pure Gebetserhörung. Zunächst standen der SMD die oberen Räume zur Verfügung, weil der untere große Saal seit dem Krieg als „Suppenküche" benötigt wurde. Doch da diese „Suppenzeit" nun zu Ende ging, bot die Stadtmission der SMD diesen großen Saal für 50 DM im Monat als Gruppen- und Tagungsraum an. Jetzt fehlte es nicht nur an Stühlen, sondern auch an einer geeigneten – und unerschwinglichen! – Trennwand, um zwei dringend benötigte Räume zu erhalten. Bei Umbauarbeiten im Diakonissenmutterhaus in Wehrda wurde eine Trennwand frei – und fand ihren Weg in die SMD. Auch alles andere Benötigte kam immer genau dann, wenn es gebraucht wurde.[2] Und so ist es eigentlich bis heute bei der SMD geblieben: Es wird viel um alles gebetet und Gott erhört am laufenden Band.

Die ersten Monate als Reisesekretär

Die Arbeit der SMD trug sich ausschließlich durch Spenden. Auch Karl war gleich zu Anfang seines Reisedienstes Nutznießer der Großzügigkeit eines guten SMD-Freundes aus Schwelm: Helmut Berning stellte ihm für seinen Reisedienst einen grauen VW-Käfer zur Verfügung, ohne den Karl nie das Pensum an Reisen geschafft hätte, das vor ihm lag.

Der offizielle Beginn seiner Zeit als Reisesekretär war der 1. April 1955. Aber Karl fing schon Mitte März mit der Vorbereitung einer Skifreizeit für 37 Studentinnen und Studenten an. Die Belohnung des harten vier- bis fünfstündigen Aufstiegs mit dem ganzen Gepäck zu Beginn der Freizeit waren wunderbare Pisten, die sie in den nächsten Tagen hinuntersausen konnten, und herrliches, sonniges Winterwetter. Frühmorgens und abends war genug Zeit für Bibelarbeiten, Gespräche und geselliges Beisammensein. Diese missionarischen Freizeiten – ob im Sommer oder im Winter – waren schon immer in der SMD-Arbeit sehr wertvoll, da sie Gelegenheit boten, einzelne Studenten besser kennenzulernen und sie am eigenen Glauben teilhaben zu lassen. Das war bei den punktuellen Begegnungen im Semester oft viel schwieriger.

Karls typische Haltung, wenn er Bibelarbeiten hielt.

Mit dem Sommersemester im Mai gingen für Karl die Besuche bei den einzelnen Gruppen los. Zu der Zeit gab es an 16 deutschen Unis SMD-Gruppen, zum Beispiel in Berlin, Bonn, Erlangen, Hamburg, Stuttgart und München – heute gibt es 72 Gruppen an den verschiedenen Hochschulen Deutschlands und ca. zehn bis fünfzehn befreundete Gruppen. Außerdem besuchte Karl die acht befreundeten Gruppen, die sich noch überlegten, ob sie sich der SMD anschließen wollten. Jede Gruppe sollte mindestens einmal im Semester besucht werden. Karl und auch die SMD-Reisesekretärin Eva-Maria Marschall, die oft zeitversetzt die Gruppen besuchte, um sich besonders seelsorgerlich um die Mitarbeiterinnen kümmern zu können, hielten bei solchen Besuchen Bibelarbeiten in den Mitarbeiterstunden und manchmal Vorträge bei Offenen Abenden. Zusätzlich waren sie auf Wochenendfreizeiten dabei und machten Gruppen- oder Einzelberatung. Wichtig war ihnen, die Gruppen in ihren missionarischen Aktionen und Aufgaben an der Uni zu unterstützen, aber auch jeden einzelnen Mitarbeiter im Glauben zu stärken und seelsorgerlich zu begleiten.

Wenn es Gelegenheit gab, besuchte Karl viele Freunde der SMD, die gerade in der Nähe wohnten, um sie an der Arbeit der Studenten teilhaben zu lassen. Das war sehr wichtig, denn nur die Spenden dieser vielen Freunde ermöglichten es der SMD, dass sie überhaupt solche hauptamtlichen Mitarbeiter haben konnte.

Als Karl vom 13. bis 16. Mai 1955 die Gruppe in Marburg besuchte, hatte er endlich einmal wieder die Möglichkeit, in seinem eigenen Zimmer zu schlafen. Die Marburger Gruppe traf sich zu den Mitarbeiterstunden immer in der Zentralstelle. An einem Abend, als er hier eine Bibelarbeit hielt, war der Raum gut gefüllt, sodass sogar einige auf dem Boden sitzen mussten. Karl setzte sich während der Andacht auf einen Tisch, damit ihn alle besser sehen konnten.

Er wusste jedoch nicht, dass irgendwo in den hinteren Reihen eine junge Frau auf dem Boden saß, die sein weiteres Leben verändern sollte. Sie konnte nur seine baumelnden Beine sehen, fand seine Stimme aber sehr angenehm. Marlene Brockhaus stellte fest, dass dieser junge Reisesekretär wohl gerne Knickerbockers trug, was eine Liebe zur Natur erahnen ließ. Das gefiel ihr gut.

Marlene (Maria Helene Sieglinde) selber war keine Studentin, sondern machte in Marburg gerade eine Ausbildung als Physiotherapeutin. Ihre Familie stammte aus Mettmann, einer kleinen Stadt in der Nähe von Düsseldorf. Als Karl damals in Wuppertal durch die Vermittlung des Studentenpfarrers Koscherke in den verschiedensten Gemeinden der Umgebung gepredigt hatte, war er auch einmal in der evangelischen

Kirche in Mettmann gewesen, ohne zu ahnen, dass diese Stadt in seinem Leben noch eine Bedeutung haben sollte.

Marlene wohnte in Marburg in einem privaten Zimmer und sang in der Kurrende (Studentenchor) der ESG mit. Bei einer Veranstaltung in der ESG lernte sie Ulrich Wever von der SMD kennen, der sie einlud, doch auch einmal SMD-Veranstaltungen zu besuchen. Außerdem meinte er – als sie vorsichtig nachfragte –, sie könne auch gerne im SMD-Studentenwohnheim auf dem Klavier üben. Das ließ sie sich nicht zweimal sagen und übte fortan regelmäßig dort. Aber auch an vielen SMD-Veranstaltungen nahm sie nun gerne teil, und so hörte sie eines Abends der Bibelarbeit von Karl zu. Ob sie sich deswegen auch zur von Karl geleiteten internationalen Freizeit im Sommer 1955 anmeldete oder sowieso mitgefahren wäre, ist nicht bekannt. Jedenfalls sahen sich die beiden dort wieder.

Zarte Bande

Diese Freizeit fand auf der Jubiläumshütte am Schwarzenkopf in den Alpen beim Spitzingsee statt und es reisten als Mitarbeiter unter anderem auch Günter Dulon und Eva-Maria Marschall mit.

Wie das manchmal so ist, merken andere um einen herum oft schneller als man selbst, was mit einem los ist. So erging es auch Karl auf der Freizeit. Er unterhielt sich als Reisesekretär natürlich mit allen Teilnehmerinnen und Teilnehmern, und auf den langen Wanderungen ergaben sich viele gute Gespräche. Auf einer dieser Alpenwanderungen unterhielt er sich lange mit Marlene. Als sie an eine Lichtung kamen, die gerade von der Sonne wunderbar warm beschienen wurde, machten sie spontan Halt, legten sich beide auf den Boden und genossen schweigend den weiten blauen Himmel über sich. Das muss wohl Günter Dulon, der mit Karl mittlerweile befreundet und hier auf der Freizeit sein Zimmergenosse war, gesehen haben, denn er fragte Karl hinterher: „Und, habt ihr euch geküsst?" Karl fiel aus allen Wolken. Er und Marlene siezten sich sogar noch. Doch jetzt war er aufmerksam geworden und seine Gedanken wanderten des Öfteren zu Marlene.

Viel Zeit dazu blieb ihm allerdings nicht, denn gleich zwei Tage nach der Freizeit fuhr er im August nach Bünde zu einer Mitarbeiter-

Marlene und Karl lernten sich auf einer Freizeit in den Alpen kennen.

freizeit im CVJM-Heim. Daran nahmen viele Mitarbeiter aus verschiedenen SMD-Gruppen teil und es waren ganz intensive Tage mit tief gehenden Bibelarbeiten, einer guten Gemeinschaft, Austausch über die Arbeit im vergangenen Semester und Gelegenheit zu seelsorgerlichem Gespräch. Nach diesen intensiven Tagen hatte Karl Zeit, Urlaub zu machen und auch in Bünde seine Eltern, Geschwister und Freunde zu besuchen.

Herbstkonferenz

Bis heute findet in Marburg die große Jahreskonferenz der SMD statt, die Herbstkonferenz (HeKo). Daran nehmen möglichst alle Hauptamtlichen teil, viele Studenten, ehemalige SMD-ler und Freunde. In den ersten Jahren war die Zahl der Teilnehmer noch überschaubar. Sie passten alle in den Raum in der Reitgasse 5. Heute dagegen ist es eine sehr große Veranstaltung mit über 500 Leuten, sodass sie in einem großen Saal stattfinden muss.

Vom Inhaltlichen hat sich nicht viel geändert. Es gab damals schon viele gute Bibelarbeiten und Vorträge. Auf der HeKo vom 29. Oktober bis 1. November 1955 waren zum Beispiel Prof. Otto Michel und Dr. Josef Chambon aus Zürich als Referenten eingeladen. An diesem

Wochenende kam auch Fritz Sundermeier nach Marburg, um an der Konferenz teilzunehmen und seinen Sohn Karl zu sehen. Da Vater Fritz immer sehr darauf bedacht war, dass seine Söhne ja die „richtigen" Frauen heirateten, hätte er sie am liebsten selbst ausgesucht. So stellte Karl ihm drei Studentinnen als seine „Freundinnen" vor – darunter auch Marlene, die ebenfalls an der Konferenz teilnahm, und fragte seinen Vater später verschmitzt, welche von ihnen er denn jetzt nehmen solle. Darauf wusste sein Vater natürlich keine Antwort und brummelte etwas in seinen nicht vorhandenen Bart.

Verlobung

Nach der HeKo begannen die Mitarbeiteranfangsfreizeiten in den jeweiligen Gruppen, zu denen die Reisesekretäre gerne als Referenten geladen wurden. Danach ging es mit den Gruppenbesuchen weiter.

Doch in diesem Winter war für Karl noch etwas anderes wichtig. Er musste sich überlegen, wie Marlene und er ihren Eltern von ihrer Freundschaft berichten sollten. Da kam ihm ein Zufall zu Hilfe. Marlenes Vater lud ihn ein – ohne von der Verbindung zwischen den beiden zu wissen –, in Mettmann in der Brüdergemeinde zu predigen, zu der die Familie Brockhaus gehörte und die ein Vorfahre von ihnen mitgegründet hatte.

Nach dem Gottesdienst wurde der Prediger meist noch nach Hause zu Familie Brockhaus eingeladen. Marlene, die nichts verriet, war erleichtert, dass die Eltern ganz angetan von Karl und auch von seiner Predigt waren. Denn sonst wäre es für sie sehr schwierig gewesen, ihre Erlaubnis zu bekommen, Karl zu heiraten.

Im Dezember 1955 leitete Karl eine Freizeit bei der ESG in Kettwig. Danach verabredete er sich mit Marlene zu einem Treffen im Neandertal, das nahe bei Mettmann liegt. Was für Karl in seiner Kindheit der Doberg war, war für Marlene das Neandertal. Viele Wanderungen wurden dort von der ganzen Familie unternommen. So trafen sich beide an diesem schönen Ort und verlobten sich heimlich. Weihnachten wollten sie es jeweils ihren Eltern kundtun.

Als Karl am Heiligabend seiner Familie von seiner Verlobung erzählte, fielen sie aus allen Wolken, am allermeisten sein Vater Fritz:

„Wie? Was? Das kannst du doch nicht einfach so sagen." Daraufhin Karl: „Ich dachte, ihr freut euch! Außerdem hast du sie doch selber ausgesucht – damals auf der Konferenz der SMD." Welche von den dreien damals nun Marlene war, wusste Fritz nicht mehr so wirklich, doch dann fragte er: „Ist das die, die in der Küche immer mit den Töpfen geklappert hat?" Ihm war wohl aufgefallen, dass Marlene eifrig in der Küche mitgeholfen hatte.

Nachdem der überraschende Moment vorüber war, freuten sich alle mit Karl. Dann eröffnete er seiner Familie, dass er gleich nach Weihnachten bei Marlenes Eltern offiziell um ihre Hand anhalten wollte und sie an Neujahr mit nach Bünde bringen würde.

Gut, dass Marlenes Eltern Karl schon kannten, so sagten sie gleich Ja, als er bei ihnen um ihre Hand anhielt. Da das alles ganz förmlich ablief, baten die Eltern auch darum, dass sie sich gleich offiziell verloben sollten, damit es kein Gerede gäbe. So kauften Karl und Marlene ihre Verlobungsringe und feierten gleich zu Beginn des Jahres 1956 um Mitternacht ihre Verlobung im Brockhäuser Familienkreis. Die eigentliche Verlobungsfeier – auch damit sich beide Familien kennenlernen konnten – sollte im März folgen.

Am Morgen des 1. Januar fuhren Marlene und Karl nach Essen zu einem Gottesdienst von Wilhelm Busch ins Weigle-Haus und anschließend nach Bünde zum Mittagessen. Marlene war total aufgeregt. Die drei jungen Männer, die da alle mit einer dicken Zigarre im Mund im Wohnzimmer saßen und sie begutachteten, schüchterten sie ganz schön ein. Aber sie hielt sich tapfer und war froh, dass auch die Länge ihres Rockes den prüfenden Blicken des zukünftigen Schwiegervaters standhielt. Einen Ton hätte sie allerdings nicht herausgebracht, und sie war froh, dass keiner sie irgendetwas fragte. Später in der Küche nahm Karls Mutter Paula sie unter ihre Fittiche. Eine Sache, von der Fritz meinte, die eine Hausfrau unbedingt können müsse, kann Marlene aber bis heute nicht: dünne, gleichmäßige Scheiben vom im Arm gehaltenen Brot abschneiden! Am wichtigsten war Karls Eltern natürlich, dass Marlene Christ war, alles andere war nur zweitrangig. Und dass sie schüchtern und nicht vorlaut war, kam bei ihnen auch eher positiv als negativ an. So freuten sich alle mit den beiden und nahmen Marlene in die Familie auf.

Später musste Karl Marlene auch noch im Landeskirchenamt in Bielefeld vorstellen, ob sie auch eine geeignete Pfarrfrau abgeben würde. Das war damals so üblich. Ebenfalls üblich war es, dass zukünftige Pfarrfrauen vor der Hochzeit einen Bräutekurs machten und bereit waren, auf ihren Beruf zu verzichten, um dem Pfarrer den Rücken frei zu halten und als Pfarrfrau aktiv in der Gemeinde mitzuarbeiten. Dazu war Marlene natürlich gerne bereit, wenn sie auch alles andere als eine typische Pfarrfrau war – wie sich später herausstellen sollte. Zum Glück arbeitete Karl an jeweils so exponierten Stellen, dass sie ihre Gaben auf ihre ganz eigene Art und Weise einbringen konnte.

Als Frischverlobte kamen Karl und Marlene nach Neujahr wieder in Marburg an – und für Karl ging das Reiseleben gleich wieder weiter. Da sie sich in den darauffolgenden Monaten nicht häufig sehen konnten, schrieben sie sich fast täglich!

Mitarbeiterausschusssitzungen

Vom 4. bis 5. Februar fand in Gomaringen eine Mitarbeiterausschusssitzung statt. Dort wurden die Besprechungen, Konferenzen und Freizeiten für das ganze Jahr festgelegt und besprochen, wer wo als Referent tätig sein sollte.

So sollte im März eine Mitarbeiterrüstzeit in Rehe stattfinden, auf der neben dem geistlichen Programm auch über das Verhältnis von ESG und SMD gesprochen werden sollte. Das war gut möglich, da die Zielsetzung beider Gruppen jeweils eine andere war. Die ESG verstand sich hauptsächlich als evangelische Hochschulgemeinde mit eigenem Hochschulpfarrer, die für alle evangelischen Studentinnen und Studenten Gemeinde vor Ort sein sollte. Die SMD dagegen wollte ganz bewusst kein Sammelbecken aller christlichen Studenten sein, sondern eine christliche Gruppe mit einem ganz speziellen missionarischen Anliegen und Auftrag. Sie erhob nie – und tut es auch heute nicht – den Anspruch, Gemeinde zu sein, sondern sie versteht sich innerhalb der verschiedenen gemeindlichen Ausrichtungen als eine „Spezialarbeitsgruppe". Wichtig war allen natürlich, dass es keine Spannungen oder Diffamierungen gab, sondern dass jeder in gegenseitiger Anerkennung seine gute Arbeit tun konnte und so eine Einheit im

Glauben in der Vielfalt vorhanden war. Ob das immer gelang, war eine andere Frage und hing natürlich auch von einzelnen Persönlichkeiten ab, sodass es immer wieder Diskussionen bis hin zu scharfen Auseinandersetzungen gab.

Ein anderes großes Thema auf dieser Mitarbeiterausschusstagung war das Verhältnis zu den Studentengruppen in Ostdeutschland. Zu dieser Zeit war die Berliner Mauer ja noch nicht gebaut, und doch wurde es aus politischen Gründen immer schwieriger, miteinander in Kontakt zu bleiben. So wurden Wege gesucht, wie der Kontakt zu den Studenten der Ostzone aufrechterhalten werden konnte. Zum einen sollten sie zu gemeinsamen Freizeiten und Konferenzen eingeladen werden, zum anderen wurden die Studenten dazu ermutigt, untereinander durch Briefwechsel oder auch persönliche Besuche in Kontakt zu kommen und zu bleiben.

Nach der Mitarbeiterrüstzeit in Rehe leitete Karl im März und April 1956 wieder eine Skifreizeit auf der Reiteralpe, bevor er sich daran machte, die Frühjahrskonferenz in Schwäbisch Gmünd vorzubereiten, für deren Organisation er verantwortlich war. Diese Konferenz (Früh-Ko) war das Pendant zur HeKo, wenn auch nur für den süddeutschen Raum und nicht ganz so groß angelegt. Auf der Mitarbeiterausschusssitzung, die zwei Tage vorher im Haus Schönblick in Schwäbisch Gmünd stattfand, wurde auch die Frage nach ausländischen Studenten erörtert und festgestellt, wie wichtig es war, sich um diese Studenten zu kümmern und ihnen, wo nötig, zu helfen. So entwickelten sich nach und nach in den SMD-Gruppen Kreise für ausländische Studenten, wo – wenn es gut gelang – ein wunderbares interkulturelles Miteinander rund um Bibel, Küche und Hilfe bei Behördengängen stattfand.

Ende als Reisesekretär, Anfang im Bruderrat

Im Herbst nach der HeKo und den damit verbundenen Mitarbeitertagungen und Konferenzen ging Karls Zeit bei der SMD zu Ende. Allerdings war damit nicht automatisch seine Mitarbeit bei der SMD vorbei. Er wurde in den Bruderrat gewählt, sodass er nicht nur über die Arbeit informiert war, sondern bei wichtigen Fragen sogar mit entscheiden konnte. War der Bruderrat bis dahin eher ein beratendes Organ, so hatte er seit Herbst 1956 zusammen mit dem bisherigen Leitungsorgan der SMD (dem Hauptausschuss) und weiteren Vertretern der verschiedenen Arbeitsbereiche (Studenten-, Schüler- und Akademikerarbeit der SMD) die Gesamtleitung und volle Verantwortung für die Arbeit. Aus diesem Bruderrat wurde der Vorstand als ausführendes Organ gewählt – bestehend vor allem aus hauptamtlichen Mitarbeitern aus der Zentrale und in den Reisediensten.

So war Karl bis weit in die Sechzigerjahre in der Leitungstätigkeit des Bruderrates dabei. Auch als Referent wurde er eingeladen, zum Beispiel auf die Mitarbeiterfreizeit im März 1957. Über diese weitere Verbundenheit zur SMD war Karl sehr froh.

Eine Nacht im Gefängnis

Eines Tages musste Karl zu einer wichtigen Sitzung des Bruderrates fahren, die im Süden Deutschlands bei den Aidlinger Schwestern stattfinden sollte. Um rechtzeitig da zu sein, fuhren er und Martin Philipp schon am Abend vorher dorthin. Sie kamen allerdings erst spät am Abend an, da sie vorher noch viel zu tun gehabt hatten. Als sie an der Tür der Schwestern klingelten, schien sie niemand zu hören, denn keiner machte ihnen auf. Leider waren die Hotelzimmer in der Umgebung – wie sie feststellten – alle wegen einer großen Tagung ausgebucht. Deshalb sagte Martin Philipp kurz entschlossen: „Jetzt fahren wir zur Polizeiwache und lassen uns einsperren. Das ist besser als gar kein Bett." Als Jugendlicher hatte Martin das schon einmal gemacht, und so sagten sie dem erstaunten Revierleiter, dass er sie bitte einsperren solle. „Wenn Sie meinen", sagte der etwas verunsichert und führte sie im Keller in eine Zelle mit zwei Betten. Angenehm war es nicht, aber wenigstens fanden sie etwas Schlaf.

Um 6 Uhr wachten sie auf, machten ihre Morgenandacht, sangen laut und fröhlich ein Morgenlied und gingen nach oben, um weiterzufahren. Mittlerweile saß dort ein anderer junger Beamte, der sie prompt festhielt, um das Protokoll aufzunehmen. Als Karl und Martin auf die Frage „Beruf" mit „Pfarrer" antworteten, dachte der Beamte wohl, sie wären nachts eingesperrt worden, um ihren Rausch auszuschlafen: „Sie wollen mich wohl veräppeln!" Zum Glück kam der Beamte vom Vorabend gerade herein und klärte alles auf.

Als sie dann endlich wieder in Aidlingen waren und – leider etwas zu spät – zur Sitzung kamen, dauerte es etwas, bis die anderen ihnen ihre abenteuerliche Geschichte glaubten, lachten dann aber herzlich mit.

ZWEITE STATION: VIKARIAT IN MEINERZHAGEN

Hilfsdienst in Meinerzhagen

Im April 1956 verstarb ganz unerwartet Johannes Busch mit 51 Jahren an den Folgen eines Verkehrsunfalls. Die, die ihn gekannt, geschätzt und geliebt hatten, waren erschüttert. Tausende waren am 18. April 1956 zu seiner Beerdigung auf dem Wittener Friedhof gekommen. Es war ein bewegender Abschied von diesem großartigen Mann und Kämpfer für das Evangelium.

Als Karl im Herbst 1956 beim Landeskirchenamt der westfälischen Kirche vorsprach, um zu erfahren, in welcher Gemeinde er nach seinem Reisedienst bei der SMD das restliche Jahr seines Vikariats verbringen sollte, sagte der Oberkirchenrat zu ihm: „Du sollst doch Bundeswart des CVJM-Westbundes werden, also Nachfolger von Johannes Busch. Weißt du das etwa nicht?" – „Nein", antwortete Karl. – „Na, dann wird's aber höchste Zeit." Bevor er dieses Amt antreten konnte, musste Karl natürlich erst einmal in einer Gemeinde sein Vikariat beenden.

Da Pfarrer Rudolf Schmidt aus Meinerzhagen als kommissarischer Bundeswart eingesetzt war, erschien es natürlich sinnvoll, Karl zu ihm ins Vikariat zu schicken. Der Oberkirchenrat rief ihn sogleich an, um sich zu erkundigen, ob er einen Vikar gebrauchen könne – und so war die Sache ganz unbürokratisch geregelt. Da Rudolf Schmidt als kommissarischer Bundeswart viel unterwegs war, freute er sich, dass Karl in der Zeit seine Gemeindearbeit übernahm.

Dieses halbe Jahr Hilfsdienst in der Gemeinde in Meinerzhagen sollte die einzige Zeit sein, in der Karl in einer Kirchengemeinde in Deutschland tätig war. Neben den Gottesdiensten und Predigtdiensten waren ihm besonders die vielen Bibelarbeiten in den verschiedensten Bauernhöfen und Häusern wichtig. Aber auch die Besuche – besonders bei älteren Menschen – lagen ihm am Herzen, wie überhaupt die seelsorgerlichen Gespräche, die er zuweilen führen konnte.

Während dieser Zeit hatte Karl auch Religionsunterricht in der Berufsschule in Lüdenscheid zu halten. Der Diakon Manfred Weber warnte ihn, nicht zu hohe Erwartungen zu haben. Als Karl kurz darauf die unruhige Klasse betrat, sagte er als Erstes: „So, bitte nehmen Sie jetzt Ihre Bibeln heraus, damit wir anfangen können." Betretenes Schweigen, denn natürlich hatte keiner eine Bibel dabei. „Wie", sagte Karl, „Sie wollen hier Religionsunterricht machen und haben noch nicht einmal eine Bibel dabei? Morgen bringt jeder bitte eine mit." Was diese perplexen Schüler dann auch brav taten und ab sofort gut mitarbeiteten.

Dieses halbe Jahr war für Karl eine gute und erfüllte Zeit. Darauf folgte im Mai 1957 ein fünfmonatiges Predigerseminar in Soest. Das war gleichzeitig auch die Vorbereitung für das Zweite Theologische Examen, das er am 28. September 1957 ablegte.

Während seiner Vorbereitungen auf das Examen liefen bei ihm und Marlene die Hochzeitsvorbereitungen auf Hochtouren. Denn schon ein paar Tage nach dem Examen, am 2. Oktober 1957, wollten sie heiraten. Auch durfte Karl noch eine Woche vor seinem Examen Gisela, die Schwester Marlenes, und Johannes Krikowski trauen – damit die ältere Schwester zuerst heiratete und Marlene gleich ein Hochzeitskleid hatte.

Karl und Marlene heiraten

Endlich stand die eigene Hochzeit bevor. Es war ein wunderschönes Fest. Am Morgen fand die standesamtliche Trauung in Mettmann statt und danach die kirchliche durch Pastor Rudolf Schmidt in Meinerzhagen. Der Trauspruch, der Karl und Marlene im Laufe der nächsten Jahre immer wieder wichtig wurde, war Römer 8,28: „Wir wissen aber, dass denen, die Gott lieben, alle Dinge zum Besten dienen."

Am 2. Oktober 1957 heirateten Marlene und Karl in der Meinerzhagener Kirche.

Anschließend ging es nach Rüggeberg in ein gemütliches, schönes Lokal zur Feier. Neben der großen Verwandtschaft waren auch Marlenes Freundin Ursula (eine Cousine) und Karls Freunde Günter Dulon und Klaus Bockmühl dabei. Natürlich waren auch Prof. Otto Michel aus Tübingen und Helmut Bering von der SMD eingeladen und gekommen sowie Wilhelm Jung, der Präses des Westbundes, und natürlich Rudolf Schmidt.

Neben Fritz, Karls Vater, hielt auch Prof. Michel eine Rede. Zum Schluss legte er in Marlenes Hände ein kostbares chinesisches Schmuckkästchen und sagte: „Auf dass dein Mann das füllen kann." Helmut Bering machte ihnen aus seiner Firma ein überraschendes Geschenk: eine Waschmaschine! Das hatte zu der Zeit nicht jeder und war noch etwas ganz Besonderes. Im Laufe der Jahre wusste Marlene sie immer mehr zu schätzen.

Um an der Feier auch musikalische Beiträge zu ermöglichen, wollte Marlenes Mutter im Vorfeld ein Klavier mieten, doch Karl nahm ihr diese Aufgabe ab. Da er wusste, dass seine Frau sehr gerne Cembalo hörte – und auch spielte –, organisierte er für den Saal ein solches.

Irgendwann im Laufe des Abends sagte Karl in seiner verschmitzten Art ganz trocken zu Marlene: „Gefällt dir eigentlich der Hocker dort beim Cembalo? Den schenke ich dir zur Hochzeit." Ganz brav sagte Marlene „Danke" und versuchte, den Hocker zu bewundern – bis es ihr endlich dämmerte, dass das Cembalo natürlich dazugehörte. Da war sie sprachlos und selig! Hatte Karl doch sein sämtlich erspartes Geld – auch noch vom Studium – in dieses tolle Geschenk gesteckt.

Die nächsten vier Tage verbrachten Karl und Marlene als Kurzhochzeitsurlaub in dem Hotel, das zu ihrem Hochzeitslokal gehörte. Danach musste Karl wieder ins Predigerseminar. Marlene saß währenddessen alleine in der kleinen Wohnung in der Augustastraße in Schwelm, die der Geschäftsführer des CVJM-Westbundes für sie besorgt hatte. Als Marlene in der Wohnung ankam, war die komplett leer. Kein Bett, ja noch nicht einmal ein Tisch oder Stuhl stand drin. So setzte sie sich auf ihren Cembalohocker und war froh, wenigstens den zu haben. Zum Glück wurden Cembalo und andere Wohnungseinrichtungsgegenstände aber bald danach geliefert, sodass sie ihr neues Heim einrichten und sie endlich auf ihrem geliebten Cembalo nach Lust und Laune spielen konnte. Ein Kindheitstraum von ihr war gewesen, Organistin zu werden, so war das hier wenigstens ein kleiner Ersatz.

Diese Zeit war für Marlene ein Vorgeschmack dessen, was sie in den nächsten zwölf Jahren erwarten sollte: viel Zeit ohne ihren Mann verbringen zu müssen, da der in der nun folgenden Zeit im CVJM fast genauso viel unterwegs war wie als Reisesekretär der SMD.

Doch vorher verbrachten sie noch eine wunderschöne zweiwöchige Hochzeitsreise auf Mallorca, die Marlenes Opa ihnen zur Hochzeit geschenkt hatte. Anfang November – direkt nach der Beendigung des Predigerseminars – flogen sie los. Das war eine gute Entschädigung für die vielen Tage, die sie ohne einander verbringen mussten.

DRITTE STATION: BUNDESWART DES CVJM-WESTBUNDES

Ein schweres Erbe

Im *Leuchtturm*, dem Mitteilungsblatt für Mitarbeiter des westdeutschen Jungmännerbundes (jetzt CVJM-Westbund), stand: Der Bundesvorstand beschloss, „die Kirchenleitung der Evangelischen Kirche von Westfalen zu bitten, den Kandidaten der Theologie Karl Sundermeier für sein Hilfsdienstjahr dem Westdeutschen Jungmännerbund zuzuweisen"[3].

Bis zur Beendigung seiner Hilfsdienstzeit am 30. November 1958 sollte Karl stellvertretender Bundeswart sein und Pastor Rudolf Schmidt der offizielle Bundeswart. So fing Karl Ende November 1957 seinen Dienst beim Westbund an und hatte das Gefühl, wieder zu Hause angekommen zu sein. Diese Jugend- und Jungmännerarbeit war ihm seit Kindesbeinen vertraut, und dort hinein steckte er nun wieder seine ganze Kraft und Liebe.

Große Fußstapfen
Eigentlich war es ein schweres Erbe, das er antrat: Nachfolger von Johannes Busch – das waren große Fußstapfen, in die er da hineingestellt wurde. Seit 1934 hatte Johannes Busch als Bundeswart diesen Westbund wie kein anderer vorher geprägt und zu großem geistlichen und auch zahlenmäßigen Wachstum geführt.

Als nach dem Krieg das Besatzungsregime Jugendarbeit wieder erlaubte, rief Busch zum Weitermachen auf, auch wenn viele CVJM-Häuser im Krieg zerstört worden waren und viele der Mitarbeiter irgendwo in Gefangenenlagern noch weitab der Heimat saßen. Im *Leuchtturm* vom Mai 1956 wurde berichtet, dass er selbst unermüdlich auf Kohlezügen der Bundesbahn, mit dem Fahrrad und auch zu Fuß durchs Land zog, um die Jugendarbeit wieder in Gang zu bringen, Vereine zu unterstützen und Evangelisationen zu halten.

Auch bemühte er sich sehr um den Zusammenhalt und die Zusammenarbeit mit den anderen Bünden der Jungmännerarbeit, die seit 1878 zu einer Nationalvereinigung zusammengeschlossen waren, der „Vereinigung der deutschen evangelischen Jünglingsbündnisse"; 1921 wurde aus dem Nationalverband der Reichsverband und aus den Jünglingsbünden die Jungmännerbünde unter dem Reichswart Erich Stange.

Johannes Busch war so beliebt und es war für alle so selbstverständlich, dass er dieses Amt noch jahrelang ausführen würde, dass sein unerwarteter Tod vom kommissarischen Nachfolger Rudolf Schmidt in seinem Bundeswartbericht von Oktober 1956 mit dem Tod des Mose im Alten Testament verglichen wurde. Sie fühlten sich so verlassen, wie das Volk Israel sich ohne ihren großen Leiter Mose verlassen gefühlt haben musste. Und vielleicht hätte sich Karl anfangs ähnlich wie Josua fühlen können, der verzagt war, jetzt alleine dieses große Volk weiterführen zu müssen. Doch davon keine Spur! Fast nahtlos wurde Karl, obwohl er noch so jung war, in die Arbeit aufgenommen, akzeptiert und sogleich für viele Festveranstaltungen als Redner und Prediger angefragt.

So war das „Experiment Karl" gut eingeleitet und gab ihm die Möglichkeit, Neues mit einzubringen. Außerdem hatte er genügend Zeit, viele Mitarbeiter und Mitglieder bei den diversen Festveranstaltungen und Besuchen in den einzelnen Vereinen kennenzulernen.

Hauskreis- und Familienarbeit
Doch zunächst war Karl noch eine andere Sache ganz wichtig, die er im Laufe der Zeit auch in die Arbeit des CVJM-Westbundes mit einbrachte. Bis dahin war es im CVJM üblich, sich ausschließlich in Vereinshäusern oder Gemeinderäumen zu Bibelstunden, Gruppenstunden oder sonstigen öffentlichen Veranstaltungen zu treffen. Das, was Karl in Göttingen an Hauskreisarbeit kennen- und schätzen gelernt hatte, wollte er jetzt als Allererstes für Marlene und sich in ihrem Wohnort umsetzen. So gründete er in Schwelm mit befreundeten Ehepaaren, die sie aus der Gemeinde kannten, einen Hauskreis, der sich einmal im Monat reihum in den Häusern traf. Dort wurde nicht nur in der Bibel gelesen, sondern es fand auch ein persönlicher Austausch statt. Dieser Hauskreis von damals trifft sich bis heute einmal im Monat – selbst in den Jahren der Abwesenheit von Karl und Marlene wurde er weitergeführt und es ist großer Segen aus dieser Kontinuität entstanden!

Die Frage nach einer Familienarbeit war nicht neu, nur das Sichtreffen in den eigenen Häusern. Schon in der Februarausgabe des *Leuchtturms* von 1957 plädierte Hanns Porsch, Gauwart für das Bergische Land, für einen Ausbau der Familienarbeit, um die älteren Brüder mitsamt ihren Familien erneut in die Arbeit einzubinden. Damals war das große Gebiet des Jungmännerbundes aus Westdeutschland (später Westbund; so wie es danach auch den Nordbund, Ostbund und Südbund gab) in verschiedene Gaue aufgeteilt mit jeweils einem Gauwart. Zunächst einmal lud Hanns Porsch alle Älteren im Kreisverband Wuppertal zu einem gemeinsamen Tag in Wichlinghausen ein und war baff, als sich der Saal mit 300 Männern füllte. Daraus wurden das jährliche „CVJM-Männertreffen" und Männerkreise, im September 1957 fand sogar die erste Männerfreizeit statt.

53

Doch dann merkte Karl, dass auch die Familie einbezogen werden sollte, und so schlug er vor, einmal im Monat eine Familienbibelstunde zu machen, wenn gewünscht auch einmal in der Woche. Außerdem sollte es im Winter einen Familienabend mit einem interessanten Programm geben, und im Sommer sollte ein Tag als Familienausflug gestaltet werden.

So fiel der Vorschlag Karls, doch aus diesen Familienausflügen gleich eine Familienfreizeit zu machen, auf fruchtbaren Boden. Schon in der ersten Ausgabe des *Leuchtturms* vom Jahr 1958 wurden neben den vielen anderen Freizeiten auch fünf Familienfreizeiten angeboten, die erste schon im Juni in Oberstdorf im Allgäu und die anderen vier im August und September auf Borkum und in Adelboden/Schweiz. Karl leitete die Borkum-Freizeiten im August.

Freizeitarbeit
In den Zwanzigerjahren hatte die Freizeitarbeit in der Jungmännerarbeit angefangen, und mittlerweile war sie zu einem der wichtigsten Arbeitszweige geworden. Die Freizeiten waren für viele der Höhepunkt des ganzen Jahres – neben den großen Bundes- und Bundesposaunenfesten, die ein Mal im Jahr bzw. alle zwei Jahre stattfanden. Die verschiedenen Bünde unterhielten jeweils mehrere Freizeitheime, in denen diese Freizeiten und auch Tagungen stattfinden konnten. Ja, von hier aus gingen „Ströme geistlicher Erneuerung [...], die, wie nichts anderes, das Gesicht des evangelischen Jungmännerwerkes geprägt haben"[4]. Auch der Reichsverband unterhielt einige Freizeitheime, um dort zentrale Tagungen und Freizeiten veranstalten zu können, die den Zusammenhalt der ganzen Arbeit in Deutschland und die Begegnungen untereinander fördern sollten. Beispielsweise gehörte ihm das „Haus Viktoria" auf der Nordseeinsel Borkum, das früher ein Hotel war, sodass hier viele Familien- und andere Freizeiten stattfinden konnten.

Dem Westbund gehörte das Erholungsheim „Haus Elsenburg" in Kaub am Rhein und ein Zeltlager in Michelstadt. Natürlich wurden für die vielen jährlichen Freizeiten auch andere Heime in den Bergen und anderen Gegenden Deutschlands genutzt. Gleich bei seiner ersten Skifreizeit in den Alpen, zu der Karl die alten Skier aus Bünde mitgenommen hatte, bretterte er vor den Augen Ernst Kaisers, dem späteren Präses des Westbundes, fröhlich den Berg hinunter und landete etwas unsanft vor einem Baum. Daraufhin meinte Ernst Kaiser schmunzelnd: „Ski fahren kannste net, aber Mut haste."

Bundeshöhe und Bundesfest

Der Beginn von Karls Dienstzeit im CVJM-Westbund war im ersten halben Jahr von zwei Dingen vornehmlich geprägt. Er musste erstens das große Bundesfest zum 110-jährigen Bestehen des Westbundes vorbereiten, das im Juli 1958 in Wuppertal stattfinden sollte. Zweitens sollte er den Ausbau der Bundeshöhe vorantreiben, damit dieses neue Tagungszentrum rechtzeitig zu dem großen Fest – zumindest zum Teil – fertig sein würde.

Bau des neuen Tagungszentrums

Die Zentralstelle des Westbundes war ein Haus in der Besenbruchstraße. Doch bereits in seinem – leider letzten – Bundeswartbericht bei der Bundesvertretung, die einmal im Jahr im Oktober abgehalten wurde, stellte Johannes Busch fest, dass dieses Haus nicht nur aus allen Nähten platzte, weil dort noch der Aussaat Verlag angesiedelt war, sondern dass es auch in einem schlimmen Zustand war. So wurde vom Bundesvorstand beschlossen, auf der Bundeshöhe (Böhlerweg) in Wuppertal, wo sich schon eine Jugendbildungsstätte und ein Lehrlingsheim des Westbundes befanden, ein Tagungszentrum zu bauen. Dort sollte nicht nur die Verwaltung untergebracht sein, sondern auch viele Tagungen, Freizeiten und andere christliche Zusammenkünfte könnten hier abgehalten werden.

Ganz wichtig war es Johannes Busch, dass dieses große Projekt ein gemeinsames Anliegen aller Vereine, ja, aller Mitglieder des Westbundes sein würde. So schrieb er im *Leuchtturm* vom Oktober 1955:

Ich würde mich aber schämen, an ein Bauprojekt zu gehen, deren entscheidender Teil nicht durch eigene Opfer aufgebracht wird. Wenn wir das nicht können, dann wollen wir auch keine Bundeshöhe. Ich bin froh, daß das nicht nur meine Meinung ist, sondern die einmütige Meinung des Bundesvorstandes. Es war ein weiser Beschluß, daß jedes Mitglied zum Kauf von einem einzigen Baustein aufgerufen wurde, es war fast ein beschämend schlichter Beschluß.[5]

Der Vorstand ging auch sofort mit gutem Beispiel voran: Jedes Mitglied kaufte zehn Steine. Bis durch diese Aktion ein großer Teil finanziert war, wollte der Vorstand keine andere Stelle um finanzielle Hilfe bitten.

Angedacht war, in einem ersten Bauabschnitt einen Gebäudekomplex mit einem Bettentrakt, Tagungsräumen, einer Küche, einem Speisesaal, einem Café und einem großen Saal zu bauen. In einem zweiten Schritt sollte ein noch größerer Saal entstehen, in dem große Feste und Konferenzen stattfinden konnten. Bereits am 16. Juli 1957 konnte Richtfest gefeiert werden, was Johannes Busch leider nicht mehr miterlebte.

Trotz des zeitigen Richtfestes zog sich der Bau in die Länge. Gleich in seinem ersten Bericht im *Leuchtturm* im Februar 1958 hatte Karl die undankbare Aufgabe, den Bund mit baulichen Schwierigkeiten zu konfrontieren, die sich auch negativ auf die Finanzierung auswirkten. Wegen des Felsbodens musste auf Beschluss der Stadt Wuppertal die Kanalisation verlegt werden. Doch statt zu jammern, machte Karl den Vorschlag, dass in jedem Verein des Bundes Sammelbüchsen aufgestellt werden sollten, auf denen stand: „Jeden Sonntag einen Groschen". So sollte jedes Mitglied – von der Jungschar bis zum Männerkreis – für ein Jahr jeden Sonntag zehn Pfennig in die Sammelbüchse tun und dadurch einen kleinen, aber feinen und überaus wichtigen Beitrag leisten. Wenn alle mitmachten, würde die Bundeshöhe bald finanziert sein.

Vorbereitungen für die Bundesjahrfeier während vieler Freizeiten
Während die Bauarbeiten auf Hochtouren weiterliefen, galt es für Karl, die organisatorischen und inhaltlichen Vorbereitungen für die Bundesjahrfeier zu bewältigen, immer wieder unterbrochen von Tagungen und Kurzfreizeiten. Denn gerade von Januar bis Juni fanden die meisten Tagungen im Jahr statt. Diese waren Karl sehr wichtig, da er hier die Gelegenheit hatte, die einzelnen Kreise, Mitarbeiter und Arbeitszweige kennenzulernen.

Nach der Silvesterfreizeit in Kurhessen-Waldeck, bei der Karl Schreiner Erkelenz kennen- und schätzen lernte, ging es gleich im Januar 1958 los mit der Sekretärstagung für alle hauptamtlich Angestellten, die Karl auf diese Weise kennenlernen konnte. Anfang Februar folgte eine Tagung aller Vorsitzenden der verschiedenen Kreisverbände in Bielefeld und kurz danach die Bundesmitarbeiterfreizeit in Ehringshausen, Hessen-Nassau. Gerade diese Mitarbeiterfreizeiten und -rüstzeiten an den verschiedenen Wochenenden lagen Karl ganz besonders am Herzen. Hier galt es, die einzelnen Mitarbeiter der verschiedenen Arbeitszweige (Jungschar, Jungenschaft und Jungmännerarbeit) zu stärken und ihnen zu helfen, erst einmal selbst in Gottes Wort gefestigt zu werden und es in ihrem Leben immer mehr zu vertiefen.

Ordination in Bielefeld, Ostertreffen und Vorsitzendenfreizeit
Auch Karls Ordination am 2. März 1958 fand – wen wundert es? – im Rahmen eines Jungmännertreffens in der Neustädter Marienkirche in Bielefeld statt. Morgens im Gottesdienst hielt er die Predigt und nachmittags ein Referat. Dazwischen war natürlich viel Zeit zum Feiern, Essen, Indiaca spielen und miteinander ins Gespräch kommen. An diesem Tag konnte auch Marlene dabei sein, die es ansonsten gar nicht leicht hatte, da Karl fast jedes Wochenende alleine unterwegs war und oft auch tagelang unter der Woche sich auf diversen Tagungen und Freizeiten befand. Da nutzte sie natürlich jede Gelegenheit, bei der ein Mitkommen möglich war.

Der nächste Höhepunkt war das Ostertreffen in der Grugahalle in Essen. Ursprünglich ein kleines Ostertreffen speziell für die Jugend des Industriegebietes, wurde es mit der Zeit so beliebt, dass es fast zu einem Ostertreffen des ganzen Bundes wurde.

Etliche Tagungen und Freizeiten fanden im wunderschön gelegenen Haus Elsenburg in Kaub am Rhein statt. So auch die Vorsitzendenfreizeit im Mai, die unter anderem dazu diente, das große 110. Bundesfest im Juli vorzubereiten. Da konnte man zwischen der harten Arbeit die Seele baumeln lassen und sich ein wenig von dem vielen Herumreisen erholen.

Das Bundesfest 1958
Dann kam endlich der Juli näher und mit ihm das große Bundesfest zum 110-jährigen Bestehen des Jungmännerbundes. Für Karl waren diese Tage nicht nur deswegen spannend, weil es sein erstes richtiges Großereignis war, für das er die Verantwortung trug, sondern auch, weil er und Marlene in diesen Tagen ihr erstes Kind erwarteten. Trotzdem nahm Marlene, soweit es ihr möglich war, an den Feierlichkeiten teil.

Das Bundesfest zum 110-jährigen Bestehen des Jungmännerbundes fand im Stadion in Wuppertal-Elberfeld statt.

Dieses Fest fand – wie schon 1948 das 100-jährige Jubiläum – im großen Stadion in Wuppertal-Elberfeld statt. Los ging es mit einem Festakt, einer musikalischen Feierstunde am Freitagabend, gefolgt von einer Bundesmitarbeitertagung am Samstag. Ein Teilnehmer schrieb hinterher im *Leuchtturm*, er habe es als sehr wohltuend empfunden, dass man von Bruder zu Bruder guten Rat bekam, dass Fragen der Seelsorge, aber auch Krisen der Arbeit in aller Offenheit besprochen werden konnten.[6] In seinem Referat war es Karl wichtig zu betonen, dass es in der Arbeit letztlich nicht um Lebenshilfe, sondern um Mission geht, nicht um neue Methoden, sondern um neue Menschen und um Gemeinschaft miteinander.[7]

Am Samstagabend gab es einen Abend der Begegnung im Wuppertaler Zoo, der mit besinnlichen Worten von Pastor Wilhelm Busch abgeschlossen wurde. Am nächsten Morgen fand nicht nur ein festlicher Gottesdienst im Stadion statt, sondern es wurden auch Gottesdienste zum gleichen Thema in den verschiedensten Kirchen Wuppertals abgehalten. So hatten viele, die sonst nicht im Westbund waren, die Gelegenheit, am Fest und an der Gemeinschaft teilzuhaben.

Den krönenden Abschluss bildete am Sonntagnachmittag eine erhebende Feierstunde mit 20 000 Teilnehmern und 2 000 Bläsern im

Stadion. Allerdings machte Präses Wilhelm Jung ganz deutlich: „Wir wollen keine Massendemonstration. Große Veranstaltungen sind nicht das Ziel, sondern die Frucht unserer Arbeit."[8]

Diese bewegenden Tage und das froh machende Abschlussfest am Sonntag beflügelten viele, mit ganz neuem Elan wieder an die – manchmal auch mühevolle und entmutigende – Arbeit im Alltag in den einzelnen Vereinen zurückzugehen.

Auch für Karl hieß es, gleich drei Tage später wieder zu einer Tagung nach Bielefeld zu reisen. Als er abends nach Hause kam, war von seiner Frau keine Spur zu sehen. Zum Glück hatte sie einen Zettel hinterlassen mit der Nachricht, sie sei im Marienkrankenhaus. Als Karl dort ankam, konnte er beglückt sein erstes Kind in den Arm nehmen. Marlene hatte ihm morgens nicht verraten, dass die Wehen schon begonnen hatten, damit sie ihn am Abend mit Tochter Mechthild überraschen konnte. Bei der Geburt hätte er sowieso nicht dabei sein dürfen, und so wollte sie ihm die Warterei ersparen.

Als Marlene mit Mechthild aus dem Krankenhaus nach Hause kam, war sie dankbar, dass die Ferienzeit begonnen und Karl jetzt nicht ganz so viele Termine hatte, sodass er etwas mehr Zeit zu Hause verbringen konnte.

Die Aufgaben eines Bundeswartes

Am 1. Oktober 1958 wurde Karl nach Beendigung seiner sogenannten einjährigen „Hilfspredigerzeit" offiziell der Bundeswart. Zehn Tage später hielt er seinen ersten Bundeswartbericht bei der Bundesvertretung.

Die Bundesvertretung 1958

Es war die erste Tagung, die auf der neuen Bundeshöhe stattfand. So konnten die Delegierten aller Kreisverbände dieses schöne neue Haus eröffnen. Allerdings merkten sie auch gleich, wie wichtig es war, den zweiten Bauabschnitt – die große Versammlungshalle – in Angriff zu nehmen, denn dieses Treffen platzte in dem kleinen Tagungsraum aus allen Nähten. Diesen Umstand nahm Karl auch gleich in seinem Bericht über das vergangene Jahr zum Anlass, für alle bisherige finanzielle Unterstützung zu danken und darum zu bitten, dass alle weiterhin den Bau unterstützten. Karl wies in seinem Bericht auch darauf hin, dass für die ganze Arbeit immer diese Frage das Thema Nummer eins sei: Wie können Menschen vom Evangelium Gottes erreicht werden? Die Form der Arbeit könne sich ändern, es dürfe bloß keine Eintönigkeit geben – zum Beispiel bei Bibelarbeiten –, aber der Inhalt dürfe sich nie ändern! Und so sei es wichtig, vielleicht auch einmal neu zu gestalten, damit nicht aus einem lebendigen Werk eine geschlossene Gesellschaft würde.

Bei seinem Rückblick auf die Arbeit in den verschiedenen Arbeitsbereichen – Jugendarbeit, soziale Dienste, Freizeiten, Posaunenarbeit, Jungmänner- und Männerarbeit – waren Karl vier Punkte besonders wichtig, die nicht aus den Augen verloren werden durften: erstens die „Freunde des Westbundes". Zum ersten Mal sollte auf der Bundesvertretung eine eigene Arbeitsgruppe dazu gebildet werden. Wichtig war bei dieser Arbeit, nicht nur das Geld dieser Freunde, die gerade auch den Bau der Bundeshöhe sehr unterstützt hatten, dankbar anzunehmen, sondern sie ebenfalls durch Informationen an der Arbeit zu beteiligen und sie darum zu bitten, konkret für die Arbeit zu beten.

Zweitens war es Karl wichtig, nicht die Missionsarbeit in der ganzen Welt aus den Augen zu verlieren. Schon seit Jugendzeiten lag ihm die Missionsarbeit am Herzen, vertieft durch seine Kontakte zur Rheinischen Mission während seines Studiums in Wuppertal. Mittlerweile hatte die Rheinische Mission sogar Helmut Wippermann extra eingestellt, um im Westbund unter jungen Menschen die Missionsarbeit bekannt zu machen und sie herauszufordern, ob es vielleicht auch ihr Weg sein könnte, sich eines Tages aussenden zu lassen. Es gab bereits Überlegungen, vom Westbund aus Sekretäre auszusenden. So sollte bald Fritz Pawelzik aus der Westbundbergmannsarbeit nach Afrika geschickt werden.

Drittens erinnerte Karl daran, nicht die Brüder im Osten Deutschlands zu vergessen. Durch den Krieg war es sehr schwer geworden, zum Beispiel gemeinsame Freizeiten durchzuführen – auch im Jahr 1958, obwohl zu dem Zeitpunkt die Mauer noch nicht gebaut worden war. Hier galt es, im Gebet und mit tätigen Gaben füreinander einzustehen.

Und als Viertes betonte er natürlich noch einmal, wie wichtig es sei, dass die einzelnen Vereine die Bundeshöhe für Freizeiten und Rüstzeiten nutzten. Dieser Ort sollte zu einer wirklichen Begegnungsstätte für alle aus dem Bund werden. Deshalb wurde auf dieser Bundesvertretung beschlossen, jedes Jahr dort drei dreiwöchige Mitarbeiterseminare abzuhalten. Im kommenden Jahr würde es für Karl und die anderen Verantwortlichen darum gehen, die auf der Bundesvertretung 1958 gefassten Beschlüsse umzusetzen.

Kriegsgefangenen- und Flüchtlingshilfe
Einen anderen Arbeitszweig des Westbundes, der erst durch den Krieg entstanden war, lernte Karl hautnah an Weihnachten 1958 kennen. Seit dem Krieg kümmerte sich der Westbund um verschiedene Kriegsgefangenen- und Flüchtlingslager, aber auch um Jugendliche, die in Jugendgefängnissen saßen. Viele junge Männer waren nach dem Krieg deshalb zum CVJM gekommen, weil sie in Kriegsgefangenenlagern im Ausland am eigenen Leibe erfahren hatten, wie CVJM-er aus dem Weltbund sich auch um die Deutschen – die doch für den Rest der Welt die größten Feinde waren – kümmerten. Vielen von ihnen hat diese zutiefst menschliche Hilfe nicht nur Hoffnung zurückgegeben, sondern einige dachten dadurch ganz neu über ihr Leben nach und fanden zum Glauben zurück oder ganz neu dazu. Diese Kriegsgefangenenhilfe war damals besonders von dem früheren Präsidenten des CVJM-Weltbundes, John R. Mott, auf die Beine gestellt worden und wurde vom Stab des Weltbundes mit vielen Mitarbeitern in verschiedenen Ländern durchgeführt. Über 17 Millionen Dollar wurden von Gemeinden und CVJM-Verbänden für diese Kriegsgefangenenhilfe gespendet. Oft waren die CVJM-Mitarbeiter neben den Helfern vom Roten Kreuz die Einzigen, die in diese Lager hineindurften.[9] Ja, sie brachten sogar vielen Studenten Fachliteratur in deren eigener Sprache mit, damit sie in dieser „toten" Zeit ihr Studium fortsetzen konnten. Auch für die Heimkehrer wurden Hilfsprogramme organisiert. John R. Mott, bekam für diese Arbeit den Friedensnobelpreis verliehen, und selbst Konrad Adenauer dankte ihm in aller Öffentlichkeit für seinen großartigen Dienst.

So arbeiteten viele der jungen deutschen Soldaten nach ihrer Heimkehr in den verschiedenen CVJM mit und besuchten ihrerseits die Menschen in den verschiedenen Lagern in Deutschland. Noch in seinem letzten *Leuchtturm*-Beitrag im Dezember 1955 hatte Johannes Busch vehement dazu aufgerufen, gerade auch an Weihnachten die vielen heimatlosen Flüchtlinge aus dem Osten nicht zu vergessen. Wer selber keine Gelegenheit hatte, sie in den verschiedenen Heimen zu besuchen, sollte ihnen zumindest Päckchen schicken. Gruppen, die in der Nähe der Flüchtlingsheime wohnten, sollten am Heiligen Abend die Menschen dort besuchen, damit sie miteinander singen, spielen und die Weihnachtsfreude feiern könnten.[10]

Im Flüchtlingslager in Villigst bei Schwerte gab es anfangs sogar die feste Regelung, dass immer ein Mitarbeiter mit seiner ganzen Familie das eigene Weihnachtsfest zusammen mit den Flüchtlingen im Heim verbringen sollte. So kam es, dass an Weihnachten 1958 Karl an der Reihe war und mit seiner kleinen Familie dort feierte. Der Säugling Mechthild war natürlich der Star! Sie feierten gemeinsam einen Gottesdienst, sangen viel und erlebten lebendige christliche Gemeinschaft. Für manche war das vielleicht ein Zeichen der Hoffnung gegen die ganze Trostlosigkeit des Krieges und der Fremde.

Allerdings war Marlene froh, dass sie auch ein paar Tage gemeinsam zu Hause waren, denn direkt nach Weihnachten ging es für Karl schon wieder zu verschiedenen Mitarbeiterfreizeiten.

Mitarbeiterseminar, Freizeiten, Konferenzen
Die wichtigsten Aufgaben eines Bundeswartes bestanden einerseits darin, den Bund nach außen zu vertreten, das heißt an vielen Tagungen, überregionalen Treffen und Konferenzen teilzunehmen. Andererseits sollte er für den Zusammenhalt und die Zurüstung der vielen haupt-, nebenberuflichen und besonders ehrenamtlichen Mitarbeiter sorgen. So war das Jahr angefüllt mit vielen Tagungen, Mitarbeitertagen, Oster-, Pfingst- und Pfarrerkonferenzen und Mitarbeiterfreizeiten. Daneben war es Karl aber auch wichtig, selbst in der eigentlichen Arbeit des Westbundes tätig zu sein. So leitete er gleich im März eine Skifreizeit in Rohrmoos bei Schladming/Österreich, zu der auch Familienangehörige mitkommen konnten, und danach eine Jungmänner-Osterfreizeit in Oberaula.

Im April und Mai 1959 fand das erste dreiwöchige Mitarbeiterseminar unter der Leitung Karls statt. Für dieses erste Seminar hatten sich 30 junge Männer Urlaub genommen, um dabei sein zu können. Gerade diese Mitarbeiterschulung lag Karl ganz besonders am Herzen. Ihm ging es darum, dass die jungen Männer, die in den CVJM kamen, nicht einfach nur als Christen lebten, sondern dass sie einen Hunger danach bekamen, immer mehr und tiefer im Wort Gottes zu forschen. Er wünschte sich für sie, dass sie darin einen Schatz fürs Leben mitnehmen konnten und sie diesen Schatz wiederum an andere weitergaben. So war ihm auch hier – wie schon im Studium – die Bibelkunde am wichtigsten. Karls Motto lautete: „Einer, der im Wort Gottes gegründet ist, kann es mit allen Themen der Welt und auch des Glaubens aufnehmen." Es waren sehr intensive, für alle Beteiligten fruchtbare Wochen!

Da die Wochenenden während dieses Mitarbeiterseminars frei waren, konnte Karl noch an diversen Tagungen teilnehmen bzw. sie leiten, unter anderem eine Pfarrerfreizeit im Haus Elsenburg in Kaub, die ihm sehr viel bedeutete. Es war wichtig, guten Kontakt zu den Pfarrern der Landeskirche zu halten, da der CVJM ja bewusst eine Bewegung innerhalb der Kirche sein wollte. So lernten viele Pfarrer durch diese Tagungen, zu denen Karl oft auch renommierte Theologieprofessoren wie Otto Michel, Hans Walter Wolff oder Georg Eichholz einlud, die Arbeit des Westbundes kennen und schätzen.

Ein Termin im Mai war Karl ganz besonders wichtig: Am 31. Mai 1959 fand auf der Bundeshöhe der erste „Bundes-Männertag" statt, bei dem er am Nachmittag ein Referat zum Thema „Ihr seid aber alle Brüder" hielt. Seitdem sich Hanns Porsch seit 1952 so intensiv um die über 30-jährigen Männer im Westbund kümmerte und es mittlerweile nicht nur Männerkreise, sondern auch jährliche Männer- und Familienfreizeiten gab, sollte nun auch dieser Männertag zu einer jährlichen Einrichtung werden.

Bundesvertretung im Herbst 1959
Nach etlichen Freizeiten und Konferenzen galt es am 24. und 25. Oktober, wieder einmal auf der Bundesvertretung Rückschau zu halten und eventuell neue Wege für die Zukunft zu planen. Eröffnet wurde die Tagung auf der Bundeshöhe feierlich von Präses Wilhelm Jung, bevor Karl als Bundeswart und danach der Schatzmeister ihre jeweiligen Berichte präsentierten. Den Abschluss bildete immer ein festlicher Gottesdienst. Dieses Mal hielt Karls guter Freund Martin Philipp aus Großalmerode die Predigt.

Doch vorher wurde kräftig gearbeitet. Bei den vier Punkten, die Karl in seinem Bundeswartbericht im vergangenen Jahr besonders erwähnt hatte, hatte sich mittlerweile einiges getan: An die Freunde des Westbundes war im Frühjahr ein Brief verschickt worden, wer von ihnen ab sofort einen Gebetsbrief zugeschickt bekommen wolle, um so die Arbeit konkret im Gebet unterstützen zu können. Auch der *Leuchtturm* sollte jetzt immer eine Spalte enthalten, in der der Bundeswart jeweils Gebetsanliegen für den Gesamtbund nannte. Ebenfalls sollte ab 1960 ein jährliches Treffen der Freunde auf der Bundeshöhe stattfinden.

Bei dem Punkt „Weltmission" war es Karl eine große Freude, noch einmal mitteilen zu können, dass bei dem großen Ostertreffen mit Wilhelm Busch in der Grugahalle in Essen der erste Bruderschaftssekretär des Westbundes nach Afrika ausgesandt werden konnte: Fritz Pawelzik. Dieser war mit seiner Familie dort mittlerweile angekommen und hatte zusammen mit dem YMCA[11] die Arbeit begonnen. Nun galt es, ihn vom Westbund und den einzelnen Vereinen aus weiterhin im Gebet und auch durch Spenden zu unterstützen.

Der dritte Bereich – die Brüder im Osten – blieb allerdings ein schmerzlicher. Von Entspannung hinter dem Eisernen Vorhang war keine Spur. Zum Glück waren wenigstens noch gemeinsame Freizeiten in Berlin möglich, sodass doch einige Begegnungen stattfinden konnten. Wichtig war natürlich weiterhin die tätige Hilfe für die Gemeinden im Osten, für die der Bund gespendete Päckchen weitergab.

Ein großer Grund zur Dankbarkeit und Freude war der letzte der vier Bereiche: die Bundeshöhe. Mittlerweile war der zweite Bauabschnitt schon so weit fortgeschritten, dass diese Bundesvertretung im großen Saal abgehalten werden konnte.

Viele Freizeiten, Tagungen und Mitarbeiterschulungen hatten im vergangenen Jahr auf der Bundeshöhe stattgefunden. Mittlerweile war Herbert Kuhl, der bis dahin Gauwart von Hessen gewesen war, zum wirtschaftlichen und geistlichen Leiter der Bundeshöhe berufen worden und sollte auch ab sofort hauptverantwortlich für das dreimal im Jahr stattfindende Mitarbeiterseminar sein, damit Karl sich seinen vielen Reiseaufgaben intensiver widmen konnte. So rief Karl dann auch auf, weiterhin treu die „Groschenaktion" durchzuführen, damit die Finanzierung der Bundeshöhe bis zum Ende gewährleistet sein würde. In den Jahren 1958 und 1959 waren durch die Opferdosen

53 000 DM zusammengekommen. Nun galt es, die restlichen 47 000 DM zu sammeln.

Das Hauptthema dieser Bundesvertretung waren die Strukturierung und die unterschiedlichen Arbeitsweisen der einzelnen Vereinsarbeit. Während für die Jungscharler, die 12- bis 14-Jährigen, der Schwerpunkt auf Schule und Elternhaus lag und bei den Jungenschaftlern, den 14- bis 16-Jährigen, bei den Arbeitskollegen und beim Erwachsenwerden, war für die Jungmännerarbeit (17 bis 25 Jahre) unter anderem auch die Frage nach der Wahl der von Gott vorgesehenen Lebenspartnerin brennend. Da die Arbeit ja eine reine Männerarbeit war, hatten diese jungen Burschen selten Gelegenheit, christliche junge Frauen kennenzulernen. So sollten gelegentliche Stunden mit Mädchenkreisen zusammengelegt werden, um über den Glauben und über Probleme des Alltags miteinander ins Gespräch zu kommen. Auch wollte Karl mit Freizeiten für Verlobte anfangen, um hier ganz konkret Fragen einer christlichen Ehe miteinander zu besprechen. Für die Verheirateten gab es ja schon die Familientage, -kreise und -freizeiten.

Weiterer Nachwuchs und eine ambitionierte Marlene

Im Februar 1960 leitete Karl eine Familienskifreizeit in Rohrmoos in Schladming – zu der Marlene mit Mechthild bestimmt gerne mitgekommen wäre, wenn sie nicht in diesem Monat ihr zweites Kind erwartet hätte. Kurz nach Karls Rückkehr von der Freizeit wurde Liebgard am 18. März – ebenfalls im Marienkrankenhaus – geboren. Das war eine große Freude!

In den eineinhalb Jahren vor Liebgards Geburt hatte Marlene sich vorgenommen, den Führerschein zu machen, damit sie später, wenn sie sich vielleicht ein eigenes Auto für die Familie leisten konnten, auch damit fahren und unabhängig sein konnte. Bevor sie aber offizielle Fahrstunden nahm, bat sie Karl, ihr so viel wie möglich beizubringen, was er auch gerne tat. Marlene nahm Mechthild und später auch Liebgard gern zu den vielen Besuchen mit, die sie in ihrer Umgebung bei Kriegswitwen oder anderen einsamen Menschen machte. Die freuten sich sehr – besonders über die Kinder –, und auch Marlene war froh, gebraucht zu werden.

Die Posaunenarbeit

Alle zwei Jahre (mit Ausnahme von 1959) fand ein großes Bundesposaunenfest statt, das für viele im Westbund immer ein absoluter Höhepunkt war. Stand das Geistliche bei diesen Festen immer im Vordergrund, so wurde dennoch auf präzise und gute Musikalität höchsten Wert gelegt. Besonders den beiden Bundesposaunenwarten Richard Lörcher und Paul Beinhauer war dies sehr wichtig, und sie boten deshalb viele Lehrgänge und bläserische Fortbildungsmöglichkeiten für Chöre und einzelne Bläser an. Ja, man könnte sagen, dass die Bläser innerhalb der großen CVJM-Familie fast eine eigene, kleinere Familie bildeten. Diese hatte eine große Verantwortung – wie schon Johannes Busch vor seinem letzten Bundesposaunenfest 1955 in Frankfurt im *Leuchtturm* verlauten ließ: Alle Bläser sollten wegen des Zeugnisses von Gott kräftig üben, denn „ein solches Zeugnis darf nicht durch musikalische Ungenauigkeiten gestört werden. Wir müssen die Sätze so gut können, daß wir in unbeschwerter Fröhlichkeit miteinander blasen können"[12].

Trotzdem sollte nicht die perfekte Musik im Vordergrund stehen, sondern das musikalische Wort. Auch die Musik dient der Verkündigung! So monierte Busch – und Karl war später definitiv der gleichen Ansicht –, dass die Musik zwar zur Verkündigung gehöre, aber es sei nicht gut, wenn junge Leute so leidenschaftlich musizierten, dass sie keine Zeit mehr für die Bibelstunden hätten. Deshalb war es dem Westbund auch sehr wichtig – in der Auseinandersetzung mit der Bläserarbeit in der evangelischen Kirche –, dass die Posaunenarbeit ganz bewusst ein eigener Zweig innerhalb des CVJM-Westbundes blieb und nicht in die allgemeine kirchliche Aufgabe des Posaunenwerkes der Lan-

Karl spielte seit Jugendzeiten häufig im Posaunenchor mit – und war vielseitig einsetzbar: mit der Posaune, der Tuba oder (wie hier) dem Waldhorn.

deskirchen integriert wurde. Sie sollte eine rein missionarische Aufgabe bleiben, und die jungen Bläser sollten durch die Musik in die Arbeit des Westbundes eingebunden werden. Das ist der Hintergrund, weshalb lange Jahre hindurch die Posaunenchorleiter sich weigerten, Mädchen in die Arbeit hineinzunehmen. Nicht weil sie den Mädchen das Blasen nicht zugetraut oder gar Angst vor Konkurrenzkampf unter den Geschlechtern gehabt hätten, sondern einfach, weil das Werk sich den jungen Männern verpflichtet fühlte und sich andere Verbände um die Mädchenarbeit kümmerten. Als sich später dann innerhalb des CVJM die Mädchenarbeit entwickelte, war es auch kein Problem mehr, Mädchen und Frauen in die Posaunenchorarbeit zu integrieren. Diese Aufgabe sollte später noch auf Karl zukommen.

1960 fand das Bundesposaunenfest im Mai in Bochum statt, und viele Bläser fieberten ihm entgegen und übten fleißig in den jeweiligen Chören. Aber auch die Männerchöre nahmen aktiv daran teil, ganz zu schweigen von den vielen Mitgliedern des ganzen Bundes, die diesen wunderschönen Klängen lauschen und von Herzen mitsingen und mitfeiern wollten. Das Fest stand unter dem Motto der damaligen Jahreslosung aus Offenbarung 1,17-18: „Fürchte dich nicht! Ich bin der Erste und der Letzte und der Lebendige." In seiner Ansprache griff Karl die damalige reale Angst in der politisch unsicheren Zeit auf: die höchst berechtigte Angst vor den Russen, die Angst vor den dramatisch zunehmenden Krebserkrankungen und der großen Angst vor einer weiteren Atombombe. „Was heißt es", so fragte er die Zigtausend Zuhörer in der riesigen Halle in Bochum, „angesichts dieser realen Bedrohungen, Jesus ganz zu vertrauen, dass er all das in seiner Hand hält und wir uns deswegen nicht fürchten müssen? […] Wir brauchen uns als Christen nicht von der allgemeinen Angst lähmen zu lassen, sondern können unsere Zuversicht und unsere Freude und den Frieden Gottes durch Jesus in die Welt hinausposaunen." Und deshalb rief auch Karl noch einmal den Bläsern zu, was schon Johannes Busch so wichtig gewesen war: „Seid ihr nur Musiker – oder Zeugen Jesu? Wir als Bläser sind keine Allerweltsmusiker oder Blaskapelle, sondern durch die Musik soll Gottes Wort verkündigt werden!"[13]

Die Freude und Stärkung durch die Gemeinschaft bei solchen Bundesposaunenfesten wurde von vielen mit in den Alltag genommen und dort an andere weitergegeben. Diese Feste waren oft unvergessene Erlebnisse, die den Zusammenhalt der einzelnen Verbände und Vereine des ganzen Bundes ermöglichten und förderten.

Schwierigkeiten im Reichsverband

Auf der Bundesvertretung 1960 musste leider auch ein sehr ernstes und schwieriges Thema angeschnitten werden: Anfang des Jahres war bekannt geworden, dass ein hauptamtlicher Mitarbeiter des Reichsverbandes Gelder zweckentfremdet und so einen großen finanziellen Schaden angerichtet hatte. Das hatte nicht nur im Reichsverband, sondern gerade auch im Westbund viele erschüttert, denn der Westbund hatte eine ganz besonders enge Beziehung sowohl zum Reichsverband als auch zum Weltverband des YMCA. Hier war es wichtig, nicht nur aufzudecken und Rechenschaft zu fordern, sondern auch die finanzielle Last mitzutragen und die anderen Bünde Deutschlands zu unterstützen. Da sowohl Rudolf Schmidt als auch Karl seit 1958 im geschäftsführenden Vorstand des Reichsverbandes waren, übernahmen sie natürlich auch Mitverantwortung für die Geschehnisse.

Für die Finanzaffäre waren zwei Personen verantwortlich, die dafür auch vor Gericht standen. Allerdings hatten sie nicht in die eigene Tasche gewirtschaftet, sondern die Gelder für andere Zwecke der Jugendarbeit verwendet. Trotzdem wurden erhebliche Rückzahlungen gefordert und gerichtlich erwirkt, die so hoch waren, dass sie den Reichsverband ohne Hilfe in den Ruin getrieben hätten. Es wurde sogar in der Bundeshauptstadt Bonn um teilweisen Erlass verhandelt. Der Westbund wurde gebeten, alle Gehälter und sonstige Kosten zu übernehmen, damit die Arbeit des Reichsverbandes überhaupt weitergehen konnte.

Karl rief alle dazu auf, nicht zu richten. Man müsse zwar aufdecken, aber dann auch vergeben, konkret helfen und nicht aufhören, für alle, die in Verantwortung stünden, zu beten, damit sie die Kraft hätten, mit den ihnen anvertrauten Gütern verantwortlich und gut umzugehen.

Im Dezember 1960 fand auf der Bundeshöhe ein Treffen aller Bundeswarte und Hauptamtlichen des Reichverbandes statt und im Februar 1961 ebenfalls dort eine Gesamttagung des Reichsverbandes, auf der alle Arbeit neu geordnet wurde, damit das Inhaltliche durch diesen finanziellen Engpass nicht litt. Schwerpunkt sollte 1961 die Arbeit der Sekretärsschule in Kassel sein, die Laien zu hauptberuflichen Mitarbeitern im CVJM ausbildete. Hierfür galt es, immer wieder neu ehrenamtliche Mitarbeiter zu berufen.

Sport und Eichenkreuz

Eine ganz wichtige Sparte aller CVJM-Arbeit war schon immer der Sport. Seit Beginn der Jungmännerarbeit war das Motto: „Leib und Seele zusammenzuhalten", und das wurde in der Eichenkreuzarbeit gelebt. Das Eichenkreuz – Symbol des Sports – wurde nach dem Ersten Weltkrieg sowohl als Vereinszeichen der Jungmännerbünde als auch als Sportabzeichen eingeführt. Was früher „Turn- und Leibesübungen-Abteilungen der Jungmännerbünde" hieß, wurde nun „Eichenkreuz-Verband für Leibesübungen" genannt. Es sollte deutlich machen, dass der Sport nicht eine Extraabteilung für einige wenige war, sondern von allen Mitgliedern genutzt werden sollte: Leib, Geist und Seele gehören zusammen! Der Eichenzweig in Form eines Kreuzes stand für die Kraft der Eiche und die Kraft des Kreuzes Christi.[14]

Das Hauptaugenmerk lag nicht in erster Linie auf Spitzenleistungen Einzelner, sondern auf dem Breitensport für alle, um den Körper, den Gott so wunderbar erschaffen hat, fit zu halten. Deshalb wurden Sportarten für den Breitensport angeboten: Turnen, Schwimmen, Leichtathletik, Handball, Volleyball, Basketball, Faustball, Feldhandball und Tischtennis.

Als im Laufe der Zeit manche Turner, Leichtathleten oder auch Mannschaften aus den einzelnen Vereinen sogar so gut wurden, dass sie Spitzensport betreiben, ja sogar bei Olympischen Spielen teilnehmen konnten, wurde darüber heiß diskutiert. Gegen sportliche Superleistungen war an sich nichts einzuwenden, aber die Eichenkreuzarbeit sollte sich nicht auf Dauer zu einer Elitesportabteilung entwickeln, sondern innerhalb der geistlichen Ausrichtung des CVJM bleiben. Das führte natürlich manchmal zu Spannungen – zum Beispiel dann, wenn nicht der Treueste im Verein, sondern der sportlich Beste beim Handballspiel eingesetzt wurde.

Dass das Geistliche im Vordergrund stand, sollte auch in jeder einzelnen Sportstunde deutlich werden. Sie sollte eine Andacht enthalten, die die Sportler für die ganze Woche stärken sollte.

1927 fand in Nürnberg das erste große „Reichssportfest" statt, an dem Sportler aus allen Bünden teilnahmen. Danach feierten die einzelnen Bünde jeweils in ihren Gebieten in regelmäßigen Abständen größere oder auch kleinere Sportfeste, an denen auch viele aus den Vereinen als Zuschauer teilnahmen. Diese Feste wurden zu wichtigen Höhepunkten der Jungmännerarbeit.

Für Karl war das Eichenkreuz-Bundesturn- und Sportfest vom 30. Juni bis 2. Juli 1961 im riesigen Herforder Stadion das zweite Großereignis seiner Zeit beim Westbund. Diesem Fest kam deshalb eine besondere Bedeutung zu, weil es seit 1956 das erste große Sportfest auf der Ebene des gesamten Westbundes war. Deswegen rief Karl im *Leuchtturm* alle Vereine dazu auf, doch ihren Vereinsjahresausflug gemeinsam als Akteure und Zuschauer zu diesem großen Sportfest zu machen. Schließlich sollten nicht der Sport und das Siegen an erster Stelle stehen, sondern das Lob Gottes. Es wurde ein schönes, fröhliches Fest für alle mit Morgenandachten, einem Gottesdienst am Sonntag vor den Wettkämpfen und einer abschließenden Festversammlung mit geistlichen Impulsen und vielen Liedern. Beschwingt gingen die Teilnehmer und Zuschauer nach Hause, gestärkt durch die Gemeinschaft, die sportliche Betätigung (die es ebenso für die nicht aktiven Wettkampfteilnehmer gab!) und die Stärkung im Glauben durch gute Predigten.

Auch viele der „Freunde des Westbundes" kamen zum Sportfest, um Anteil an der Gemeinschaft untereinander und an der Arbeit des Westbundes zu haben.

1961 – Ein ereignisreiches Jahr

Erforderlicher Umzug
Zwei Tage nach dem erhebenden Sportfest in Herford bekamen Karl und Marlene ihre dritte Tochter: mich, Sieglinde. Langsam fiel es auf, dass der Bundeswart des bis dahin reinen Männerwerkes mittlerweile

drei Mädchen hatte. Sollte der CVJM in Deutschland nicht doch langsam – wie schon in vielen anderen Ländern der YWCA[15] – mit Mädchenarbeit anfangen? Aber so weit war der Westbund noch nicht, zumal es ja etliche Frauenwerke für die Mädchenarbeit gab.

Zu Hause in der Augustastraße war mit meiner Geburt ein anderes Problem aufgetaucht. Langsam wurde die Wohnung zu klein für diese immer größer werdende Familie. Außerdem fühlte sich Marlene nach einem versuchten Einbruch nicht mehr so sicher in der Erdgeschosswohnung, da sie ja so oft alleine war. Zum Glück war in dieser Nacht Karl zu Hause gewesen. Bald darauf suchte er nach einem geeigneten Bauplatz etwas außerhalb des Stadtzentrums. Damals war Grund und Boden noch einigermaßen bezahlbar, und so freuten sich Marlene und Karl, als sie einen schönen Bauplatz mit Wiese und sogar einem kleinen Wald fanden. Für einen Sozialbau reichte das Geld als Anzahlung gerade noch so. Ohne die Hilfe vieler handwerklich begabter Freunde wäre es aber trotzdem nicht gegangen, und so waren sie dankbar für jede helfende Hand. 1962 konnte mit dem Bau begonnen werden, und er wurde schon ein Jahr später mit viel Eigenleistung beendet. Wir Kinder erinnern uns noch besonders an den Schreiner Herrn Erkelenz, den Karl ja gleich im ersten Jahr beim Westbund kennengelernt hatte und der nun sämtliche Holzfenster und Türen

1963 war das Haus in Schwelm – dank tatkräftiger Unterstützung von Freunden – fertig.

baute. Auch als wir schon längst eingezogen waren, kam er immer wieder einmal vorbei, um die letzten Dinge fertigzustellen. Wir freuten uns immer sehr über seinen Besuch, denn dann gab es eine äußerst leckere Linsensuppe, die Herr Erkelenz für sein Leben gerne aß – und wir auch!

Mauerbau und Wehrpflicht
Im August 1961 beschäftigte die Menschen und natürlich auch den Westbund noch etwas ganz anderes: der Bau der Berliner Mauer, die Ost- und Westdeutschland für fast drei Jahrzehnte auf brutale Weise voneinander trennen sollte. Karl war zu diesem Zeitpunkt auf einer Jungmännersportfreizeit auf Spiekeroog – und die Nachricht vom Bau prägte natürlich den Inhalt der Freizeit.

Bis zu diesem Zeitpunkt hatten in Berlin immer wieder gemeinsame Freizeiten der CVJM stattgefunden. Im Oktober 1961 konnte eine Freizeit zwar stattfinden, aber nur im ostdeutschen Teil Berlins. Noch konnten die Westdeutschen einigermaßen problemlos in den Osten reisen, aber nicht umgekehrt. Sooft es irgendwie ging, versuchten Karl und Marlene in den folgenden Jahren Freunde im Osten zu besuchen und mit den Christen dort Gemeinschaft zu haben. Wenn es möglich war, versuchten sie natürlich auch, christliche Literatur hinüber zu schmuggeln.

Das Thema „Krieg und Frieden" war nach dem Mauerbau noch lange nicht vorüber, sondern ging in den Diskussionen um „Zivildienst" oder „Wehrdienst" weiter. So war es für den Westbund sehr wichtig, dass auch hier die jungen Männer miteinander ins Gespräch kamen und gemeinsam darum ringen konnten, was vor Gott richtig war. Anfang Dezember 1961 leitete Karl eine Freizeit für wehrpflichtige junge Männer, an der sowohl Wehrdienst- als auch Zivildienstleistende teilnahmen, um miteinander ins Gespräch zu kommen. In der nachfolgenden Ausgabe des *Leuchtturms* waren bewegende Berichte zu lesen. Es war gut, dass im CVJM nicht nur die Verweigerung des Wehrdienstes als einzig richtiger Weg vor Gott angesehen wurde, sondern dass es darum ging, dort, wo man war, als Christ zu leben. Auch der Westbund durfte seit dem Frühjahr Zivildienstleistende für die viele Arbeit einstellen, was sehr gut war. Es wurde aber nicht gegen

Wehrdienstleistende polemisiert, sondern sie wurden ermutigt, in den Kasernen für den Glauben und das Handeln in Nächstenliebe einzutreten.

Plötzlich lebensgefährlich krank
Kurz nach dieser Freizeit bemerkte Karl, dass etwas mit seinem Herzen nicht stimmte. Also ging er zum Arzt – der ihn gleich ins Krankenhaus einwies, weil Karls Herz auf die doppelte Größe angeschwollen war. Im *Leuchtturm* vom Januar 1962 schrieb Präses Wilhelm Jung:

> *Ich möchte allen Vereinen und allen Mitarbeitern davon Kenntnis geben, daß unser lieber Bundeswart Pastor Karl Sundermeier seit Mitte Dezember in Folge einer akuten Herzerkrankung im Krankenhaus liegt. Nach dem Befund der Ärzte müssen wir damit rechnen, daß Bruder Sundermeier mehrere Monate fehlen wird.*[16]

Tatsächlich war es so schlimm, dass die Ärzte eigentlich schon alle Hoffnung auf Genesung aufgegeben hatten. Sie riefen Marlene an, damit sie sich von ihrem Mann verabschieden konnte. Da sie aber selber gerade mit einer Rippenfellentzündung im Bett lag, konnte sie noch nicht einmal das tun. Auch die Eltern in Bünde waren benachrichtigt worden und ins Krankenhaus gekommen, um sich von Karl zu verabschieden.

Doch dann wurde das Herz wieder kleiner und Karl überlebte. Ob es an den vielen Gebeten lag? Ob es deshalb geschah, weil Gott noch vieles mit ihm vorhatte? Die Ärzte indes sprachen von einem „klinischen Wunder", das sie sich nicht erklären konnten.[17] Alle waren sehr dankbar und erleichtert, als Karl schon Ende Januar das Krankenhaus wieder verlassen durfte, um sich in einem Rehabilitationszentrum gänzlich zu erholen. Wahrscheinlich half bei der Genesung auch, dass Karl vor dem Gang ins Krankenhaus einen Freund besucht hatte, der ihn immer wieder einmal einrenkte. Er wendete einen sehr schmerzhaften Griff unter Karls linkem Arm an, sodass wohl dadurch der Herzmuskel entlastet wurde und nach und nach alles ausheilen konnte.

Schon am Ostermontag war Karl wieder zurück im Dienst, und seine erste Amtshandlung hatte er beim Ostertreffen in der Grugahalle in Essen. Dort entsendete er die ersten Lotsen des Westbundes mit dem Segen Gottes in ihren Dienst. Außerdem hielt er bei der Festversammlung am Sonntagnachmittag die Festrede.

Lotsen im Westbund
Der Lotsendienst war etwas Neues, zu dem der Vorstand des Westbundes im Jahr zuvor aufgerufen hatte. Junge Männer, die sich beruflich für einige Zeit freimachen konnten, sollten als „Lotse" in einem anderen Verein aushelfen. Das Wort Lotse stammt aus der Schifffahrt und bezeichnet einen Hafenmitarbeiter, der ein fremdes Schiff betritt, um es sicher in den für den Kapitän unbekannten Hafen zu lenken und nach getaner Arbeit wieder zu verlassen. So sollten die Lotsen des Westbundes für ein halbes oder ein ganzes Jahr in Vereinen, die zum Beispiel Mitarbeitermangel hatten, aushelfen. Dazu bekamen sie freie Kost und Logis und 100 DM Taschengeld.

Gleich für das erste Jahr 1962 hatten sich fünf junge Männer zur Verfügung gestellt. Ostern wurden sie gesegnet und ausgesandt, im Mai sollten sie am Mitarbeiterseminar teilnehmen, um für den anschließenden Einsatz inhaltlich gut ausgerüstet zu sein.

Dieser Dienst fand unabhängig vom „diakonischen Jahr" statt, das zu der Zeit auch schon möglich war, aber mehr die diakonischen Arbeitsbereiche in Krankenhäusern, verschiedenen Anstalten und anderen sozialen Einrichtungen betraf. Manch einer, der ein diakonisches Jahr gemacht oder als Lotse eine Zeit lang mitgearbeitet hatte, entschied sich hinterher, auf die Sekretärsschule in Kassel zu gehen und sich zum vollzeitlichen CVJM-Mitarbeiter ausbilden zu lassen.

Schriftstellerei im Westbund

Wie wichtig das geschriebene Wort ist, hatte Karl ja schon in seiner Jugendzeit mitbekommen. Gerade auch die Literatur der Erweckungsbewegung, die er nach seinem Christwerden aufmerksam gelesen hatte, war prägend für seine spätere Arbeit. Während seiner Zeit im Westbund stellte er enttäuscht fest, dass viele dieser guten Werke von der Jugend nicht mehr gelesen wurden und zum Teil auch gar nicht mehr bekannt waren. So gingen viele wertvolle Gedanken verloren. Da der Westbund das Glück hatte, einen eigenen Verlag zu haben – den Aussaat Verlag –, begann Karl mit einigen anderen zusammen ein Projekt, um junge Menschen zum Lesen guter Werke anzuregen: Sie brachten relativ dünne Bücher mit der Überschrift „Stimmen der Väter" heraus. Dazu wählten sie wichtige Texte dieser „Väter" aus, versahen sie mit erklärenden Vorworten und brachten so beachtenswerte Autoren wie Paul Humburg, Karl Heim und auch Johannes Busch wieder zu Gehör. In seinem Bundeswartbericht vom Oktober 1962 betonte Karl, es sei wichtig, die Stimmen der Väter nicht zu kopieren, sondern zu kapieren. Alles solle – frei nach dem Apostel Paulus – geprüft und das Gute behalten werden.[18]

Aber auch zeitgenössische Theologen wurden berücksichtigt. In einem Band schrieb Theo, Karls jüngster Bruder, das Vorwort zu Predigten der Ravensberger Erweckungsprediger und in einem anderen Buch zu Predigten von Karl.

Parallel zu diesen neuen Schriften sollte der *Leuchtturm* ab Januar 1963 erweitert werden: von einem reinen Mitteilungsblatt über Veranstaltungen hin zu einer kleinen Zeitschrift mit themenbezogenen aktuellen und geistlichen Inhalten. Wegen der Portomehrkosten sollte der *Leuchtturm* nun nicht mehr kostenlos verschickt, sondern für 5 DM im Jahr fest abonniert werden. Damit alle beurteilen konnten, ob sich ein solches Abo für sie auch lohnte, wurde gleich in der folgenden Ausgabe mit dem neuen Inhalt begonnen: Es gab eine Rubrik „gehört und gelesen", in der christliche Nachrichten aus aller Welt mitgeteilt wurden; eine Besinnung über ein biblisches Thema, von namhaften Theologen geschrieben, oder auch Lebensbilder großer Zeitzeugen, wie zum Beispiel über Fred Franklin, dem neuen Generalsekretär des CVJM-Weltbundes. Außerdem konnte Karl in der Spalte „Randbemerkungen des Bundeswartes" auf aktuelle Themen der Arbeit eingehen. Genauso wichtig war ihm natürlich, dass er jeweils auf der Seite „Unter dem Wort" einen Vers aus der Bibel auslegen konnte. Auf diese Weise wurde der *Leuchtturm* für viele Mitarbeiter zu einem wertvollen vierteljährlichen „geistlichen Brief" von der Zentrale der Arbeit auf der Bundeshöhe.

Zusätzlich gab es natürlich im Laufe der Zeit noch verschiedene Jugendzeitschriften wie *Jugend unter dem Wort*, das schon unter Johannes Busch eine Auflage von 13 500 hatte, oder den *Baustein* und die Zeitschrift *Der Junge Mann*.

Die 115. Jahrfeier und eine erste Reise nach Afrika

Im September 1963 stand wieder einmal ein großes Jubiläum an: die 115. Jahrfeier. Karl war jetzt schon fünf Jahre im Westbund und erinnerte sich noch gut an die große und schöne 110. Jahrfeier. Der Bundesvorstand entschloss sich allerdings, dieses Mal keinen riesigen Festakt daraus zu machen, sondern ein großes Mitarbeitertreffen. Insgesamt 2 000 Mitarbeiter aus 63 Kreisverbänden zwischen 18 und 30 Jahren erlebten daraufhin in Siegen ein segensreiches Wochenende, das sie für die Arbeit in den kommenden Jahren stärken und ermutigen sollte.

In seinem Einführungsreferat sagte Karl, dass er zu dem vorgegebenen Motto des Treffens „Dienet dem Herrn mit Freuden" am Wort „dienen" hängen geblieben sei:[19]

> *Unser Auftrag heißt: dienen. Das ist zwar ein sehr schlichtes Programm, aber vielleicht ist es gerade das, was wir als Jungmännerwerk ganz neu lernen müssen. Es geht nicht um die großen Worte, sondern es geht darum, daß wir anfangen zu dienen.*[20]

Während die Mitarbeiter nun diesen erneuten Aufruf zum Dienen in den einzelnen Gruppen lebten, wurde Karl Anfang 1964 für einen Monat nach Afrika geschickt, um an einer Präsidialkonferenz in Monrovia teilzunehmen, zu der der CVJM-Weltbund ihn eingeladen hatte. Karl sollte die Bruderschaftssekretäre Egon Slopienka in Nigeria und Fritz Pawelzik in Accra, Ghana, besuchen und anschließend Südwestafrika (heute Namibia) erkunden. 1963 war bei der Bundesvertretung beschlossen worden, einen weiteren Bruderschaftssekretär nach Südwestafrika zu entsenden, aber erst, wenn Karl bei seiner Reise Erkundigungen über die Situation des Landes eingezogen hätte.

Mission in Afrika – das war für Karl seit seiner Kindheit ein heimlicher Traum, und so freute er sich sehr, dieses Afrika jetzt einmal selber erleben zu dürfen. So berichtete er nach seiner Reise im *Leuchtturm* ausführlich über dieses Land, ohne zu wissen, dass es ihn Jahrzehnte später selber einmal dahin verschlagen würde. Neben Informationen über das Land berichtete Karl auch von der guten Arbeit der Rheinischen und Finnischen Mission unter der schwarzen und farbigen Bevölkerung. Jeden Morgen gebe es zum Beispiel eine Morgenandacht für 4 000 Menschen in fünf verschiedenen Sprachen! Da es wegen der wenigen Städte in Südwestafrika kaum möglich sei, eine ganz normale CVJM-Arbeit aufzubauen, sei es ganz wichtig, in der Jugendarbeit mit der lutherischen Kirche von Südwestafrika, der Rheinischen Mission und auch dem CVJM in Südafrika und im Weltbund zusammenzuarbeiten. In Johannesburg, Südafrika, führte Karl im CVJM der südafrikanischen Union darüber Gespräche und hatte auch noch die Gelegenheit, Pastor Nakamhela zu besuchen, den er von der Bundeshöhe kannte, da der seine theologische Ausbildung vor einiger Zeit dort erweitert hatte.

Eine ganz besondere Freude bereitete es Karl natürlich, dass er seinen jüngsten Bruder Theo und dessen Frau Renate in Kapstadt kurz besuchen konnte. Seit Januar war Theo in „Gnadenthal", der ältesten Missionsstation der Herrnhuter Brüdergemeine in Südafrika, um auf dem Weg zum theologischen Lehrer in Südwestafrika zunächst einmal Afrikaans zu lernen.

Unterstützung im Haushalt und zwei Jagdscheine

War diese Zeit in Afrika für Karl ein erfüllter Monat voll von wertvollen Begegnungen und verschiedensten Eindrücken dieses großen Kontinents, war es für Marlene gar nicht so einfach, allein alles mit dem Haus und den drei kleinen Kindern zu regeln. Kurz vorher waren sie in das neue Haus umgezogen, das mehr noch einer Baustelle als einem fertigen Wohndomizil glich und für die Kinder teilweise nicht ganz ungefährlich war. Zum Glück war Renate Kreft als Haustochter für ein Jahr bei ihr, sodass sie bei den vielen Reisen von Karl wenigstens nicht ganz alleine mit den Kindern in dem abgelegenen Haus war. Was ihr sehr half, war ihr geliebtes Cembalo, auf dem sie mittlerweile fleißig für die C-Prüfung übte, die sie noch ablegen wollte.

Marlene war sehr froh, als Karl heil und unversehrt aus Afrika zurückkam. Er erzählte ihr viel – besonders aber von der Zeit in Südwestafrika und wie er Familie Steinmeister auf ihrer Farm wiedergetroffen hatte. Die Kriegsjahre hatte die Familie in Bünde verbracht, bevor sie nach dem Krieg wieder auf ihre Farm konnte. Später bekam Karl sogar noch die Gelegenheit, einen Kudu (Antilope) zu schießen, woraufhin er sich vornahm, bald in Deutschland seinen

Jagdschein zu machen. Als er das alles Marlene erzählte, beschloss sie im Stillen, auch einen solchen Schein zu machen, und beide meldeten sich unabhängig voneinander und ohne das Wissen des anderen dazu an. Erst als beide gleichzeitig einen Brief mit dem Datum der Prüfung bekamen, merkten sie, dass sie beide den Jagdschein machten, und mussten lachen. Beide bestanden die Prüfung! So konnten sie ab und zu mit Freunden, die einen Jagdbezirk besaßen, jagen gehen. Aber eigentlich beobachtete Marlene viel lieber die Tiere und ließ sie laufen.

Personale Veränderungen im Gesamtverband und Westbund

Dieses alles geschah natürlich in den kurzen Zwischenpausen, denn im Westbund ging nach der Afrikareise alles seinen gewohnten Gang weiter. Wichtig war für Karl zum Beispiel, dass es sich endlich im CVJM-Gesamtverband Deutschland gut weiterentwickelte. Auf einem Treffen in Frankfurt wurde eine neue Satzung beschlossen und eine neue Leitung des Gesamtwerkes gewählt. Alle waren dankbar, dass sich mittlerweile auch die gespannte Finanzlage etwas gebessert hatte.

Beim Westbund waren ebenfalls neue Mitarbeiter hinzugekommen, die für Karl in seinem weiteren Leben zu guten Freunden und Weggefährten wurden: Zum einen übernahm Hans Steinacker die Geschäftsführung des Westbundes und des Aussaat Verlages und zum anderen wurde Siegfried Lauer, der seine Ausbildung beim Johanneum abgeschlossen hatte, Bundesgauwart für Hessen anstelle von Hans-Horst Zeller. Dieser war als Bruderschaftssekretär mittlerweile nach Sri Lanka (damals noch Ceylon[1]) berufen worden. Auch Erhard Thielmann, den Karl auf einer Vorsitzendenfreizeit kennengelernt und als Schatzmeister auf die Bundeshöhe berufen hatte, wurde ein guter und langjähriger Freund.

Besonders gerne nahmen Marlene und Karl jedes Jahr am großen CVJM-Treffen in Nierstein teil, trafen sie doch hier ihre sehr guten Freunde Inge und Hartmut Kreikebaum. Kennengelernt hatten sie

---

[1] 1972 wurde Ceylon in das ursprüngliche Sri Lanka umbenannt. Der Übersichtlichkeit halber wird das Land in diesem Buch immer Sri Lanka genannt.

sich schon zu SMD-Zeiten, wobei Inge zuerst Marlene kennengelernt hatte. Sie erzählte:

Anfang der 50er-Jahre lernte ich Marlene in der „Versammlung" in Bad Godesberg kennen. Ihr Bruder Gunther studierte in Bonn und wohnte bei uns zur Untermiete. Später trafen Marlene und ich uns dann zufällig auf einer Fahrt nach London; wir trampten zusammen nach Canterbury zur Besichtigung der Cathedral. 1955 lernte ich Karl bei einer Skifreizeit auf der Reiteralpe kennen, die er zusammen mit Dwight Wadsworth und Charlie Moore leitete. Das war alles, bevor ich 1959 Hartmut am Timmendorfer Strand begegnete – auf einer SMD-Freizeit. Wir staunten, als wir feststellten, dass wir beide Karl und Marlene Sundermeier bereits kannten! So baten wir Karl, uns am 22. April 1961 in Bad Godesberg zu trauen.

„Bundeswart auf Reisen"

War 1964 für Karl schon ein „Weltreisejahr" gewesen, sollte es 1965 noch extremer werden. „Bundeswart auf Reisen" hieß es deshalb lapidar im *Leuchtturm*. Doch bevor es losging, hatte Karl noch eine wichtige Amtshandlung auf dem Bundesposaunenfest am 2. Mai 1965 in Dortmund zu tätigen: Er musste den langjährigen Präses des Westbundes, Wilhelm Jung, verabschieden und seinen Nachfolger Wilhelm Peters ins Amt einführen. 38 Jahre lang war Wilhelm Jung Präses des Westbundes gewesen und hatte die wechselhafte Geschichte vor und nach dem Krieg auf gute und treue Weise begleitet und geführt. 18 000 Menschen erlebten nun seine Verabschiedung.

Am 30. Juni fing Karls lange Reisezeit an und endete erst am 3. September. Anlass war die große CVJM-Welttagung in Tokyo, Japan, im August. Vorher sollte Karl Hans-Horst Zeller in Sri Lanka besuchen, der mit seiner Familie seit dem Herbst 1964 in der Hauptstadt Colombo tätig war. Da Karl seit einiger Zeit Vorstandsmitglied der Rheinischen Mission in Wuppertal war, sollte er Missionare in Indonesien und Hongkong besuchen. Hätte Karl damals gewusst, dass er sechs Jahre später selber nach Sri Lanka ausreisen würde, hätte er das Land bestimmt noch genauer unter die Lupe genommen. Aber auch ohne dieses Wissen interessierte ihn der Besuch im Land sehr.

Als Hans-Horst Zeller im Herbst 1964 ins Land gekommen war, entsendete er schon kurz danach einen Hilferuf in die Heimat. Bei einem Hurrikan im Norden Sri Lankas waren über 1 500 Menschen – vor allem Fischer – ums Leben gekommen und 34 000 Menschen obdachlos geworden. Der Verband spendete gleich 7 000 DM als Soforthilfe, und viele Vereine spendeten ebenfalls, sodass gute Hilfe geleistet werden konnte. So war Zeller gleich mittendrin in der CVJM-Arbeit in Colombo. Er schrieb für den *Leuchtturm* im Januar 1966:

> *Eine besondere Freude war uns der Besuch unseres Bundeswartes, Pastor Karl Sundermeier. […] Wir haben nicht nur zusammen gesessen und wichtige Gespräche geführt, sondern auch weite Fahrten ins Land gemacht. Im Jaffna-YMCA hatten wir ein Meeting, in dem Pastor Sundermeier von Deutschland erzählte. Dort im Jaffna-College stießen wir auch wieder einmal auf die Spuren von Dr. John R. Mott, der hier den 1884 gegründeten ersten Studenten-YMCA in Asien besuchte und stärkte. Es war uns beiden vor allem wichtig, daß man nach seinem Besuch wieder mehr Wert auf persönliches Bibelstudium und Hingabe an Jesus Christus legte.*[21]

In Jaffna horchte Karl besonders auf, da er in Japan auf der Tagung ein Referat über eben diesen John R. Mott und sein Lebenswerk halten wollte.

Karl sollte besonders im CVJM in Welimada, im Hochland Sri Lankas, nach dem Fortgang der Bauarbeiten am Freizeitheim schauen, das dort mithilfe des Weltbundes für die YMCA-Arbeit errichtet wurde. Hier in Welimada lernte Karl auch Bertram Jayamaha kennen, der dort Verwalter einer großen Teeplantage war, sich aber daneben noch sehr im YMCA engagierte. Karl und Bertram wurden in diesen Tagen Freunde. Einmal sagte Bertram scherzhaft zu Karl: „Warum kommst du nicht selbst hier hin, statt immer andere Leute zu schicken?"

Dann begann die Tagung in Tokyo, zu der Frederik Franklin aus Genf, der Generalsekretär des CVJM-Weltbundes, zusammengerufen hatte. Das Motto der Tagung lautete „Verschiedener Dienst – aber der gleiche Herr". Den Delegierten aus den verschiedensten Ländern und den unterschiedlichsten Arbeitsgebieten war es wichtig festzuhalten, dass der CVJM eine Bewegung blieb und kein statisches Werk wurde. Darüber hinaus wurde als Grundlage noch einmal die Pariser Basis bestätigt, sowohl von inhaltlichen Punkten her als auch in Bezug darauf, dass die CVJM-Bewegung immer eine von den Kirchen unabhängige Bewegung mit freiwilligen Mitarbeitern speziell für junge Menschen bleiben sollte. Außerdem wurde konstatiert, dass es eine Mitgliederbewegung sei. Man müsse sich bewusst dafür entscheiden, Mitglied zu werden, sei es als Teilnehmer oder als Mitarbeiter. Nicht die Hauptamtlichen trügen die Arbeit, sondern die tätigen und betenden Mitarbeiter![22]

So war diese Tagung sehr wichtig, um sich der Einheit der Arbeit in der ganzen Welt zu vergewissern und durch die Gemeinschaft gestärkt wieder zu Hause an die Arbeit zu gehen. Diese Punkte wollte Karl unbedingt in der Bundesvertretung mitteilen und für die Arbeit im Westbund fruchtbar machen.

Auf dem Rückweg von Japan besuchte Karl noch die vom CVJM unterstützte technische Schule in Karachi, Pakistan. Anschließend sollte Karl – nach einem Abstecher in Beirut und Jerusalem – die Einrichtung der Schneller-Schule in Khirbet Kanafar im Libanon unter der Leitung von Pastor Gehring besichtigen. Dann ging es wieder in die Heimat.

Oase im Eulenwinkel

Am 10. August wurde Brigitte – das vierte Mädchen – in Schwelm im Eulenweg 31 geboren. Wir großen Geschwister waren zu der Zeit zur Oma nach Mettmann „ausgelagert" worden. Dieses Mal war Vater zu Hause und konnte bei der Geburt dabei sein.

Das Haus in Schwelm war uns alle zu einer wertvollen Oase geworden, von Mutter liebevoll „Eulenwinkel" genannt. In den vergangenen Jahren hatten die Eltern es sich gemütlich eingerichtet, und wenn Vater sich dann noch seine Pfeife oder eine der Bünder Zigarren ansteckte, dann war das für uns ein untrügliches Zeichen, dass er wirklich Zeit hatte und für uns da war.

Direkt vor Vaters Arbeitszimmer befand sich der Forellenteich. In mühsamer Arbeit hatte Vater ihn mit Freunden ausgehoben und an den Bach angeschlossen, damit die Forellen fließendes Wasser hatten. Meine Mutter pflanzte in der Zeit die herrlichsten blühenden Blumen, die sie vorher in mühevoller Kleinarbeit als Stecklinge aus Samen herangezogen hatte. Auch der Gemüsegarten florierte. Wir Kinder tummelten uns auf der Wiese, schaukelten oder waren bei den Tieren. Endlich hatten wir genug Platz, um uns Tiere halten zu können. Es waren aber keine kleinen Haustiere, sondern ein Rind, später die Schafe Lotte und Lore, dazu Perlhühner mit Hahn und Gänse. Zum Einzug hatten wir schon gleich das Shetlandpony John geschenkt bekommen, der aber leider nicht sehr kinderfreundlich war. Besonders Mechthild liebte alle diese Tiere sehr und machte sich einen Namen als Gänsehirtin.

Tierische Angelegenheiten
Eines Nachts herrschte helle Aufregung. Mein Vater war gerade auf einer Tagung und meine Mutter musste die Dinge – wie so oft – zusammen mit der „Haustochter" alleine regeln. Mitten in der Nacht bekam Mutter einen Anruf, ob das ihre Kuh sei, die da in Schwelm in der Stadt herumlaufe. Erschreckt bemerkte sie das Loch im Zaun. Zum Glück halfen einige Freunde, das Rind wieder einzufangen. Im Dialekt ging das durch die ganze Ortschaft: „Dem Pastor seyn Kau ist los!"

Später wurden Rind und Schafe verkauft, und auch John bekam ein anderes Domizil, weil er für uns kleine Kinder richtig gefährlich war. Wir waren erleichtert, als wir die Haflingerstute Gloa bekamen, die sehr friedlich war und auch groß genug, sodass wir alle Voltigierunterricht bei uns zu Hause bekamen, was uns großen Spaß machte. Mechthild lernte sogar in einem Verein richtig Springreiten und nahm auch einmal an einem Turnier teil. Da die meisten Turniere aber sonntags stattfanden, nahm sie nur an diesem einen teil.

Noch etwas anderes machten wir sehr gerne am Wochenende – am liebsten natürlich, wenn unser Vater auch einmal keinen Termin hatte: in der Ponykutsche durch die Gegend fahren. Das machte jedenfalls wesentlich mehr Spaß als die langweiligen Sonntagnachmittagsspaziergänge!

Die Wiese für Gloa, die später sogar ein süßes Fohlen namens Gela bekam, zog sich lang hinunter am Waldrand entlang. Schon bald hatten meine Eltern am unteren Ende der Wiese eine kleine Hütte für Futter, das Reitmaterial und sonstige Dinge gebaut, in der man auch gut sitzen und zum Beispiel Geburtstage feiern konnte. Die Hühner und Gänse waren in einem Anbau untergebracht. Einmal feierten wir dort unten sogar mit allen Tieren zusammen eine Tierweihnacht, wobei die Tiere besonders viel gutes Futter bekamen.

Unterstützung für Marlene und weite Schulwege für die Kinder
Meine Mutter war sehr dankbar, dass sie eine Haustochter hatte – jeweils immer für ein Jahr. Dazu gehörten Renate Kreft, Hedi Westhelle, Hanna Bubenzer, Hedwig Lorenzen und noch andere. Es war sehr beruhigend für sie, im Eulenwinkel mit uns vier Kindern nicht alleine zu sein, wenn mein Vater unterwegs war. Mit einigen von ihnen sind wir bis heute durch Patenschaften und auch sonst freundschaftlich verbunden.

Mechthild hatte die ersten zwei Schuljahre die ganz normale Grundschule von Schwelm besucht, bis sie sich eines Tages weigerte, auch nur einen weiteren Tag dorthin zu gehen. Der Grund dafür war nicht aus ihr herauszubekommen. So beschlossen unsere Eltern, sie nicht weiter mit Fragen zu quälen, sondern steckten sie kurz entschlossen in die Waldorfschule in Wuppertal.

So kamen später auch Liebgard und ich in diese Schule, die besonders mir Quirlgeist sehr gutgetan hat. Das hieß aber auch, dass wir oft morgens alleine eine halbe Stunde hinunter zum Bahnhof laufen, dann mit dem Zug fahren und hinterher den ganzen Berg der Göckinghofstraße wieder hinauflaufen mussten. Deshalb verließen wir morgens schon um 6.30 Uhr das Haus. So waren wir immer froh, wenn unser Vater im Lande war und uns morgens auf dem Weg zur Bundeshöhe mit nach Wuppertal nehmen konnte. Was uns besonders gut gefiel und lebendig in Erinnerung ist, sind die vielen CVJM-Jungscharlieder, die er mit uns im Auto sang. Auf diese Weise bekamen wir etwas von der Jugendarbeit im CVJM mit. Lieder wie „Jesu Name nie verklinget" oder der Refrain „Lasst die Küstenfeuer brennen" sind mir bis heute in Erinnerung.

Mädchenarbeit im CVJM

So gerne Karl bei seiner Familie in Schwelm war – ohne die Arbeit im Westbund, ohne die vielen Bibelarbeiten, Gottesdienste und bereichernden Begegnungen mit den Menschen hätte er diese Oase nicht wirklich genießen können. Denn an dieser Arbeit hingen sein ganzes Herz und seine Berufung.

In den nächsten Jahren galt es im Westbund, eine Frage zu klären, die schon lange die Gemüter vieler Mitarbeiter beschäftigte, besonders wenn sie Familie hatten. Obwohl es Mädchenwerke gab, die gute Angebote für Mädchen hatten, brach doch immer wieder der Wunsch auf, diese Arbeit auch im Westbund zu integrieren. Dann könnten die Kinder einer Familie gemeinsam in einer Arbeit und in einem Verein tätig sein.

Vor allem Pastor Jürgen Blunck, seine Frau Brunhilde und Heidi Krause machten sich sehr für diese Arbeit stark. 1968 übernahm Pastor Blunck eine leitende Funktion in dem seit einiger Zeit bestehenden westdeutschen Arbeitskreis der Christlichen Vereinigung für Mädchen und Frauen (CVMF). Ziel dieser Arbeit war es, innerhalb des Westbundes eine eigene Mädchen- und Frauenarbeit aufzubauen, aber an den Großveranstaltungen des Westbundes gemeinsam teilzunehmen. Ebenso sollte es eigene Fortbildungsveranstaltungen für die Mitarbeiterinnen und eigene Mädchenfreizeiten geben. Letztlich wurde nie an eine komplett gemischte Arbeit gedacht, höchstens bei gemeinsamen Freizeiten älterer Jugendlicher und Studenten. Gerade auch die Jungschar- und Jungenschaftsarbeit sollte weiterhin – auch aus entwicklungspsychologischen Gründen – getrennt bleiben.

Als im Herbst 1968 die erste Mitarbeiterinnentagung stattfand, kamen rund 100 Teilnehmerinnen aus dem ganzen Westbund.

1968 und 1969 wurde erst einmal in den verschiedenen Vereinen die Mädchenarbeit aufgebaut, bevor dann 1969 eine Vertreterinnenversammlung einberufen wurde, bei der ein Leitungsgremium gewählt werden sollte. Auch fand auf der Bundeshöhe ein Mitarbeiterinnen-Wochenende mit Ehepaar Blunck und dem Familienpsychologen Reinhold Ruthe statt. Jahre später erzählte Erhard Thielmann bei einer Feier, dass Karl damals all den von der Mädchenarbeit begeisterten Mitarbeitern nüchtern gesagt hatte: „Glaubt ja nicht, dass ihr diese Arbeit tun dürft. Das machen schön eure Schwestern und Mütter. An unserer Berufung zur Arbeit an jungen Männern ändert sich dadurch überhaupt nichts." So bremste er gleich etwas die Euphorie, sich jetzt mit den guten Zahlenbilanzen zu brüsten. Denn es ging ja nicht darum, möglichst viele Vereinsmitglieder zu haben, sondern die jungen Menschen mit dem Evangelium zu erreichen. Und das war gerade bei den jungen Männern in diesen 68er-Jahren nicht einfacher geworden.

CVJM-Arbeit in den 68er-Jahren

So beschäftigte sich der Bund 1968 und 1969 sehr mit den Folgen des veränderten Denkens der Jugendlichen – die ja auch in den Studentenrevolten sichtbar wurden. Viele junge Menschen fingen an – gerade auch aus dem von den Eltern neu erworbenen Wohlstand heraus –, am Sinn des Lebens zu zweifeln. Es wurde gegen das Christentum, gegen die Zehn Gebote und allgemein gegen Gott als einem höheren Wesen, der über mein Leben zu bestimmen hätte, revoltiert. Vielleicht war es hier gar nicht schlecht, dass 1967 das 450. Erinnerungsjahr an die Reformation Luthers stattgefunden hatte. So erinnerte Karl auch im ersten *Leuchtturm* des Jahres 1968 an die vier ersten der fünfundneunzig Thesen Luthers, die dieser an die Tür der Schlosskirche in Wittenberg angebracht hatte: „Reformation kann man nicht organisieren, Erneuerung der Kirche geschieht nicht durch Aktivierung des guten Willens, sondern durch das Hören auf den Bußruf Jesu, der unser ganzes Leben bestimmen soll."[23] Umkehr zu Gott, Vertrauen auf sein Wort – das sollte beim Westbund auch dieses Jahr wieder an erster Stelle aller Aufgaben und Aktivitäten stehen.

Eine andere Sache machte Karl zudem noch publik – ganz nach seinem Motto: „Wenn alles nach außen hin auseinanderzubrechen droht, ist es umso wichtiger, sich nach innen zu sammeln und erst einmal sich selbst wieder ganz auf Gott auszurichten." Dazu sollte das neu aufgelegte Andachtsbuch von Adolf Schlatter dienen, den Karl ja schon lange Jahre sehr schätzte. Das Buch empfahl Karl im Leuchtturm mit folgenden Worten:

Es liest sich nicht einfach leicht [...,] man muß sich schon einige stille Minuten Zeit nehmen zum Meditieren. Es leitet an zum Nachdenken über die Schrift und will uns so helfen, daß die Schriftworte zu leuchten beginnen. Eine Betrachtungsweise der Bibel, bei der alles nur vereinfacht wird und auf den Verstand eines Zwölfjährigen zugeschnitten ist, hilft uns nicht, mit dem Wort der Schrift zu leben und die Probleme unseres Lebens und unserer Zeit richtig zu erkunden und zu bewältigen.[24]

Leben aus dem Gebet heraus

Was Vater lehrte, lebte er auch zu Hause: Neben der täglichen Andacht für uns Kinder, die unserem Alter entsprach, lasen er und Mutter morgens ganz regelmäßig den Neukirchener Kalender mit entsprechender Bibelstelle und abends jeweils eines der verschiedenen Andachtsbücher, die ihnen gerade wichtig waren. Auch das Gebet für die Familie – jeder wurde mit Namen genannt –, die Freunde und die verschiedenen Werke, in denen sie tätig gewesen waren, kamen nicht zu kurz. Treue Beter – nur so kann man diese Beständigkeit bezeichnen.

Vielleicht ist das auch das Geheimnis seiner Vollmacht bei all seiner Verkündigung. Aus dem Gebet, aus der Ruhe heraus reiste Karl zu den verschiedenen Tagungen und Veranstaltungen. Denn unterwegs ging es manchmal hoch her. Siegfried Lauer, der seit einiger Zeit Bundessekretär war, erzählte:

Ein ganz anderes Erlebnis aus der Westbund-Zeit kommt mir gerade noch in den Sinn. Ein Erlebnis, das die Genialität und Spontanität Karls deutlich macht. Ich hatte ein Jungenschafts-Pfingstlager im Taunus organisiert. Etwa 250 Jungenschaftler waren der Einladung gefolgt. Der Bundeswart sollte die Predigt auf dem Sportplatz zwischen den Zelten halten. Die Gemeinde des Dorfes war auch eingeladen. Dann kam ein Anruf über den Ortspfarrer: Autoproblem bei Köln, ca. 200 Kilometer entfernt. Schnell informierte ich zwei anwesende Jugendwarte. Wir einigten uns urplötzlich, dass wir über die Pfingstgeschichte predigen, jeder übernahm einen Teil. Ich hatte den Anfang, von Zeit für ein paar Überlegungen keine Rede. Beim Lesen des Textes überlegte ich, was ich sagen könnte. Nach wenigen Sätzen eine Staubwolke, Sundermeier kam. Ich rannte auf ihn zu, sagte in Sekundenschnelle: „Karl, ich habe gerade den Text gelesen und diese drei Sätze gesagt. Würdest du da weitermachen?" Dann kurze Vorstellung; und nahtlos setzte Karl Sundermeier die Predigt fort. Das war er, das konnte er, diese Lockerheit hat seine Vollmacht unterstrichen bzw. ihr Türen geöffnet, den Weg bereitet.

Schuldeingeständnis und neue Herausforderungen

Das Jahr 1969 war für Karl kein einfaches, weil er hier das, was er Anfang 1968 über die Buße gepredigt hatte, selber tun musste. Gerade in so einer exponierten Stellung ist es schwerer, Fehler oder gar Schuld zuzugeben und so Vergebung zu erfahren.

Eigentlich klang alles am Anfang ganz gut, als ein Freund ihm von einem lukrativen Projekt in Brasilien erzählte und ihn bat, mit ihm dorthin zu reisen, um sich das Ganze anzuschauen. Die Idee war, Land als Geldanlage zu erwerben, auf dem Gummiplantagen entstehen sollten. Da sollten viele andere mit einsteigen. So flog Karl im August nach Brasilien und stieg in das Projekt mit ein, da die Sache solide erschien.

Als er aus Brasilien wiederkam, fuhr er gleich weiter zur Sommerfreizeit auf die Insel Borkum, wohin unsere Mutter schon mit uns vier Mädchen vorausgereist war. Wir Kinder genossen diese Freizeit mit dem Kinderprogramm und dem Baden im Meer und Spielen im Sand in vollen Zügen. Es war für uns ein unvergesslich schöner Urlaub, wenn auch unser Vater nicht viel Zeit für uns hatte, weil er ja für die ganze Freizeit und insbesondere die Bibelarbeiten zuständig war.

Nach der Freizeit ließ sich Karl von seinem Freund überreden, selber als Anlageberater tätig zu werden. Auf diese Weise wollte er dem Westbund sein Gehalt ersparen und seine Schulden mit dem Haus schneller abbezahlen. Ohne weiter darüber nachzudenken und vor allem ohne nachzufragen, willigte Karl ein, merkte aber nach einiger Zeit, dass hier etwas völlig verquerging. Zwar verdiente er gut – aber als Beamter hätte er gar keinen Nebenjob annehmen dürfen. Da er seine Tätigkeit natürlich nicht heimlich ausübte und er selber zunächst dachte, dass es in Ordnung sei, sprach es sich bei einigen im Vorstand herum, dass der Bundeswart jetzt plötzlich Anlageberater war und sozusagen in die eigene Tasche wirtschaftete.

Mittlerweile spürte Karl schon selber, dass diese Tätigkeit im Widerspruch zu seiner Tätigkeit als Bundeswart stand und er außerdem überhaupt nicht die Zeit dazu hatte. So hörte er damit wieder auf – doch der Schaden war angerichtet. Eine Bundesvorstandssitzung wurde einberufen und Karl zur Rede gestellt. Karl, der erkannt hatte, wie schwer der Fehler war, entschuldigte sich und war froh, dass diese Entschuldigung angenommen und ihm vergeben wurde.

Zum Glück hatte ihn sein Freund ebenfalls beraten, die Schulden für das Haus umzustrukturieren, sodass sich die finanzielle Lage etwas besserte. Darüber hinaus war es gut, dass die Freundschaft durch diese Sache nicht auseinanderbrach und dass vor allem das Vertrauen des Vorstandes Karl gegenüber wiederhergestellt werden konnte. Im Bundeswartbericht 1969 war davon nichts mehr zu spüren; hier konnte Karl sich wieder anderen Dingen widmen.

In seinem Bericht über die Ergebnisse der fünften Tagung des Weltrates des CVJM in Nottingham Ende September berichtete er mit Besorgnis über die Entwicklung im Weltverband. Karl war dort in Erinnerung an die Mut machende Tagung in Japan hingefahren – ganz gespannt zusammen mit 650 weiteren Vertretern des CVJM aus 62 Ländern. Doch der Inhalt der Diskussionen hatte ihn geschockt: In Anbetracht der guten und wichtigen Verständigung mit Menschen anderer Konfessionen und Religionen dürfe es doch nicht dahin kommen, dass sogar darüber diskutiert werde, ob jemand, der einer anderen als der christlichen Religion angehört, nicht auch eine leitende Position im CVJM innehaben könne. Könne denn dann noch die Pariser Basis als für jeden Mitarbeiter verbindlich anerkannt werden? Warum dann der ganze Aufwand bei Freizeiten usw., wenn man kein klares Ziel vor Augen hatte? Ziel sei es doch nicht, so Karl, zwischenmenschliches Verhalten zu fördern, sondern „Botschafter an Christi statt zu sein – laßt euch versöhnen mit Gott!"[25]

Das sollte die Herausforderung für den Westbund im neuen Jahrzehnt werden, in dem Karl dann doch nur noch knapp eineinhalb Jahre mitwirken konnte.

Abschied und Aufbruch

Erneute Reise nach Sri Lanka

Ende Januar 1970 flog Karl zusammen mit seiner Sekretärin Margret Kuhl, dem Bundessekretär Siegfried Lauer und zwölf weiteren Personen nach Sri Lanka, um in Welimada an der großen Feier zur Fertigstellung des YMCA-Camps teilzunehmen und den Bundessekretär Hans-Horst Zeller zu besuchen. Es war ein sehr großes Fest mit vielen Ehrengästen vom YMCA und YWCA mitsamt den Ehepartnern. Karl weihte am 14. Februar 1970 dieses Jugendzentrum feierlich ein, wie es bis heute auf der Tafel an der Halle steht:

DEDICATED TO YOUTH; WE THANK THE GERMAN YMCA MOVEMENT AND REV. HANS H. ZELLER FRATERNAL SECRETARY THROUGH WHOSE EFFORTS THE YOUTH CENTRE WAS MADE POSSIBLE OPENED ON 14th. FEBRUARY 1970 BY PASTOR KARL SUNDERMEIER, REGIONAL DIRECTOR YMCA, WESTBUND, GERMANY[26]

Siegfried Lauer, der zusammen mit Zeller Leiter dieses Freizeitcamps in Welimada war, sollte fünf Wochen dableiben und im Team des Zentrums mitarbeiten. Auch Karl blieb dort. Für Siegfried Lauer war es spannend, einmal seinen Bundeswart anders als nur bei offiziellen Tagungen zu erleben. Sie teilten sich in den Wochen ein Zimmer, hatten eine gute Gemeinschaft auch im gemeinsamen Gebet und weckten alle anderen im Camp jeden Morgen mit ihren Morgenliedern, geblasen im Duett auf ihren Trompeten. Die Rundreise, die ihnen ermöglicht wurde, genossen sie gemeinsam mit den anderen Reiseteilnehmern sehr. Besonders der nachts erklommene Adam's Peak war ein großartiges Erlebnis für alle.

Veränderungen und Höhepunkte 1970
Zunächst sah es so aus, als ob im Jahr 1970 alles für Karl seinen normalen Gang weitergehen sollte, wenngleich in diesem Jahr im Westbund große personelle Veränderungen anstanden: Im Januar wurde Jürgen Blunck als neuer Bildungsreferent auf der Bundeshöhe durch Prof. Dr. Beckmann, dem Präses der Evangelischen Kirche im Rheinland, eingeführt. Dann schieden Richard Lörcher und Wilhelm Mergenthaler aus der Posaunenarbeit aus und Ernst Klocke und Wilhelm Schmidt wurden ihre Nachfolger, wobei Schmidt auch für die Arbeit der Männerchöre zuständig war.

Ab März war die Mädchenarbeit ein fester Bestandteil der CVJM-Arbeit, als selbstständige Arbeit angegliedert an den Westbund mit eigener Leitung unter Heidi Krause und Brunhilde Blunck als erster Vorsitzenden.

Karl zwischen Altpräses Wilhelm Jung (links) und Präses Ernst Kaiser (rechts) bei seiner letzten CVJM-Vorsitzendentagung.

Auf der Bundesvorstandssitzung im April 1970 gab es weitere personelle Veränderungen: Ernst Kaiser wurde zum Nachfolger von Wilhelm Peters ernannt, der aus gesundheitlichen Gründen als Präses zurücktrat. Auch der Gesamtverband bekam mit Hermann Kupsch aus Würzburg einen neuen Präsidenten. Mit Familie Kupsch waren Karl und Marlene schon lange befreundet, hatten sie doch auch Hermanns Frau Christa zu meiner Patentante erkoren.

Daneben gingen natürlich alle Tagungen und Freizeiten ganz normal weiter. Im April erlebten wir großen Mädchen eine wunderbare Skifreizeit in Saalbach – ohne zu wissen, dass es unsere letzte sein würde. Da Henrike – das fünfte Mädchen! – am 6. März zu Hause in Schwelm geboren worden war, konnte unsere Mutter mit ihr natürlich nicht mitkommen und war bestimmt froh, uns auf der Freizeit zu wissen. Der gerade frisch gewählte Sportwart Manfred Engel begeisterte uns nicht nur für das Skifahren, indem er es uns perfekt beibrachte, sondern auch mit seinem tollen Kinderprogramm, spannenden Geschichten, fetzigen geistlichen Liedern und einem unvergesslichen Piratenabend, an dem wir uns alle verkleiden durften. Unvergesslich war diese Freizeit auch, weil wir dort eine Familie kennenlernten, mit deren drei Kindern wir uns sehr gut verstanden: Horst und Anne Pönnighaus aus Bad Oeynhausen. Sie sind bis heute gute Freunde und Weggefährten.

Weitere Höhepunkte des Jahres waren sicherlich das große Bundesmitarbeitertreffen in Essen im Mai, das seinen krönenden Abschluss im Bundesposaunenfest in der Dortmunder Westfalenhalle fand. Karls Predigt blieb vielen lange in Erinnerung – natürlich auch durch die Schallplatte, die von dieser Feier und Predigt aufgenommen worden war.

Eine Frage, die alles veränderte
So hätte alles seinen normalen Gang weitergehen können. Doch dann bekam Karl eines Tages einen Anruf vom Präses der Evangelischen Kirche von Westfalen, Pfarrer Dr. Hans Thimme, der ihn fragte, ob er bereit wäre, mit seiner Familie als Missionar nach Sri Lanka zu gehen. Vorher hatte Thimme auf einer ökumenischen Kirchentagung Reverend D. T. Niles, den Präsidenten der methodistischen Kirche von Sri Lanka kennengelernt. Dieser hatte ihn gefragt, ob er nicht Karl Sundermeier zu ihnen schicken könne. Daraufhin fragte Thimme erst bei Theo Sorg nach, einem Freund Karls, was er davon hielt, und rief dann Karl selbst an.

Karl wunderte sich, woher Niles von ihm erfahren hatte, da er ihn persönlich gar nicht kannte. Später erfuhr er, dass B. E. Fernando Niles daraufhin angesprochen hatte. Fernando war Vorsitzender des sri-lankischen CVJM, und Karl hatte ihn bei seiner letzten Reise im Januar getroffen. So bekam Karl bald selbst einen Brief von Reverend Niles, in dem er in bat, in Jaffna in einer alten, leeren reformierten Kirche eine evangelistische Schule zur Ausbildung von sri-lankischen Evangelisten zu gründen.

Nun mussten Karl und Marlene sich mit dieser schwerwiegenden Entscheidung auseinandersetzen. Eigentlich wollte Karl ja schon immer in die Mission, aber tief im Herzen eigentlich nach Afrika. Als er erfuhr, dass von der VEM aus eine Stelle als Studentenpfarrer im Augustineum in Windhoek/Namibia, der Ausbildungsstätte für einheimische Lehrer, ausgeschrieben war, entschloss er sich, zunächst mit Marlene dorthin zu fahren, um sich das Ganze anzuschauen. Erst danach wollte er eine Entscheidung für oder gegen Sri Lanka treffen.

So reisten sie im August nach Afrika – offiziell von der VEM aus zu der Missionarskonferenz in Swakopmund, inoffiziell, um sich das Augustineum anzuschauen. Karls Bruder Theo, der der Leiter der theologischen Schule in Otjimbingue und Sprecher der Mitarbeiterschaft der VEM in Afrika war, bat ihn, zwei Bibelarbeiten auf dieser Konferenz zu halten. Anschließend besichtigten Karl und Marlene in Ruhe die Schule in Windhoek und überlegten gemeinsam, wo sie die nächsten Jahre mit ihren Kindern verbringen wollten. Der Rückweg sollte über Kenia gehen, damit Karl dort noch Fritz Pawelzik besuchen konnte, der mittlerweile nicht mehr in Ghana, sondern in Kenia als Bruderschaftssekretär tätig war.

Marlene und Karl entschieden sich nach dieser Afrikareise doch für Sri Lanka und begannen mit den Planungen: Was sollte mit dem Haus geschehen, mit den Möbeln? Welche Schule sollten wir Kinder dort besuchen? Und wer würde für die ganze Finanzierung aufkommen? Schließlich war die Vereinigte Evangelische Mission (VEM), wie die frühere Rheinische Mission in Wuppertal nach ihrem Zusammenschluss mit der Bethel Mission 1970 hieß, bereit, die Aussendung zu übernehmen und Karl als Missionsgesellschaft zu betreuen. Das Gehalt trug aber weiterhin die Evangelische Kirche von Westfalen.

Erst während der Bundesvertretung im Oktober 1970 gab Karl sein Vorhaben bekannt, 1971 aus dem Dienst des Westbundes auszuscheiden und nach Sri Lanka zu gehen. Wegen dieser Nachricht ging es fast unter, dass in dieser Sitzung sogar von den 120 Delegierten fast einstimmig eine neue Bundessatzung beschlossen wurde und dass jetzt erst der bisherige Name „Westdeutscher Jungmännerbund – CVJM" in „CVJM-Westbund" geändert worden war.

Dadurch, dass Hans-Horst Zeller just in diesem Jahr Sri Lanka wieder verließ, erschien im Januar 1971 im *Leuchtturm* ein großer Bericht über seine Arbeit dort – was vielen einen guten Einblick in das Land gab, in das nun ihr Bundeswart gehen sollte.

Mit seinem guten Freund Klaus-Dieter Trayser flog Karl im Januar 1971 nach Sri Lanka, um dort schon einmal ein Haus für die Familie zu mieten und sich mit dem Präsidenten der methodistischen Kirche, Reverend Denzil de Silva, zu treffen. Im vergangenen Jahr war Reverend D. T. Niles leider verstorben, sodass Karl nie die Gelegenheit bekam, ihn kennenzulernen. De Silva bat Karl, nicht wie ursprünglich geplant nach Jaffna zu gehen, sondern nach Kandy und dort an den derzeitigen Bemühungen zu einer Vereinigung aller Kirchen mitzuwirken. Außerdem wäre es gut, wenn er mit Vertretern aller dieser Kirchen eine Stadtmission in Kandy aufbauen würde. Im weiteren Gespräch ermutigte Reverend de Silva Karl sehr, seine Kinder nicht der deutschen Kultur zu entfremden, sondern diese Kultur mit ins Land zu bringen – in Form von Musikinstrumenten, Weihnachtsschmuck und allem anderen, was wichtig wäre. Das würde keinesfalls die Menschen im Land neidisch machen, sondern sie an den schönen deutschen Traditionen teilhaben lassen und sie bereichern. Diese Bitte erleichterte es Marlene und Karl bei all den Entscheidungen sehr, was sie mitnehmen sollten und was nicht.

Das letzte Ostertreffen für Karl, das dieses Mal am Ostermontag in der Ruhrlandhalle in Bochum stattfand, hatte sogar das Thema Mission: „Unterwegs in die Welt". Darüber predigte Karl auch. Der Abschied war hier schon in greifbare Nähe gerückt, ebenso bei dem letzten Niersteintreffen in Kaub am Rhein. Trotz der Traurigkeit über Karls Weggehen waren alle doch froh, dass mittlerweile in Klaus-Jürgen Diehl ein guter Nachfolger gefunden war. Karl freute es auch, dass Wiland Wiemer, der früher schon als sein Vikar im Westbund tätig gewesen war, jetzt als Studienleiter auf der Bundeshöhe eingesetzt worden war. So wusste er die Arbeit in guten Händen, was ihm den Abschied leichter machte.

Verabschiedung
Die offizielle Verabschiedung fand Ende April auf der Elsenburg statt, dem Ort, an dem Karl auf so vielen Freizeiten und Tagungen gewesen und der ihm immer auch ein Ort der Erho-

Eine Trompete zum Abschied vom CVJM-Westbund auf der Elsenburg. Ab jetzt spielte Karl nur noch auf dieser Trompete.

lung mitten im Dienst gewesen war. Der Abschied von Karl berührte alle sehr, hatte er doch mit seinen fast 14 Jahren die längste Zeit von allen das Amt als Bundeswart innegehabt. Als Dank bekam er zum Abschied eine wunderschöne, neue Bachtrompete, mit der er in Sri Lanka gleich eine neue Posaunenarbeit aufbauen sollte, und ein echtes Schwein!

Eine, der es besonders schwerfiel, sich von ihm zu verabschieden, war Margret Kuhl, seine langjährige, humorvolle und treue Sekretärin. Mit ihrer Fröhlichkeit und ihrem ansteckenden Humor hatte sie gut zu Karls trockenem Humor gepasst und ihm immer den Rücken frei gehalten. Wie oft war sie sogar ins Haus nach Schwelm gekommen, wenn er dort weiterarbeiten musste und Dringendes zu diktieren hatte. Auch wir Kinder mochten sie in ihrer mütterlichen Art, da sie um einiges älter war als unsere Eltern. Und sie erzählte mir einst, dass sie meinen Vater immer bewundert habe, wie er mitten in einer chaotischen Kinderschar sitzen und konzentriert ihr etwas diktieren konnte.

Margret Kuhl hatte nie geheiratet, nachdem ihr Verlobter im Krieg gefallen war, und daher empfand sie es als besonders schmerzhaft, dass wir jetzt ins Ausland gingen, waren wir für sie doch so etwas wie eine Familie geworden. Sie versprach, uns so bald wie möglich dort zu besuchen – ein Versprechen, das sie hielt!

In der letzten *Leuchtturm*-Ausgabe seiner Amtszeit wurde Karls Arbeit vom Präses des CVJM-Westbundes, Ernst Kaiser, gewürdigt und Karl gedankt. Er sagte, dass Karl immer drei Dinge ganz wichtig gewesen seien: die missionarische Arbeit unter Jugendlichen, die geistliche Begleitung und Ausbildung der Mitarbeiter (auch durch die Verbreitung guter theologischer Literatur) und drittens die Weltmission und der Zusammenhalt mit dem Gesamt-CVJM sowohl in Deutschland als auch weltweit.[27]

Auch Karl bekam in dieser Ausgabe die Gelegenheit, sich zu verabschieden. So schrieb er:

> *Der Weg der Kirche ist immer von Auseinandersetzungen gezeichnet gewesen. Und auch im Westbund wird und muß das so sein. Einen Menschen zum Glauben zu führen ist, nach Gottes Güte, relativ*

leicht, aber jemand im Glauben bewahren, dieses, daß man nicht nur auf einer kindlichen Stufe des Glaubens bleibt, sondern wirklich zum vollen Mannesalter gelangt, ist eine Auseinandersetzung, ist ein Weg der vielen Mühen. Und den müssen wir auch in unserer Jugendarbeit gehen.[28]

Deshalb heiße es auch für den Westbund, sich den theologischen Fragen zu stellen und ebenfalls Kritisches zu bedenken. Dann zum Schluss noch der persönliche Dank Karls:

Wir, meine Frau und ich, haben uns den Entschluß des Dienstwechsels nicht leicht gemacht. Wir haben uns gefragt und geprüft und sind zu der Überzeugung gekommen, daß Gott uns den Weg in die äußere Mission zugewiesen hat. Die methodistische Kirche in Ceylon hat um den Aufbau einer Stadtmissionsarbeit in Kandy gebeten, die gleichzeitig ein Stück Sozialarbeit, Evangelisationsdienst, Lehrtätigkeit und Arbeit an Studenten und Schülern beinhaltet. […] Mit unseren Töchtern werden wir Anfang Mai ausreisen.

Marlene und Karl mit ihren fünf Kindern kurz vor der Ausreise in eine spannende Zeit in Sri Lanka.

> *Wir danken Gott für das beglückende Erlebnis der Bruderschaft, die uns in den zurückliegenden Jahren geschenkt wurde, die uns getragen hat. Wir stellen uns in ihre Fürbitte mit all den neuen Aufgaben, so wie wir nicht aufhören wollen, den Herrn um seinen Segen für unseren Westbund zu bitten.*[29]

Karl und Marlene taten es treu auch weiterhin.

KAPITEL 4

HINAUS IN DIE WEITE WELT: NACH SRI LANKA

AUSREISE UND ANKUNFT

In den letzten Monaten vor unserer Ausreise wohnten wir als Familie auf der Bundeshöhe, da mittlerweile das Haus in Schwelm nicht nur leergeräumt, alle Kisten nach Sri Lanka verschifft und das, was in Deutschland bleiben sollte, bei unserer Großmutter in Mettmann untergestellt war, sondern das Haus mittlerweile auch vermietet war. Wir Kinder genossen es, jetzt in Wuppertal zu wohnen und nicht mehr so einen weiten Schulweg zu haben. Außerdem war es spannend, allen in der Schule von unserer großen Reise zu erzählen und Nachrichten durch Briefe zu versprechen.

Für die Eltern war diese Zeit natürlich viel schmerzlicher, von allen Freunden für ca. fünf Jahre (abgesehen von Besuchen im Heimaturlaub) Abschied nehmen zu müssen.

Besuch in Teheran

Anfang Mai 1971 ging die Reise los. Von der Abschiedsfeier auf der Elsenburg fuhren wir gleich weiter zum Flughafen nach Frankfurt. Trotz Verschiffung hatten wir noch jede Menge Gepäck, zumal die Eltern die Hinreise nutzen wollten, um Karls Bruder Fritz zu besuchen, der seit einiger Zeit in Teheran Oberstudienrat war und mit seiner Frau Christel und seinen drei Kindern dort wohnte. Ein erster Zwischenstopp war bereits in Istanbul in der Türkei, um uns Kindern schon einmal einen Eindruck des Orients zu vermitteln und auch, um einige der wunderschönen Moscheen und den Basar anzuschauen. Für die Eltern war es sehr schön, Fritz und seine Familie in Teheran wiederzusehen, und Christel ermutigte Mutter, doch mit Fritz, Vater und Mechthild eine kleine Rundreise zu den schönsten Stellen Irans zu machen. Sie würde in dieser Zeit auf die übrigen Kinder aufpassen.

Während die anderen in der brütenden Hitze all die Sehenswürdigkeiten des Iran bewunderten, waren wir anderen Kinder froh über das kühle Haus und genossen die Vielfalt an leckeren Obstsorten, um uns zu erfrischen. So gewöhnten wir uns schon etwas an die neue Welt, die in Sri Lanka auf uns zukommen sollte.

Ankunft in Sri Lanka

Anfang Juni landeten wir auf dem Bandaranayake Flughafen in Sri Lanka. Normalerweise hätten wir gleich nach Kandy weiterreisen können, aber da Studentenunruhen im Land tobten und Sri Lanka im Ausnahmezustand war, wurden wir erst nach Colombo mitgenommen und dort ein paar Tage im YWCA untergebracht.

Ungefähr zwei bis drei Stunden dauerte die Fahrt nach Kandy mit zwei alten, schwarzen englischen Autos. Unterwegs wurde manchmal angehalten, und dann sammelte sich gleich eine Traube neugieriger Kinder mit aufgehaltenen Händen um die offenen Fenster. Sie lachten, schauten neugierig in die weißen, fremden Gesichter – und zogen schließlich zufrieden mit einigen deutschen Bonbons in der Hand von dannen. Touristen gab es damals noch nicht viele, sodass weiße Ausländer eine geschätzte Rarität waren. In Kandy wurden wir als Familie herzlich von Reverend Roy de Silva, dem Pfarrer der Methodistenkirche und Bruder des Präsidenten Reverend Denzil de Silva, begrüßt und zunächst bei ihm zu Hause untergebracht, bis das angemietete Haus in Lewella bezugsfertig war. Das Haus, das Karl zusammen mit seinem Freund Trayser vormals angeschaut hatte, war leider schon vergeben gewesen, sodass Reverend de Silva sich um diesen Bungalow in Lewella, einem Ortsteil im Norden von Kandy, bemüht hatte. Das Haus lag in der Lady Anderson Road 155, an einem Hang unterhalb der Straße, umgeben von einem relativ großen Grundstück aus Garten und Wiesen. Mr Swaminathan, ein tamilischer Maleali, der mit seiner Frau und seinen acht Kindern am Rande des Dorfes Lewella wohnte und das Haus für den Besitzer bewacht hatte, überbrachte die Schlüssel und erwähnte auch gleich, dass einige seiner erwachsenen Söhne als Fahrer oder Gärtner arbeiten könnten. Obwohl der Bungalow ein sehr großes Wohnzimmer und eine geräumige Küche hatte, waren die Schlafzimmer doch sehr klein gehalten und reichten für uns fünf Kinder nicht aus. Deshalb musste die angrenzende Garage, die aus Steinen mit Löchern als Luftzufuhr gebaut worden war, als Wohnraum mitbenutzt werden.

Erste Eindrücke

Ende Juni schrieben Karl und Marlene ihren ersten Rundbrief nach Hause:

> Der Anfang hier war nach dem herzlichen Abschied vom Westbund bei den Treffen in Bochum und Nierstein und auf der Elsenburg zunächst sehr ernüchternd: Das Gepäck war noch nicht da, die Autos fehlten. Durch die Ausgangssperre nach 19.30 Uhr wurden die zeitlichen Möglichkeiten für Besorgungen sehr beschränkt. Aber die Schwierigkeiten hatten ihre guten Seiten: Wir lernten die unermüdliche Hilfsbereitschaft vieler Menschen hier kennen. [...] Nach einer Woche traf unser Gepäck ein und das volle Herrichten der Wohnung in dem wunderschönen Bungalow, den die Kirche hier für uns ausgesucht hat, konnte beginnen. Heute ist fast alles eingerichtet. Lediglich Garage und Arbeitszimmer müssen noch auf der Wiese neben dem Haus demnächst aus Wellblech oder Eternit gebaut werden.
>
> Über die Kinder, die Schule und den Garten mag Marlene hier ein wenig berichten: Wir sind sehr froh, in Kandy zu wohnen. Kandy liegt ca. 500 Meter hoch in den Bergen. Das bedeutet ein gutes Klima in der nötigen Kühle für die Nachtruhe. Kandy hat mancherlei Sehenswürdigkeiten, wie den Tempel des Zahns, das größte Heiligtum des Buddhismus. [...] Am schönsten ist der Einkaufsbummel auf dem Markt. So ein buntes Vielerlei. An Gemüsen ist fast alles zu haben [...], dazu das tropische Obst wie Ananas, Mangos, Papaya und Bananen. [...]
>
> Unsere Kinder sind schon ganz heimisch hier. Sie gehen gerne zur Schule. Es ist eine katholische (Mädchen-) Schule

mit englischem Unterrichtszweig. Mittags haben sie ihre Lunchpause dort. Kurz nach 15 Uhr sind sie zu Hause, wo wir dann unsere warme Hauptmahlzeit, Dinner, einnehmen. Dank des guten Privatunterrichts im Englischen haben die Kinder schnell in die Sprache hineingefunden und können schon in manchen Fächern folgen, wie uns die Lehrer bestätigen. Die Kleinen lernen wohl am schnellsten die Sprachen. Brigitte besucht hier in der Nähe einen Kindergarten. Abwechselnd singt sie ihre Liedchen oder Reime in Englisch und Singhalesisch. Henrike tut sicher desgleichen, jedenfalls versteht ihre Nanny das Geplauder.

Unser Haus liegt wunderschön in einem bunten Blumengarten, von vielen Palmen umgeben. Christrosen, Anthurien und manche Sorten von Orchideen wachsen hier und erfreuen uns jeden Tag. Gefahren gibt es allerdings auch, denn Kobras und Skorpione sind im Garten nicht unbekannt. Vom nahen Urwald besuchen uns ab und zu die flinken, scheuen Affen, um sich ein wenig an unserem Obst gütlich zu tun. […] (So weit Marlene)

Damit die Arbeit getan werden kann, aber auch für den Besuch unserer Gäste, haben wir uns zunächst nach einer Art Auto umgeschaut. […] Wir waren glücklich, als wir Ende Mai unseren Prefect, einen über zehn Jahre alten englischen Ford, der zudem drei Jahre in einer offenen Garage stillgestanden hat, mieten konnten. Er war zwar nicht perfekt, mehr defekt, aber nach Erneuerung der Kupplung, der Kerzen und einiger Teile mehr, lief er knatternd durch Kandy. In der ersten Zeit brachte er jeden zweiten Tag einige Stunden in der Werkstatt zu, damit weitere Mängel und neue Fehler behoben werden konnten. […]

Wir haben zunächst mit dem Studium der singhalesischen Sprache begonnen. Wir beherrschen die Schriftzeichen und lernen die ersten Sätze. – Eine weitere Tätigkeit ist der regelmäßige Predigtdienst in Englisch und die Übernahme eines wöchentlichen Bibelstundenhauskreises. So lernen wir allmählich die Gemeinde kennen.

Meine erste Regionalsynode habe ich mit Interesse in Colombo erlebt. Man spürt die Frage nach neuer Erweckung und nach der Aufgabe, die aus den Unruhen hier für die Kirche entsteht. Zwar ist die Ausgangssperre jetzt nur noch von 22 bis 4 Uhr und man kann wieder in alle Teile des Landes ohne Gefahr reisen, aber die Regierung ist offensichtlich nicht sicher, alle Herde des Aufstandes gelöscht zu haben. Was wird die Jugend lernen, die jetzt zu Tausenden in Gefangenenlagern sitzt? […] In der theologischen Diskussion werden sehr unterschiedliche Stimmen laut. Einige erwarten eine Erneuerung der Kirche durch die Revolution; sie sehen eine Art Offenbarung in dem gegenwärtigen Geschehen, die nach einer Änderung der Theologie und der Kirche ruft. Andere denken mehr nationalistisch und werden mit dem Sprachproblem Singhalesisch (und Tamilisch) einerseits und dem englischen Sprachgebrauch – als praktisch einzige Möglichkeit für Konferenzen und in vielen Gottesdiensten – noch nicht fertig. Wird man sich weiter vom Englisch entfernen und in einen auch theologischen Isolierungsprozess hineingehen? Wie wird das Bildungsniveau der Theologen sein, wenn sie keine einzige Fremdsprache mehr gründlich lernen? Man spürt deutlich, wie emotional geladen die Diskussion an dieser Stelle wird.

In der kommenden Woche werden wir nun endlich das Komitee gründen, das die Stadtmissionsarbeit mit mir beraten, planen und durchführen soll. Wir freuen uns sehr, dass die eigentliche Arbeit voll beginnen kann, für die wir hierher kamen. Ideen sind genügend da. Ich bin gespannt, wie die Verwirklichung aussehen wird.

Vielfältige Unterstützung im Haus

Das Einleben fiel auch deshalb recht leicht, da Karl und Marlene große Hilfen gefunden hatten. Als besondere Küchenperle stellte sich Agnes, unsere Köchin, heraus, die sehr schnell auch die deutsche Küche erlernte, da Marlene die scharfen heimischen Gerichte nicht so gut vertrug. Für Agnes selbst war dies geradezu eine Erleichterung, denn das traditionelle sri-lankische Essen zu kochen war mit wesentlich mehr Zeitaufwand verbunden. Uns Kindern war es zunächst auch lieb, die Essgewohnheiten von zu Hause beibehalten zu können. Erst später lernten wir das sri-lankische Essen mit den reichhaltigen Gewürzen und der Kokosnussmilch kennen und lieben!

Anne half vor allem beim Bügeln der Schulkleider, die durch die hohe Luftfeuchtigkeit jeden Tag gewechselt werden mussten. Beim Krawattenbinden – nur die Mädchenschulen hatten Krawatten – konnte zum Glück Karl helfen.

Dankbar waren Karl und Marlene für den Fahrer Kesevan, Mr Swaminathans Sohn, der gerade in der ersten Zeit mit dem alten Ford die ganzen lästigen Werkstattaufenthalte tätigte und geduldig dort wartete, damit auch alles ordentlich ausgeführt wurde und nicht womöglich andere Teile des Autos fehlten, wenn es unbeaufsichtigt herumstand. Marlene war auch froh, in der ersten Zeit bei diesen chaotischen Straßenverhältnissen nicht selbst zum Einkaufen fahren zu müssen. Beim Handeln in der schönen, großen Markthalle in Kandy hielt sie sich ebenfalls zurück und überließ es lieber Agnes. Auf Dauer wären die Lebenshaltungskosten wohl sonst sehr hoch gewesen.

Die Frage, ob Marlene und Karl überhaupt Bedienstete haben sollten, stellte sich erst gar nicht, denn die Leute standen geradezu Schlange und hofften, bei den – in ihren Augen natürlich reichen – Weißen eine Arbeitsstelle zu finden. So wurde Bernie als Nanny für Henrike eingestellt und noch eine Kuh angeschafft, damit auch ein Gärtner beschäftigt werden konnte. Da Kesevan lieber im Garten arbeitete, wurde er schließlich der Gärtner und Mr Fernando kam als Fahrer. Die eigene Kuhmilch war bei den vielen Kindern natürlich sehr gut, denn zu kaufen gab es nur pasteurisierte oder gar sterilisierte Milch, die nicht besonders schmeckte. Außerdem hatte Marlene so die Möglichkeit, sich das, was es im Land überhaupt nicht gab, selber herzustellen: ungesalzene Butter von dem Rahm der Milch, nachdem sie zu Dickmilch verarbeitet worden war. Aus der Dickmilch stellte sie Quark und Buttermilch her, was durch die Wärme so schnell geschah, dass beides fast jeden Tag frisch auf den Tisch kam. Da es im Land nur Weißbrot zu kaufen gab, brachte Marlene Agnes so schnell wie möglich bei, mit einem erhältlichen Teilauszugsmehl braunes Brot zu backen, das von der ganzen Familie gerne gegessen wurde.

Nach und nach wurden für uns Kinder diverse Haus- und Gartentiere angeschafft: Minka, ein Dalmatinerhund für Mechthild, Ponys, die im Frühjahr auch bei den Ponyrennen in Nuwara Eliya im Hochland mitmachen durften, einige Katzen, ein kleiner süßer Hund Teddy für Henrike und für Liebgard ein großer Käfig an der Hauswand, den sie liebevoll mit Vögeln, einer Schildkröte und Streifenhörnchen füllte und dann die Tiere pflegte. Für die Eierversorgung mussten natürlich Hühner her. So gab es an Arbeit im und rund ums Haus genug zu tun.

Den größten Teil der Zeit verbrachten wir allerdings in der Schule, da die ja bis 15 Uhr ging. Das Schulsystem war dem englischen System angeglichen und das Jahr war in Trimester aufgeteilt; dazwischen gab es jeweils einen Monat Schulferien: im April, August und Dezember. Da das Schuljahr im Januar beginnt, hatten wir drei Großen bis November Zeit, durch Nachhilfeunterricht vor allem in Englisch mit dem Stoff zurechtzukommen, um dann die großen Jahresabschlussprüfungen zu schaffen. So kamen wir im neuen Schuljahr alle in die nächsthöhere Klasse.

Der erste Urlaub und die „Perahera" in Kandy

In den ersten Ferien im August nutzten die Eltern die Gelegenheit, mit uns Kindern die Ostküste kennenzulernen. Es ging nach Kalkudah, einem kleinen Fischerdorf südlich von Trincomalee, in ein ganz einfaches Ferienhaus ohne Elektrizität und Wasseranschluss. Da alle nicht in das eine Auto gepasst hätten, lieh sich Vater ein Auto, um mit Mechthild und Liebgard, die etwas länger Schule hatten, nachzukommen. So fuhren sie – nachdem Mutter mit dem Fahrer und uns anderen Kindern schon mittags gestartet war – am späten Nachmittag los, und Vater freute sich auf die zwar holperige, aber fast menschenleere Straße, die durch eine einsame, wunderschöne Landschaft zur Küste führen sollte. Doch plötzlich, als sie gerade durch ein weiteres Dorf fuhren, streikte der Wagen, sodass sie erst einmal zu einer Werkstatt fahren mussten. Gut, dass gerade eine in der Nähe war – mitsamt einem kleinen Gasthaus, denn der Wagen konnte erst am nächsten Morgen repariert werden. Sie machten einfach das Beste daraus und genossen die Zeit.

Strand, Sonne, Urlaub – das tat unendlich gut! Der fast menschenleere Strand lud sogar zu einem Wettlauf mit uns Kindern ein, aber das nur

Marlene und Karl am Strand von Kalkudah.

ein einziges Mal. Denn in der tropischen Sauna verbrachten wir doch die Zeit lieber im Wasser oder im Schatten des Hauses als auf dem kochend heißen Sand. So war auch Zeit, mit uns Kindern Karten zu spielen und einfach die Seele baumeln zu lassen.

Mitte August ist in Kandy fast immer Ausnahmezustand – aber dieses Mal im positiven Sinn, wenn nämlich die große „Perahera" stattfindet. Karl schrieb in seinem zweiten Rundbrief vom November 1971 darüber:

> Im Sommer war große Prozession. Nur während dieser *Perahera* wird das kostbare Gefäß mit dem Zahn des Buddha auf dem Rücken eines Tempelelefanten herumgeführt. Reich geschmückte Elefanten, die Kandytänzer (*Kandyan dancers*), Getrommel, Gejubel, Gedränge! Viele Tausende schauen diesem bunten Treiben zu. Unsere Kinder waren sehr beeindruckt von diesem Bild.

DIE „KANDY CITY MISSION"

Die Arbeit von Karl gestaltete sich zunächst so, dass er in der methodistischen Kirche Gottesdienste hielt. Zugleich baute er Kontakte zu verschiedenen Menschen anderer Kirchen und natürlich auch vom CVJM auf, die Interesse daran bekundeten, mit ihm zusammen eine überkonfessionelle Stadtmission für Kandy aufzubauen. Das geschah in enger Zusammenarbeit mit der K.C.F., der *Kandy Christian Fellowship*, einer Organisation, in der sich Verantwortliche der verschiedenen Kirchen zusammengetan hatten, um gemeinsame kirchliche Aktionen zu planen und durchzuführen. So bildete sich eine Gruppe interessierter Menschen innerhalb dieser K.C.F., die aber bald feststellten, dass sie eine eigene unabhängige Organisation unter dem Dach der K.C.F. gründen müssten: die „Kandy City Mission" (KCM).

Das erste Treffen des KCM-Komitees fand am 10. Juli 1971 in der Wesley Halle der Methodistenkirche unter der Leitung von Karl statt. Es wurde beschlossen, dass in dieser Wesley Halle ein Büro für Karl eingerichtet werden sollte und dass hier auch alle Treffen der Stadtmission Kandy stattfinden sollten.

DER KLOPASTOR: TOILETTEN UND ANDERE BAUWERKE

Im zweiten Rundbrief beschrieb Karl die Anfänge der Arbeit der KCM – und wie sie sich sehr schnell auch in sozialer Sicht ausweitete, wobei das Geistliche immer im Vordergrund stand:

> Nun ein wenig von der Arbeit. Das Sprachstudium geht nur zögernd weiter, da die übrige Arbeit unsere Zeit sehr in Anspruch nimmt. Seit Oktober haben wir nun von Montag bis Freitag täglich einen „Lunch Hour Service", eine Kurzandacht während der Mittagspause von 12.30 – 12.45 Uhr. Die Andachten werden in Englisch, Singhalesisch und Tamil gehalten. Es kommen im Schnitt zehn Leute. […] Durch die Gottesdienste sind einige Leute auf die Arbeit aufmerksam geworden, die nun bereit sind, an anderen Stellen mitzuarbeiten. Wir haben manche Kontakte geschlossen. Unter anderem meldete sich ein Mann zur Mitarbeit, der früher in der Stadtverwaltung arbeitete und die Slums von Kandy kennt. Wir besuchten zusammen mit un-

serer Halbtagssekretärin, Charlotte David, eines dieser Gebiete. Auf einem Gelände fast im Zentrum der Stadt, das nicht einmal einen Hektar groß ist, leben in sogenannten „Häusern", besser Zimmern mit Außeneingang, ca. 500 bis 800 Menschen. An einer Ecke des Gevierts sind 16 Toiletten (alle ohne Türen!), von denen einige nicht mehr „arbeiten". […] Dieses Gebiet wollen wir uns vornehmen, die Selbsthilfe der Leute anregen und zunächst die sanitären Verhältnisse verbessern. Parallel dazu soll unsere Sekretärin mit einer anderen Frau Kinderstunden halten. Dann soll noch eine Klasse zum Englischlernen (das war ein weiterer Wunsch der Leute dort) eingerichtet werden. […] In der kommenden Woche findet dann das erste Seminar für Family-Guidance, für Familienerziehung statt.

Daneben ging es nun für die KCM auch darum, die nötigen Mittel für den Bau der Toiletten in diesem Slumgebiet zu sammeln, was in den nächsten Monaten geschah.

Das erste Weihnachtsfest in Sri Lanka

Nun kam mit der Adventszeit die für uns als Familie schönste Zeit. Mutter hatte viele Dinge zur Weihnachtsbastelei und zum adventlichen Schmücken des Hauses mitgenommen, sodass die Adventszeit für uns Kinder nicht viel anders war als zu Hause. Dadurch, dass es abends immer schon um 18 Uhr dunkel wurde, war es im Haus zum Basteln, Vorlesen, Singen und Musizieren genauso gemütlich wie in Schwelm. Die Nachbarn und vor allem deren Kinder staunten nicht schlecht über die ganzen Veränderungen.

Zu Weihnachten kam der erste Besuch: Renate Kreft, die damals 1964 in Schwelm für ein Jahr bei uns im Haushalt war, und Margret Kuhl, die ihr Versprechen, uns zu besuchen, nun sofort wahr gemacht hatte. Es war eine gute Zeit, miteinander Weihnachten zu feiern, mit ihnen in die traditionellen „carol services" (Weihnachtsgottesdienste) zu gehen und die von Mutter wiederum liebevoll und reich geschmückte Weihnachtsstube zu genießen. Den Weihnachtsbaum – eine Zypresse – hatte Vater aus dem Hochland besorgt. Bevor wir aber als Familie und alle Besucher den schön geschmückten Baum bewundern konnten, geschah noch eine große Aufregung, als nämlich die Eltern beim Schmücken feststellten, dass sie fünf kleine Vipern im Baum vom Hochland bis ins Wohnzimmer transportiert hatten. Der Schreck war groß, denn wie schnell hätten diese hochgiftigen Schlangen jemanden beißen können. So waren wir alle sehr dankbar für die Bewahrung.

In den Weihnachtstagen und danach kamen immer wieder Nachbarn und andere Neugierige, die von dieser Weihnachtsstube gehört hatten, um sie sich anzusehen, sodass das Wohnzimmer manchmal fast überfüllt war. Die Eltern luden die Menschen gerne zum Singen und Hören der Weihnachtsgeschichte ein, die wir Kinder manchmal auch mittels des Kasperletheaters vorspielten. Die Orffschen Instrumente, Flöten und natürlich das Cembalo kamen ebenfalls zum regelmäßigen Einsatz – zur Freude aller Gäste.

Damit Margret Kuhl und Renate Kreft noch die Gelegenheit hatten, das Meer zu genießen, fuhren wir als Familie – da wir Kinder im Dezember ja einen Monat Ferien hatten – mit ihnen nach Tangalle an den Strand und zum Yale-Nationalpark, wo wir die wilden Tiere beobachten konnten. Auch der Strand in Colombo an der Westküste hatte zu dieser Zeit Hochsaison, sodass wir ein paar Tage dort in einem Hotel verbrachten.

Da unser Vater des Öfteren dienstlich nach Colombo musste, mietete er später in einem Haus in Mount Lavinia, einem Ortsteil von Colombo, eine Wohnung, in der er immer übernachten und uns dann zum Urlaub mitnehmen konnte. Das Haus lag ganz nah am Strand, und es war für uns Kinder wunderschön, die Ferien im Dezember hier verbringen zu können, statt im – zu dieser Jahreszeit – ungemütlichen Kandy.

Manchmal durften wir sogar kurzfristig nur für ein Wochenende mitfahren und das herrliche Meer genießen, während Vater in Colombo zu tun hatte.

Im März 1972 ging es endlich mit dem Toilettenbau los. Im dritten Rundbrief berichtete Karl davon:

> Nun sind wir inzwischen über zehn Monate im Lande. Wir können es kaum fassen, dass schon fast ein Jahr im neuen Dienst vergangen ist. Allmählich sind wir hier völlig zu Hause. Der Anbau zur Errichtung eines Arbeits- und eines Gästezimmers

ist erstellt. Und die Gäste, die wir im letzten Rundbrief eingeladen haben, sind nicht ausgeblieben. Wir hatten Hochsaison! [...] Unsere Gäste haben über 5 000 Rupies gespendet, die uns den Start im Slumgebiet ermöglichen. [...] Ihr hättet am 6. März die Freude miterleben sollen, als unter den Klängen eines Westbund-Posaunenchores und in Gegenwart von Inspektor Schekatz von der VEM die Arbeit durch unseren Vorsitzenden De Silva freigegeben wurde! Das ganze „Dorf" mit den über 300 Einwohnern war auf den Beinen. Die Kirchen und auch die Presse nahmen regen Anteil. Nun helfen die Leute aus dem Gebiet fleißig mit, ihr Wohngebiet menschlicher zu machen. [...] Wir hoffen, im April mit den Arbeiten fertig zu werden. Freiwillige Mitarbeiter helfen fleißig mit.

[...] Im Dezember hatten wir begonnen, die Kinder dieses Gebietes zu sammeln, damit sie zu ihrem Schulunterricht Hilfe bekommen, die ihnen zu Hause oft fehlt. Unsere Sekretärin leitet mit zwei freiwilligen Mitarbeiterinnen diese Arbeit. Etwa zwanzig Kinder kommen regelmäßig. – Seit dieser Woche kümmern sich auch die Damen des YWCA (Christlicher Verein junger Frauen) um die Familien, um Möglichkeiten für einen Nebenerwerb zu finden, damit die Verarmung überwunden werden kann.

[...] Seit Anfang Februar halte ich wöchentlich eine Jugendbibelstunde (außer der wöchentlichen Bibelstunde in einem Hauskreis). Wir hoffen, dass so eine geistliche Neubelebung der Jugendarbeit geschehen kann. Gründliche Bibelkenntnis und damit Gotteserkenntnis fehlt weithin. Für die Jugendarbeit erwarten wir denn weiter eine Hilfe durch das wunderbare Geschenk, das wir in den nächsten Tagen von unserem Westbund-Posaunenchor nach Beendigung seiner hilfreichen Reise in Empfang nehmen sollen: die Ausrüstung mit Instrumenten, Notenständern und Büchern für den Start eines Posaunenchores hier. Die Tage mit den Bläsern waren eine einzige Freude! [...] Bei einer Reihe von Veranstaltungen, deren Gewinn weithin der CVJM-Arbeit in Sri Lanka, aber zu einem kleinen Teil auch der Stadtmissionsarbeit in Kandy zugutekommt, habe ich mitgeblasen. Das tat mal richtig gut! [...]

Nachdem im vergangenen Jahr grundsätzlich beschlossen worden war, auf eine Kirchenvereinigung zuzugehen, sind die Gemeinden am 30.01. zu einem Lob- und Dankgottesdienst zusammengekommen, bei dem die Abendmahlsgemeinschaft schon vollzogen wurde. Damit ist das, worüber in Ausschüssen noch diskutiert wird (und es gibt auch einige Gegner der Union, die noch Schwierigkeiten zu bereiten versuchen), schon an der entscheidenden Stelle Wirklichkeit geworden. Es bleibt noch viel Arbeit, um alle Fragen, die mit solch einem Schritt verbunden sind, zu klären. Wir sind aber dankbar, dass es schon so weit gekommen ist.

Der Bau der Toiletten im Katukelle-Slumgebiet brachte Karl in der ganzen Stadt den Namen „Klopastor" ein, und damit war er in aller Munde. Selbst die Stadtverwaltung war beeindruckt, wie ernst die KCM so etwas scheinbar Unwichtiges wie Toiletten nahm und wie solide und gut sie gebaut wurden.

Die Bewohner Katukelles achteten sehr auf ihre Toiletten und fingen auch an, ihre Hütten besser instand zu halten und die Hygienetipps der Frauen aus der KCM anzuwenden. Die Reparatur ihrer Behausungen hatten sie gleich mit der ersten Anlieferung des Materials, das eigentlich für die Toiletten gedacht war, erledigt, indem sie sich in der Nacht bedienten und es gleich verbrauchten. Aber statt sauer zu werden, meinte Karl nur lapidar: „Auch gut, dann brauchen wir das schon nicht mehr zu tun." Eigeninitiative sollte man ja eigentlich eher fördern als bremsen, und so wurde einfach neues Material für die Toiletten von Spendengeldern gekauft. Schön war ebenfalls, dass diese Spenden nicht nur aus dem Ausland kamen, sondern auch viele Firmen und Menschen aus den Gemeinden in Kandy die Not sahen und halfen.

Das Wichtigste aber war, dass diese Menschen in Katukelle endlich einmal als Menschen und Mitbürger und nicht als zu vernachlässigender Abschaum gesehen wurden. So wurden die Menschen auch nach Beendigung des „Kloprojekts" im Juni natürlich weiter fröhlich betreut.

Politisch hatte sich im Land im letzten Jahr noch nicht viel verbessert: Es herrschte immer noch Ausnahmezustand mit Versammlungs- und Redeverbot, da einige der übrig gebliebenen Rebellen sich noch einmal zusammentun und Rache üben wollten. Auch die wirtschaftliche Lage des Landes hatte sich durch große Verteuerungen von Lebensmitteln und Fahrpreisen von Bus und Bahn eher verschlechtert, sodass viele Menschen am Rande der Existenz lebten. Deshalb war es der KCM sehr wichtig, den Ärmsten in den Slumgebieten zu helfen.

DIE EIGENE KIRCHE

Die Scot's Kirk

Trotz allen sozialen Engagements der Kandy City Mission galt Karls größte Aufmerksamkeit weiterhin der geistlichen Arbeit innerhalb dieser Organisation und auch in der methodistischen Kirche. Gerade letztere Aufgabe wurde im Mai noch aufgestockt – wie Karl im Rundbrief vom September 1972 berichtete:

> Im Mai verstarb plötzlich der Superintendent unseres Bezirkes, Reverend Roy de Silva, der unsere Arbeit hier mit viel Liebe vorbereitet hatte. Damit kam auf mich die Aufgabe zu, seinen Dienst bis zum Ende des Jahres mit zu übernehmen. Es ist auf der einen Seite gut, dass ich so in die methodistische Kirche besser hineinwachsen konnte. Drei Sonntage regelmäßiger Predigtdienst an fünf Predigtstätten und die Leitung der verschiedenen Gremien haben mich diese Gemeinde lieb gewinnen lassen. Eine Aufgabe konnte aber in dieser kurzen Zeit noch nicht gelöst werden, die Gemeinde zu einer missionarischen Gemeinde zu erwecken. Die Selbstgenügsamkeit vieler kirchlicher Kreise ist eins der Hauptprobleme der Arbeit hier. [...]
> Eine weitere neue kirchliche Aufgabe kommt im Oktober auf mich zu: die Übernahme der Verwaltung der hiesigen reformierten Kirche, deren Pfarrer dann nach Australien auswan-

dert. Es ist nur eine kleine Gemeinde mit weniger als zwanzig Familien. Wir hoffen […], dass bald ein Zusammenwachsen auf Ortsebene mit der methodistischen Kirche möglich sein wird. Ab Januar werde ich dann zweimal monatlich in der „Scot's Kirk" predigen.

Auf dem Geländer dieser Kirche liegt auch das Gebäude des Christlichen Vereins Junger Männer (YMCA), und auf diesem Gelände haben wir einen Bauplatz für das Zentrum der Stadtmission bekommen. So liegen wichtige Zweige meiner Tätigkeit auch in Zukunft räumlich eng beieinander. Schon am 2. Oktober wollen wir mit dem Büro in das Pfarrhaus der Scot's Kirk, der sogenannten „Manse", umziehen. Dieses Gebäude soll im Übrigen von einer weiteren Missionarin unserer Kirche bewohnt werden, die ganz für die Arbeit in der Stadtmission freigestellt wird: Renate Kreft. […] Sie hat eine Ausbildung als Kinderpflegerin und als Hebamme hinter sich und ist so bestens geeignet zum Aufbau einer Mütter- und Frauenarbeit. Auch unser Sozialdienst in Slumgebieten kann eine notwendige Bereicherung erfahren. […]

Die Arbeit im bisherigen Slumgebiet konnte baulich Anfang Juni zum Abschluss gebracht werden. […] Die Toiletten sowie das Gebiet werden jetzt von den Bewohnern dort ausgezeichnet sauber gehalten. […] Die Polizei kam gleich mit einer ähnlichen Bitte, die wir auch im August erfüllen konnten. Jetzt allerdings müssen wir uns baulich auf unser eigenes Haus konzentrieren, damit wir für die Missions-, Schulungs- und Ausbildungsarbeit ein eigenes Zentrum haben. Ein Bibel- und Buchladen soll unsere Arbeit fördern. Einige weitere Ladenräume sollen vermietet werden, damit die laufenden Kosten für einige Arbeitszweige und für die Erhaltung und Unterhaltung des Hauses getragen werden können. Die Herstellungskosten werden sich auf ca. 40 000 DM belaufen.

Auch wenn wir uns als ganze Familie in der methodistischen Kirche wohlgefühlt hatten, so war es doch jetzt etwas ganz Besonderes, sozusagen eine eigene Kirche zu bekommen. Sie sollte ebenso für uns Kinder zur wirklichen Heimat werden. Das lag bestimmt auch daran, dass

Die Scot's Kirk in Kandy.

es nur noch sehr wenige Gemeindeglieder gab und somit kein wirklich festgelegtes Gemeindeleben mit Kreisen, Kindergottesdienst und anderen Aktivitäten vorhanden war. So hatte Karl die Gelegenheit, das alles neu zu starten und gewissermaßen auch Neues einzuführen und zu prägen – natürlich im Rahmen der reformierten Tradition. 1973 wurde ein neuer Superintendent für die methodistische Kirche gewählt, sodass Karl sich als Pfarrer ganz um die reformierte Gemeinde „Scot's Kirk" kümmern konnte, zusätzlich natürlich zu seinen vielfältigen Aufgaben als Generalsekretär der Kandy City Mission.

Pfarrhaus als Wohngemeinschaft und Familienzuwachs für Karl und Marlene

Die Scot's Kirk und die dazugehörige „Manse" (Pfarrhaus) wurde nun zum Zentrum der KCM – zumindest solange, bis das Verwaltungsgebäude auf dem Grundstück fertig war. Dazu trug auch Renate Kreft sehr bei, die im Oktober 1972 nach Sri Lanka kam. Die Manse wurde zu einem Treffpunkt, in dem Bibelstunden stattfanden, Renate Hausgeburten durchführte und eine Wohngemeinschaft gründete, die geistliches Zusammenleben im Alltag praktizierte. Später kam sogar noch ein Kindergarten hinzu, den Renate gründete. Hier konnten Gemeindeglieder und auch Gäste gelebte christliche Gemeinschaft erleben. Pushpa, Renates Köchin, eine Schwester von Kesevan und Saralla, die in Lewella lebten, sorgte dafür, dass sowohl die deutsche als auch die sri-lankische Küche nicht zu kurz kam und Menschen Gastfreundschaft und Tischgemeinschaft erleben konnten.

Für mindestens eine Person wurde dieses Haus sogar zu einem neuen Zuhause: Als kurz vor Weihnachten Mrs Senaratna aus der methodistischen Gemeinde, die am Anfang Karl und Marlene Singhalesisch und auch etwas Englisch beigebracht hatte, ganz plötzlich verstarb, standen ihre drei schon erwachsenen Kinder mehr oder weniger auf der Straße, da ihr Vater schon vor acht Jahren gestorben war. Priyani, die Älteste, hatte gerade ihr Arztstudium beendet, arbeitete im Krankenhaus und wohnte dort in der Nähe in einem Wohnheim für Ärzte. Delini (Dilly), ihre jüngere Schwester, hatte dagegen nach der Schule keine Ausbildung gemacht, sondern war zu Hause bei der Mutter geblieben. Sie wurde nun gefragt, ob sie in der Manse bei Renate wohnen wollte, was sie gerne tat. Lediglich Johann, der Jüngste, war mit seinen 18 Jahren noch in der Schulausbildung, und Karl und Marlene fragten ihn, ob er mit ihnen in Lewella wohnen wolle. Das tat er sehr gerne. Obwohl etliche Cousinen der drei in Colombo wohnten, wollten sie doch lieber in Kandy in ihrer gewohnten Stadt bleiben. Priyani, Dilly und Johann wurden zwar nicht adoptiert, gehören aber bis heute fest zur Familie. Besonders für Johann sind Karl und Marlene bis heute seine Eltern, die er auch wie wir anderen Kinder Mutter und Vater nennt. Und wir fünf Mädchen bekamen einen großen Bruder, was uns auch gut gefiel.

Ein neues Gebäude für die Stadtmission

Besonders wichtig war natürlich, dass das Verwaltungsgebäude jetzt auf dem Grundstück der Kirche gebaut werden konnte, nachdem die KCM im Juni zu einem eigenständigen Verein geworden war. Im Rundbrief vom Dezember 1972 erklärte Karl dazu:

> Aus der Stadtmissionsarbeit wäre weiter zu berichten, dass der Präses unserer Methodistenkirche, Reverend Denzil de Silva, am 26.10.1972 den Grundstein für das Gebäude der Stadtmission gelegt hat. Wir mussten dann zwar noch vier Wochen mit dem eigentlichen Beginn der Bauarbeiten warten, da kein Zement zu haben war. Inzwischen aber sind die Fundamente gelegt und am 01.01.1973 kann mit dem Bau der Wände begonnen werden. Wir freuen uns, dass bisher alles reibungslos und in einer guten Atmosphäre vor sich gehen konnte. Die Arbeiter waren beglückt, ein Weihnachtsgeld und die Weihnachtsgeschichte in den drei Sprachen des Landes zu bekommen. So etwas hat-

ten sie noch nie erlebt, dass sie zu einem Fest eingeladen, bewirtet und beschenkt wurden. [...] Genau einen Tag vor der Grundsteinlegung kam die erfreuliche Nachricht, dass die deutsche Evangelisch-Methodistische Kirche 10 000 DM für den Bau dieses Zentrums zur Verfügung gestellt hat. Damit sind die Anfangskosten bezahlt und wir hoffen, dass wir in den kommenden Wochen durch Touristen und Freunde das restliche Geld erhalten, um den ersten Bauabschnitt bis zum Sommer hin vollenden zu können.

WEIHNACHTEN IN DER EIGENEN GEMEINDE

Nun kam wieder die Advents- und Weihnachtszeit, dieses Mal in der eigenen Kirche. Hier führte Karl einen Heiligabendgottesdienst ein, der in der englischen Tradition des Landes nicht üblich war. Dafür musste natürlich auch ein Krippenspiel vorbereitet werden, in dem wir Kinder gerne mitspielten.

In seinem Rundbrief vom 30. Dezember 1972 beschrieb Karl diese Weihnachtszeit:

In den Kirchen wird das Weihnachtsfest hier so gefeiert, dass im Monat Dezember jede Kirche einen „carols-service" hat, einen Gottesdienst, in dem nur Weihnachtslieder gesungen werden und die Weihnachtsgeschichte dargestellt oder aufgesagt wird. In den Weihnachtstagen selbst gibt es weithin keinen besonderen Weihnachtsschmuck, wie wir ihn kennen, und auch keine besondere Ausgestaltung des Gottesdienstes.

Wir haben allerdings versucht, in der Scot's Kirk, in der ich diesmal den Weihnachtsgottesdienst hatte, einiges einzuführen, was uns von Deutschland her lieb und wert ist. So erklangen zum ersten Mal die hellen Instrumente unseres Posaunenchors mit den Liedern „O du fröhliche" und „Nun singet und seid froh". Ein kleiner Chor der Kandy City Mission sang und unsere Familie spielte mit den Orffschen Instrumenten und Blockflöten. Doch den Höhepunkt dieses Weihnachtsgottesdienstes bildete die Taufe von Piyasena. [...] Er gehörte zu den Aufständischen des vorigen Jahres und gewann während seiner 13-monatigen Gefangenschaft durch Diskussionen Interesse am Christentum. [...] Unser Gebet ist, dass er ein guter Zeuge Jesu unter seinen Freunden und im Rahmen unserer Arbeit werde.

Mit seiner Taufe wollte Piyasena auch einen neuen, christlichen Namen haben, und Johann suchte für ihn den Namen Christopher aus. So heißt er bis heute.

Seit August war unser Vater auch zuständig für die deutsche Gemeinde in Colombo.

Die aus Botschaftsangehörigen und anderen in Colombo lebenden Deutschen bestehende Gemeinde traf sich immer in den Räumen der methodistischen Kirche in Colombo. Für uns drei großen Kinder, die wir an diesem Gottesdienst teilnehmen durften, war es schön, im zusammengewürfelten Chor die alten Weihnachtslieder auf Deutsch vierstimmig mitsingen und hinterher die eigens von Deutschland importierten Weihnachtsplätzchen genießen zu können. Besonders gut gefiel es uns auch, wieder einen Gottesdienst auf Deutsch mitzubekommen.

ORCHIDEENZÜCHTER UND HÄUSERBAUER – ABER IN ERSTER LINIE MISSIONAR

Eine unerwartete Bitte

Nachdem der Bau der Toiletten in Katukelle so ein nachhaltiger Erfolg war, kam im Jahr 1972 die Stadtverwaltung Kandys auf Karl und die KCM zu und fragte, ob sie nicht auch in einem anderen Slumgebiet namens Urawela („Schweinetal") etwas tun konnten. Bei der Besichtigung dieses Slumgebietes in Peradeniya, etwa zehn Kilometer südlich von Kandy, stellten sich die Umstände aber als so schlimm heraus, dass es allein mit dem Bau von Toiletten nicht getan war. Hier lebten so viele Menschen auf engstem Raum unter den widrigsten Umständen, dass es fast täglich zu Schlägereien kam, die die Polizei schlichten musste. Im Dezemberrundbrief 1972 stellte Karl ein fast komplettes Konzept vor, was hier von der KCM getan werden könnte:

> Als weitere Projektplanung ist für das kommende Jahr ein Siedlungsvorhaben mit einer Orchideenzucht in Augustawatte vorgesehen, die über die EZE (Evangelische Zentralstelle für Entwicklungshilfe) finanziert werden soll. Aus einem Slumgebiet, in dem auf einer Fläche von 2 Hektar fast 2000 Menschen wohnen, müssen etwa 170 Familien ausquartiert werden, wenn das Übel wirklich beseitigt werden soll. Das bedeutet die Schaffung von Wohnungen und von Einkaufsmöglichkeiten. Die dazu notwendigen Anträge und Eingaben bei Stadt, Kreis und Regierung sind inzwischen gemacht. Wir hoffen, dass wir bald die Zusage für die entsprechenden Landflächen bekommen, um mit dem Projekt beginnen zu können. Es war einer der Aufträge für die Stadtmission, einen solchen Entwicklungsdienst an der Gesellschaft zu tun. Wir hoffen, dass wir diesen Erwartungen gerecht werden und eine solche größere Maßnahme in den nächsten Jahren durchziehen können.

Auf dem nahegelegenen Hügel befand sich eine stillgelegte Teeplantage mit nur noch sehr wenigen vereinzelten Teebüschen. Angedacht war, dort in zwei Bauabschnitten ca. 300 stabile Häuser für und vor allem mit den Siedlern zusammen zu bauen. Das Land sollte zunächst einmal für 30 Jahre vom Staat gemietet werden, und die einzelnen Siedler aus dem Slumgebiet, die ein Haus bekommen sollten, würden vom Staat selber ausgesucht werden. Das Ganze sollte durch ein Darlehen finanziert werden, das die Siedler innerhalb von zehn Jahren durch den Verkauf von Orchideen als Schnittblumen, ebenfalls als Darlehen erhältlich, zurückbezahlen sollten, damit die Häuser am Schluss ihnen selbst gehörten.

Entscheidend war zum Beginn des Projektes in Augustawatte, dass die EZE bereit war mitzuhelfen, da das Gebiet natürlich überhaupt nicht erschlossen war. Lediglich eine Hauptstraße führte von Peradeniya den Hügel hoch. Ansonsten gab es in dem Gebiet weder Straßen, Elektrizität noch Wasser – und das, obwohl auf dem Hügel immer noch in einer Reihe von einfachen Hütten die ehemaligen Teeplantagenarbeiter mit ihren Familien lebten. Sie gehörten zu der Gruppe der indischen Tamilen, die unter englischer Kolonialherrschaft als billige Arbeitskräfte von Südindien ins Land geholt worden waren und zum Teil noch nicht einmal eine Geburtsurkunde besaßen, geschweige denn irgendein Bürgerrecht. Da die meisten von ihnen nun auch noch arbeitslos waren, ging es ihnen natürlich nicht viel besser als denen im Slumgebiet. Die Kinder hatten noch nicht einmal die Möglichkeit, eine Schule zu besuchen. So wäre es auch für diese Menschen sehr gut, wenn die Gegend urbanisiert würde und Arbeitsplätze geschaffen würden.

Ohne die Hilfe der EZE wäre dieses Projekt aber wahrscheinlich schon in den Anfängen gescheitert. Dass sie so schnell ihre Unterstützung zusagte, war eigentlich fast ein Wunder, denn es schien purer Zufall gewesen zu sein, dass genau in dieser Zeit ein Sachverständiger der EZE an seinem letzten Tag durch den Botschafter in Colombo auf die Arbeit der KCM und den deutschen Pfarrer in Kandy aufmerksam gemacht worden war. So reiste er schnell noch nach Kandy, und im Laufe des Gesprächs mit Karl kam natürlich auch dieses Projekt auf den Tisch. Da schlug sich der Mann an den Kopf und sagte: „Jetzt reise ich seit drei Wochen quer durch Südostasien auf der Suche nach einem geeigneten Projekt, komme an meinem letzten Abend hier rein zufällig vorbei – und da ist es. Wie viel Geld brauchen Sie?" Nein, Karl hatte sich nicht verhört, und für ihn war es eine reine Gebetserhörung, eben ein Wunder Gottes, der die Füße der Menschen auf unerklärliche Weise lenkt.

Natürlich dauerte es, bis alles von offizieller Stelle genehmigt war und die Gelder fließen konnten, aber aufgrund dieser Zusage konnten die Arbeit und alle dazugehörigen Planungen beginnen.

Projektstart Gebäudebau und Orchideenzucht

Die Orchideenzucht in Augustawatte – ein voller Erfolg.

So war das nächste halbe Jahr für Karl neben den gemeindlichen und geistlichen Tätigkeiten in der KCM und der Gemeinde auch damit ausgefüllt, dieses Projekt in Augustawatte in Gang zu bringen, viel über die Orchideenzucht zu lernen, aber auch den Bau des KCM-Gebäudes „City Mission Center" zu begleiten. Im Rundbrief vom Mai 1973 schrieb er:

> Nach zwei Jahren Sri Lanka bin ich für einen Monat wieder in der Heimat, um die Planungen für unser Projekt voranzutreiben, Fragen der Stadtmission zu klären und auch das 125. Bundesfest des Westbundes sowie den 70. Geburtstag meines Vaters mitzufeiern. [...]
>
> Unser Bauprogramm ging rüstig voran. Das Haus der Stadtmission ist fertig und wird in der kommenden Woche – nach meiner Rückkehr – eröffnet. Im Land haben wir dazu über 60 000 Rupies an Spenden erhalten und sind sehr dankbar, dass wir damit das neue Gebäude, das über 100 000 Rupies gekostet hat (über 30 000 Rupies kamen von der deutschen Evangelischen Methodistischen Kirche), ohne einen Cent Schulden aufgenommen zu haben, seiner Bestimmung übergeben können. [...]

Eine besondere Freude gleich zu Anfang dieses Jahres erlebten wir, als der Maurermeister aufgrund der guten Zusammenarbeit uns mitteilte, dass er an einem Sonntag, zusammen mit allen Handwerkern, uns in der Kirche besuchen wolle. Das geschah dann zu meinem Geburtstag. Viele brachten Blumen mit. Es war ein bewegendes Bild. Da die meisten dieser Leute nicht Englisch, sondern nur Singhalesisch können, war das ein willkommener Anlass, den ganzen Gottesdienst – mit einem Übersetzer – zweisprachig zu halten. Da sich für den letzten Sonntag des Monats (Januar) Direktor Pastor Menzel (VEM) zum Besuch angemeldet hatte, sagten alle Arbeiter, sie wollten selbstverständlich dann auch im Gottesdienst sein. Wir nahmen das zum Anlass, die Übersetzung des Gottesdienstes ins Singhalesische zur ständigen Einrichtung zu machen. Einer der Übersetzer ist inzwischen unser Weihnachten getaufter Christopher. […] Unser Gottesdienstbesuch nimmt zu; früher waren es bis zu zehn, heute können wir über vierzig Leute zählen.

Später brachte sich auch Pushpa sehr ein und übersetzte regelmäßig Karls Predigten. Bald wurden die Gottesdienste sogar dreisprachig, da auch etliche Tamilen, die nicht so gut Singhalesisch konnten, hinzukamen. Hilfreich war, dass die Heimatkirche von Westfalen dazu sogar eigens ein zunächst bilinguales Gesangbuch spendete, was den rein Singhalesisch sprechenden Menschen noch zu einem gesungenen Englischunterricht verhalf. Nach längerer Zeit konnte dieses Gesangbuch durch ein dreisprachiges ersetzt werden.

Auch in der Garage in Lewella wurden mittlerweile nicht nur Kinderstunden abgehalten, sondern auch Englischunterricht

Pushpa, Renate Krefts Köchin, übersetzte Karls Predigten ins Singhalesische.

und Anfängerkurse in Singhalesisch und Tamil zur Einführung in die Bibel. So sollten einzelne Bibelgruppen entstehen, sowohl in Lewella als auch in der Stadt bei der KCM. Das war und blieb immer das Herzensanliegen Karls: Menschen, die Christen wurden, sollten immer tiefer in die biblischen Zusammenhänge hineingeführt und das Wort Gottes zur täglichen Nahrung werden.

Da die KCM ja mittlerweile ein eingetragener Verein geworden war, wurde sie nun gegenüber den Verhandlungen mit dem Staat wegen der verschiedenen Projekte handlungsfähig, insbesondere dem Häuserprojekt. So schrieb Karl:

> Die Verhandlungen mit der Regierung in Sri Lanka sowie mit der Evangelischen Zentralstelle für Entwicklungshilfe (EZE) hier in Bonn sind soweit abgeklärt, dass nun der endgültige Antrag mit all den erforderlichen Zeichnungen in den nächsten Wochen zur Genehmigung hier vorgelegt werden kann.

Eröffnung des City Mission Centers und der Cafeteria

Das City Mission Center in Kandy mit Schwimmbad.

Eine Woche, nachdem Karl wieder aus Deutschland zurück war, konnte das City Mission Center eröffnet werden.

Von der Trincomalee Street aus sah das Gebäude wie ein lang gezogenes, weißes, fast langweiliges zweistöckiges Gebäude aus, unten durch eine Ladenzeile etwas aufgelockert. Wenn man durch die eingerichtete Cafeteria der KCM nach hinten hindurch in den Garten kam, sah man erst, wie schön die ganze Anlage war. Hier war der L-förmige zweite Teil des Gebäudes zu sehen mit einer großzügigen, zum Teil überdachten Terrasse, die der Cafeteria auch einen Gartenbetrieb ermöglichte. Ein Tor führte gleich rechts zum Gelände der Scot's Kirk und zur Manse. Im oberen Stockwerk befanden sich ein größerer Saal und die Büroräume.

Aber das Besondere an diesem Anwesen war das Zufallsprodukt, das durch die Entdeckung eines alten Tanks im Garten entstanden war: das erste öffentliche Freibad in Kandy. So konnten nun auch Schwimmkurse für alle interessierten Kinder, Jugendlichen und vielfach auch Erwachsenen angeboten werden. Die Beteiligung daran stieg allerdings erst langsam, da viele sich zunächst nicht trauten oder nicht wussten, weshalb es wichtig sein könnte, Schwimmen zu lernen. Für uns Mädels war es natürlich toll, nach der Schule einfach eine Runde schwimmen gehen zu können – und vielleicht ließ sich manch einer der Sri Lanker ja davon anstecken. Viele aus der sri-lankischen Oberschicht konnten schwimmen, da es in den Privatschulen gelehrt wurde. Das konnten sich aber die einfachen Leute nicht leisten.

Nun galt es, in den kommenden Monaten die Cafeteria zum Laufen zu bringen, auch um die Kosten in der KCM möglichst selber tragen zu können. Marlene half hier am Anfang sehr viel mit, auch damit ein gewisses Maß an deutscher Sauberkeit und Gemütlichkeit das Bild der Cafeteria prägte. Allerdings war es gar nicht so einfach, mit den Menschen, die dort mitarbeiteten und nicht im Hotelfachbetrieb ausgebildet waren, das zu bewerkstelligen. Leider wurde oft auch das Vertrauen in die Mitarbeiter durch Diebstahl und Betrügereien missbraucht. Da war es für Karl und Marlene gar nicht so einfach, dagegen anzugehen.

Dennoch war die Arbeit in der Cafeteria sehr wichtig und gut. Viele Menschen kamen dorthin, es war ein schöner Treffpunkt in Kandy, sei es zu einem Geschäftsessen, einer kleinen Zwischenmahlzeit oder auch nur zu den obligatorischen Tassen Tee zu bestimmten Tageszeiten. Selbst die Arbeiter tranken hier regelmäßig ihren Morgen- und Nachmittagstee.

KONFIRMATION, KINDERGARTEN, KIRCHE – UND NACHWUCHS

Konfirmation und Nachwuchs

Das Jahr 1973 brachte für die Familie zwei Großereignisse: Zunächst war im Juni die Konfirmation von Mechthild und Liebgard, zu der auch die Oma aus Mettmann kam. Dieses Mal wurde der festliche Gottesdienst auf Englisch, Singhalesisch und Deutsch gehalten, zumal auch einige aus der deutschen Gemeinde aus Colombo daran teilnahmen.

Das zweite familiäre Großereignis war der Nachwuchs. Im Rundbrief schrieb der stolze Vater:

> Am 15. August wurde dann als 6. Kind morgens um 11.08 unser Frieder geboren. [...] Marlene blieb zur Geburt wieder zu Hause. Dank der ausgezeichneten Hilfe unserer Hebamme Renate Kreft [...] verlief die Geburt des 8,5 Pfund schweren Jungen besonders gut. [...]
>
> Der Geburtstag wurde dann von der Öffentlichkeit großartig zur Kenntnis genommen und gleich gefeiert: Elefanten (über 50) wurden zu einem grandiosen Umzug zusammengestellt, Tänzer, Trommler und Pfeifer in Scharen wirkten beim Umzug mit und die Zuschauermenge, die zig Tausend zählte, war kaum in ihrer Neugier und Schaulust zu zähmen. Marlene und Frieder beschlossen dann lieber – obwohl das sicher alles ihnen gelten sollte –, an diesem Höhepunkt der Perahera zu Hause zu bleiben. Und ich war am Nachmittag schon wieder dienstlich nach Colombo unterwegs, um die Antrags- und Planungsunterlagen für unsere City-Mission, Projekt in Urawella, termingerecht am Flugplatz abzuliefern.

Da es gerade Ferienzeit war, besuchten wir anderen Kinder Familie Jayamaha in Welimada. Von dort aus machten wir Abstecher nach Nuwara Eliya, um dort auf dem Gelände, wo im April immer die Ponywettrennen stattfanden, zu reiten. Das machte uns großen Spaß – Mechthild allerdings weniger, da ihr Pony bei Regen ausrutschte und beim Fallen ihr Bein einquetschte. So musste sie den Rest der Ferien eingegipst zuschauen. Wir alle freuten uns aber sehr, als wir die Nachricht von Frieders Geburt hörten, und wollten natürlich so schnell wie möglich wieder nach Hause, um unseren Bruder gebührend zu begrüßen.

Hausgeburten und Kindergarten

Nicht nur Marlene war froh, dass Renate Kreft so eine kompetente und gute Hebamme war. Auch in der Manse führte Renate so einige Hausgeburten durch. Eigentlich wollte der Staat für sie eine eigene Entbindungsstation aufbauen, da das Krankenhaus in Kandy völlig überlastet war. Es hatte nur 50 Betten, aber allein über 8 000 Entbindungen im Jahr. Oftmals war sogar gar kein Bett frei, sodass viele Patienten auf Matten auf dem Fußboden liegen mussten. Dann wurde aber von der Stadt entschieden, ein ganz neues Krankenhaus in Verbindung mit der Universität in Peradeniya, am Fuße des Berges von Augustawatte, zu bauen, sodass dort auch genügend Platz für alle Entbindungen sein würde. So machte Renate einfach mit den Hausgeburten weiter und kümmerte sich auch vielfach um Säuglingspflege, wenn Bettlerinnen mit ihren Säuglingen zur Manse kamen. Die Babys bekamen im Garten erst einmal ein warmes Bad und dann auch – falls vorhanden – frische Babykleidung aus Deutschland. Zum Glück spendeten immer wieder Freunde und Bekannte von Renate solche Kleidung.

Da ihre Tätigkeit als Hebamme aber für Renate kein Vollzeitjob war und auch die Arbeit in Katukelle mit den Bibelarbeiten und Kinderstunden nicht ihre ganze Zeit in Anspruch nahm, gründete sie – gerade auch im Hinblick auf die vielen Kinder aus dem Slum in Katukelle, die aus Geldmangel nicht in einen der städtischen Kindergärten gehen konnten –, einen eigenen kleinen Kindergarten in der Manse. Die feierliche Eröffnung fand im August statt und zu diesem Zeitpunkt waren schon 20 Kinder angemeldet worden. Die Inneneinrichtung wurde von Renates Heimatposaunenchor gestiftet. Der Hauptsinn dieses Kindergartens bestand darin, dass die besser verdienenden Eltern die Plätze für die Kinder aus dem Slum mitfinanzieren sollten, sodass der Kindergarten sich trotz dieser sozialen Hilfe selber tragen konnte.

Dilly fand nach einem Praktikum hier bei Renate so viel Freude daran, dass sie selber eine Ausbildung als Erzieherin in Colombo absolvierte und danach als vollzeitliche Erzieherin in diesem Kindergarten mitarbeitete. Weitere Mitarbeiterinnen waren auch Dulcie, Christophers Frau, eine Zeit lang Beeta und später noch andere.

Wichtig war Renate natürlich, dass es von vornherein als ein christlicher Kindergarten deklariert wurde, damit sich später keiner der Eltern über die christliche Erziehung ihrer Kinder beschweren konnte. Wer das nicht wollte, konnte sein Kind ja problemlos in einem der zahlreichen anderen Kindergärten anmelden. Dieser Kindergarten der KCM hatte bald so einen guten Ruf in der Stadt, dass sogar eine Warteliste erstellt werden musste. Dennoch wurde immer eine bestimmte Anzahl an Plätzen für Kinder aus dem Slumgebiet frei gehalten. Das war zwar manchen reichen Eltern nicht recht, aber Renate machte ihnen schnell klar, dass die KCM diese Arbeit an den Ärmsten und Rechtlosesten der Gesellschaft nicht lassen würde und dass die besser gestellten Eltern ihre Kinder ja in einen anderen Kindergarten schicken konnten.

Arm und Reich

Dieses Miteinander von Arm und Reich spiegelte sich auch in der Scot's Kirk wider. Das schilderte Karl exemplarisch in seinem Rundbrief vom Dezember 1973:

> Am Sonntag, dem ersten Advent, war dann alles festlich vorbereitet: Die Kirche geschmückt, ein Festessen für 50 Gäste (mit Hasen-, Stachelschwein- und Rinderbraten) hergerichtet, Chöre und eine Spielschar für das Kinderfest am Nachmittag wohltrainiert und dazu drei Gäste aus Deutschland.
>
> 21 Personen, darunter zwei Kinder und vierzehn Glieder einer Großfamilie, wurden nach mehrmonatigem Unterricht getauft. Das kann man nicht schildern, was es für diese Brüder und Schwestern und für unsere kleine Gemeinde bedeutet. Einer der Ältesten sagte: „Ich gehöre jetzt seit 25 Jahren zu dieser Kirche. Jedes Jahr nahm die Zahl der Glieder ab und vor gut einem Jahr waren manchmal nur drei Leute im Gottesdienst. Jetzt ist alles anders geworden." Ja, es waren über 100 Leute da. Weitere Menschen

wurden ermutigt und meldeten sich zum Taufunterricht, darunter auch etliche „servants" (Hausangestellte).

Das bedeutet auch soziologisch eine völlige Umstrukturierung der Gemeinde, zu der früher nur Burghers, Weiße und damit wohlsituierte Leute gehörten. Wie froh sind wir über diese Bereicherung durch die „Armen", die Gott uns jetzt schenkt.

Zum Kinderfest kamen nach dem gemeinsamen Essen über 300 Leute in die City Mission. Und die Weihnachtsgeschichte wurde das erste Mal aufgeführt. Es war ein buntes Gemisch von Kindern aus Slumgebieten und wohlhabenden Familien, und das Lob Gottes erfüllte das Haus.

Gerade dieses Miteinander der verschiedenen sozialen Schichten machte das Besondere aus, das auch in der Umgebung bemerkt wurde. Im Volksmund wurde diese Kirche schon insgeheim die „Servants Church" – die „Kirche der Bediensteten" oder besser noch „Die Kirche der Diener" – genannt, was für alle Beteiligten als Ehre und nicht als Beschimpfung angesehen wurde. Hier wurde spürbar und sichtbar, dass nicht Geld und Reichtum wirklich glücklich machen, wohl aber Gemeinschaft unter der Liebe Gottes.

Widerstände in der Gemeinde

In einem seiner Briefe im Neuen Testament schreibt der Apostel Paulus: „Der Geist Gottes weht – denn der Widerstände sind viele". So erlebte natürlich auch die KCM und die Gemeinde in der Scot's Kirk Schwierigkeiten, die immer dann auftreten, wenn Menschen sich zu Christus bekennen, besonders wenn sie vorher einer anderen Religion angehört haben. So geschah es auch im nächsten Vierteljahr nach diesem „Hocherlebnis" vom 1. Advent 1973. In seinem nächsten Rundbrief vom Mai 1974 schrieb Karl:

> Es hatte sich wieder eine kleine Gruppe von 17 Menschen zum Taufunterricht gemeldet. Diesmal ging das nicht alles so glatt, weil unser Architekt sehr dagegen war, dass Menschen sich taufen ließen – besonders einige von den Arbeitern. Er machte sie auf die Konsequenzen aufmerksam und zeigte ihnen, welche Nachteile

sie in einem buddhistischen Land haben würden. Trotzdem ließen sie sich nicht abhalten. Und selbst als der Architekt später seine Arbeit einstellte bei uns, kamen diese Leute weiter treu. Es ist nur gut, dass Schwierigkeiten auftauchen und dass Bewährung von vornherein da sein muss. [...] Mir war es eine besondere Freude zu hören, dass die Gottesdienstbesuche auch in der Zeit unserer Abwesenheit nicht nachgelassen haben und dass die Gemeindeglieder lernten, mehr zusammenzuwachsen und füreinander einzustehen. Das ist nicht so ganz selbstverständlich bei den großen rassischen und auch kastenmäßigen Spannungen, bei Leuten, die sich bisher nie kannten und die nun zu einer neuen Gemeinschaft in der Gemeinde zusammenwachsen sollen. Aber die bisherigen Anfänge sind sehr ermutigend und machen uns dankbar.

HEIMATURLAUB

Der Heimaturlaub 1974 tat Vater gut, um etwas abzuschalten von den vielen einzelnen Angelegenheiten, die jeden Tag in der KCM und in der Scot's Kirk seine ganze Aufmerksamkeit forderten. Auch für uns als Familie war es gut, gemeinsam in der Heimat zu sein und außerdem zwei Wochen Urlaub in einem Schweizer Chalet machen zu können, das unsere Eltern von Freunden für die Zeit zur Nutzung bekommen hatten. Ebenfalls in dieser Zeit feierten wir Frieders Taufe in der Schwelmer Kirche, in der auch wir fünf Mädchen getauft worden waren. Die anschließende Feier fand bei seinem Patenonkel Siegfried Bubenzer in Ennepetal statt.

In diesen Wochen saßen wir Mädchen abends oft vor dem Fernseher – den es in Sri Lanka im Gegensatz zu heute ja noch überhaupt nicht gab –, denn es wurde gerade die Fußballweltmeisterschaft ausgetragen, die wir mit Spannung verfolgten. Natürlich waren wir begeistert, als Deutschland auch noch den Titel holte!

Bei allen schönen Besuchen und Begegnungen bei Verwandten und Freunden war doch auch ein sehr schwerer Besuch dabei, denn wir mussten uns im Bünder Krankenhaus von unserer Oma verabschieden. Sie hatte ein schweres Krebsleiden und wusste selbst, dass sie zumindest uns Kinder nicht mehr würde wiedersehen können. Es war gut, dass unsere Eltern uns nicht auf den Heimaturlaub drei Jahre später vertrösteten, sondern uns ganz klar sagten, dass wir aller Voraussicht nach die Oma nicht wiedersehen würden. Dennoch spürten wir Kinder die Freude unserer Oma, uns noch einmal gesehen zu haben, und auch die tiefe Zuversicht, die sie durch ihren Glauben hatte. Das beeindruckte uns sehr.

Den Eltern bedeutete dieser Heimaturlaub natürlich noch viel mehr als uns Kindern. Bei den zahlreichen Treffen begegneten sie nicht nur Verwandten und alten Freunden, sondern auch Menschen, die sie durch die Arbeit in Sri Lanka kennengelernt hatten. Besonders genossen sie das CVJM-Treffen in Nierstein, den Jugendmissionstag in Essen und das Bünder Missionsfest.

Natürlich nutzte Karl den Heimaturlaub in Deutschland auch dazu, vielen Menschen noch mehr die Arbeit in Kandy ans Herz zu legen und sie zu ermutigen, dafür zu spenden. Durch die Wirtschaftskrise, die gerade in Sri Lanka herrschte, kam es immer mehr vor, dass Arme wirklich Hunger leiden mussten. Die KCM bekam das hautnah durch den Kindergarten mit, wenn Kinder ohne Frühstück kamen und durch die Hitze dann oft vor Hunger ohnmächtig wurden. So sammelte Karl für den Kindergarten und war sehr dankbar, dass die Evangelische Kirche von Westfalen eine Küche spendete, sodass eine Speisung für Kinder und verarmte Erwachsene eingerichtet werden konnte.

Auch wir drei großen Mädchen konnten etwas gegen die Not in Sri Lanka tun. Wir sammelten Spenden für ein Projekt, bei dem Bettlern Essenscoupons durch Touristen geschenkt werden konnte. Dafür führten wir in einer großen Sporthalle *Kandyan Dancing* vor. So ganz wohl war uns bei der Sache zwar nicht, weil es uns etwas peinlich war, in diesen bunten Gewändern unter Trommelklängen die fremdländischen Tänze vor lauter wildfremden Menschen vorzuführen – aber schließlich sagten wir uns, dass es ja für einen guten Zweck sei, und machten das Beste daraus. Die Menschen in Sri Lanka jedenfalls waren sehr dankbar für das Essen, das sie auf diese Weise bekamen!

Wichtig für Karl war der Besuch in Bielefeld im Landeskirchenamt, weil er noch einmal für drei weitere Jahre in Sri Lanka beurlaubt werden sollte, sodass er die Arbeit in der Gemeinde, der KCM und besonders auch das neue Projekt in Augustawatte weiterführen konnte. Ohne seine Vermittlung bei den offiziellen Stellen wie zum Beispiel der EZE wäre das für die Menschen in der KCM wahrscheinlich eine Überforderung gewesen. Noch im Rundbrief im Dezember 1973 hatte Karl von einigen Schwierigkeiten berichten müssen:

> In der KCM ging es zunächst durch eine große Enttäuschung hindurch. Die Evangelische Zentralstelle für Entwicklungshilfe (EZE) hatte in diesem Jahr unser Entwicklungshilfeprogramm noch nicht zur Genehmigung weitergeleitet. […] Zum ersten Male waren wir gezwungen, Darlehen aufzunehmen. Wir hoffen aber, dass die von Freunden zugesagten Gaben und die Spenden, die wir hier erhielten, helfen, bis zum Ende des Jahres wieder schuldenfrei zu werden und doch die notwendige Weiterarbeit zu betreiben. – Einer der Gründe für die Zurückstellung war die nicht genügend hohe Eigenbeteiligung bei dem relativ teuren Hausbau hier (das Einfamilienhaus kommt auf ca. 5 000 DM). Bei einem Besuch beim Wohnungsbauminister ergab es sich mehr beiläufig, dass er uns Geld (Darlehen) zur Finanzierung der Häuser anbot. Damit steht nun die ganze Sache anders da. Als dann letzte Woche Herr Hiss von der EZE kam, konnten alle anstehenden Fragen besprochen und ein gemeinsamer Plan zur schnellen Lösung der Probleme und damit zur Beantragung des Projektes entwickelt werden. Dieser Besuch hat uns ungemein gutgetan.

Umso froher war Karl, dass er jetzt im Juni 1974, am Ende des Heimaturlaubs, berichten konnte, wie eifrig dort in Kandy auch in seiner Abwesenheit weitergearbeitet worden war:

Voller Freude habe ich gehört, dass unsere jungen Mitarbeiter, die im Botanischen Garten geschult wurden, nun selbstständig eine Groß-Gärtnerei mit über 35 000 Orchideenpflanzen aufgebaut haben und dass diese Pflanzen sehr gut gedeihen. Damit sind die ersten Schritte zur Vorbereitung des neuen Projektes getan und unsere Mitarbeiter haben gezeigt, dass sie wirklich aus dem Nichts heraus sorgfältig planen und organisieren und etwas erstellen können, was nun auch anderen zur Hilfe werden darf.

Eröffnung des Orchideenprojektes

Die nächste Zeit in Kandy war ausgefüllt mit allen Dingen, die für die Planung und Durchführung des Projektes in Augustawatte nötig waren. Da war mit der Stadtverwaltung wegen Strom und Wasser zu verhandeln und noch vieles vorzubereiten, bevor im Januar 1975 das Projekt offiziell eröffnet wurde. Deshalb erschien der nächste Rundbrief auch erst im Februar, damit diese gute Nachricht gleich weitergegeben werden konnte:

Die deutsche Botschafterin, Frau Dr. Feilner, nahm die Eröffnung des Projektes am 26. Januar vor. Hunderte von Leuten aus der Nachbarschaft, Mitglieder und Freunde der Stadtmission und Vertreter von Staat und Kirchen waren vertreten, um sich mitzufreuen an dem, was werden soll. […] In der ersten Reihe saßen die politischen Vertreter und zwei buddhistische Mönche. Die Frage war natürlich immer mitzuhören: „Warum macht eine christliche Gruppe ein solches Projekt? Sind Auflagen und Nebenabsichten damit verbunden? Ist eine Mission nicht dazu da, Leute von einer Religion zur anderen herüberzuholen?" In meiner Begrüßungsansprache habe ich versucht, einige der Fragen aufzugreifen, indem ich Folgendes sagte: „Mission heißt Sendung Gottes. […] Wir sind oft gefragt worden: Sind die Leute von Urawela diese Hilfe wert? (Urawela heißt Schweinetal – der neue Name Sirimal Uyana: glücklicher Blumengarten) Wir wurden von vielen Seiten vor den Slumbewohnern gewarnt. Gott aber hat uns allen ohne Unterschied die rettende Liebe Jesu gesandt. […] Seine Liebe gilt uns deshalb allen in gleicher Weise.

Das war Karl wichtig zu betonen: Gott macht keine Unterschiede!

Im Mai 1975 musste Karl leider noch einmal aus einem traurigen Anlass nach Deutschland reisen, weil seine Mutter, Paula Sundermeier, gestorben war.

Ernüchterung und Gegenwind

Nach vier Jahren Arbeit in der KCM und drei Jahren in der Scot's Kirk trat 1975 eine Art geistliche Ernüchterung ein. Am Anfang sind alle immer euphorisch, doch wenn es dann darum geht, im Kleinen die Dinge treu und stetig anzupacken und wirklich auch hinter der geistlichen Arbeit zu stehen, werden es meist immer weniger, die mitmachen. Anderen Menschen sichtbar zu helfen und dafür in der Öffentlichkeit auch noch gelobt zu werden, ist immer einfacher, als sich mit schwierigen Alltagssituationen herumzuschlagen. So schrieb Karl im Rückblick im Rundbrief vom September 1975:

> Unser Hauptproblem ist die Gewinnung von einheimischen Mitarbeitern, die befähigt sind, die Arbeit weiter aufzunehmen. Es wäre ja das Normale, wenn man auf die Glieder der einheimischen Kirchen zurückgreifen könnte. Aber hier stellt sich leider heraus, dass es kaum jemanden gibt, der wirklich missionarisch aktiv ist, der eine herzliche, gewinnende Liebe für die neu Gewonnenen aus den unteren Bevölkerungsschichten hat. Das alte Kasten- und Rassendenken ist weiterhin in den Kirchen, wenn es zu praktischen Konsequenzen kommt, nicht überwunden. […] An der Sozial- und Entwicklungshilfe-Arbeit sind alle stark interessiert. Das macht ja auch mehr Eindruck nach außen!

Dass Missionsarbeit wirklich auch geistlichen Kampf bedeutet, wurde im Jahr darauf noch deutlicher, wie Karl es im Rundbrief vom November 1976 offen schrieb:

> Wir wollen schließlich nicht verschweigen, dass wir in den letzten Wochen durch manche Nöte, auch geistlicher Art, hindurchgegangen sind. Und nicht alle sind schon überwunden. Es entsteht auch zunehmend ein Widerstand gegen die eigentliche Missionsarbeit.

[…] Nach einer Predigt in Colombo über Lukas 19,41-48 drohten einige Hörer, bei der Regierung Anzeige zu erstatten und die Verlängerung des Visums zu verhindern, weil die für Israel heilsgeschichtlich gesagten Worte als gegen die Regierungspolitik gerichtet verstanden werden. Unsere Regierung ist neutral blockfrei und das heißt: anti-israelisch, pro-arabisch. Diese Reaktionen sind nicht neu, aber wir müssen sorgfältig hören, was sie für die Situation der Christen schließlich bedeuten werden. […]
Am 7. Oktober 1976 erschien dann in einer buddhistischen Zeitung „Sinhala Baudhaya" auf der ersten Seite folgender Artikel […]: „Mit westdeutscher Hilfe hat ein Pfarrer – Sundermeier – ein Propagandasystem unter dem Namen Kandy City Mission organisiert. Dieses Projekt, genannt ‚Sirima Uyana', befindet sich unter dem Schatten der Peradeniya Universität von Sri Lanka. Diese Organisation bietet Häuser an, Beschäftigung in der Orchideenkultivierung für buddhistische Bewohner eines armen Dorfes in der Gegend und versucht so, diese buddhistische Bevölkerung für ihren Glauben zu fischen. […] Aber jetzt, wo diese anti-nationalen Tölpel wieder ihre Häupter erheben, haben eine Reihe buddhistischer Vereinigungen […] in Kandy die Regierung gebeten, aufmerksam die Aktivitäten dieser Organisation zu beobachten." Nun, wir warten nicht ab, wir tun auch trotz solcher Verleumdungen unseren Dienst in der gleichen Weise mit gutem Gewissen weiter, wie wir ihn begonnen haben. Entwicklungshilfe und christlicher Liebesdienst geschehen an solchen, die Hilfe brauchen, zweckfrei. Überall aber suchen wir Menschen zu gewinnen in der Gewissheit des Jesuswortes, das über unserer City Mission und auf jedem Brief zu lesen ist: „Ich bin der Weg, die Wahrheit und das Leben; niemand kommt zum Vater denn durch mich" (Joh. 14,6).

Trotzdem war Karl sehr froh, dass diese Vorwürfe wegen des Projektes in Augustawatte schon deswegen entkräftigt waren, weil nicht die KCM, sondern der Staat selbst aussuchte, wer von den Slumbewohnern ein Haus bekam und wer nicht. Darauf hatte die KCM bestanden. Sie konnte lediglich ihrerseits 20 Vorschläge für andere arme Familien aus Kandy machen, die dann aber auch vom Staat bestätigt werden mussten.

Die Stadtverwaltung hielt große Stücke auf das Projekt und war ihrerseits bestrebt, aus dem ganzen Gebiet eine sozial angesehene Region zu machen, indem sie weitere Landstücke an reichere Leute Kandys verkaufte, damit diese sich ebenfalls dort ansiedelten. Eine Busverbindung von der Hauptstraße nach Augustawatte und über den Hügel wieder herunter in die Stadt wurde bald geschaffen, ebenso Elektrizität und später ein Wasseranschluss zur Stadtversorgung. Läden siedelten sich an und auch die KCM half durch Kleinbetriebe, Arbeitsplätze zu schaffen, sodass ein richtiges Dorfleben mit guter Gemeinschaft untereinander entstehen konnte.

Am Rand des Projektes lungerten viele Kinder und Jugendliche der ehemaligen Teeplantagenarbeiter herum, da sie keine Schule besuchen durften. Ihre Eltern waren meist arbeitslos. Marlene war besonders betroffen von den vielen Frauen, die zum Teil als Witwen ganze Familien durchbringen mussten, und hatte die Idee, auf dem Hügel einen überdachten Platz mit einer Töpferei zu bauen, damit all diese Frauen für die Orchideenzucht die nötigen Tontöpfe herstellen und somit Geld für ihre Kinder und alten Eltern, die sie mitversorgen mussten, verdienen konnten.

Auch in ihrem Dorf Lewella hatten Marlene und Karl mit Gegenwind zu kämpfen. Zwar war 1976 nach den Drohungen gegen die Christen in der Zeitung alles zunächst beim Alten geblieben, aber es gab trotzdem für manche Schwierigkeiten. So wurde eine christliche Familie in Lewella per Lautsprecher gebrandmarkt, andere Familien hatten Angst vor Konsequenzen, wenn sie ihre Häuser weiterhin für Bibelstunden öffneten. All das tat der Dorfgemeinschaft natürlich nicht gut.

Jugendfreizeit in Sri Lanka

Im Juli und August 1975 luden Karl und Marlene ihre Patenkinder nach Sri Lanka ein. Karl schrieb dazu:

> Eine besondere Freude war für uns in diesem Sommer der Besuch von 18 Jugendlichen aus Deutschland, die in zwei aufeinanderfolgenden Freizeiten in unserem Orchideenprojekt mitgeholfen haben. Für unsere Jugend in Sri Lanka war der

Einsatz der Jugendfreizeitteilnehmer ein wichtiges und hilfreiches Erlebnis, zu sehen, wie junge Menschen aus Deutschland bei allen Arbeiten mithielten. In Sri Lanka haben wir ja immer noch die merkwürdige Vorstellung, dass Gebildete und Leute aus höheren Kasten manuelle Arbeit als etwas Niedriges und für sie Unangemessenes meiden. Umso wichtiger ist gerade für sie die praktische Erfahrung eines solchen Einsatzes, der Vorurteile abbauen kann.

Gerade mir und meinen beiden älteren Schwestern tat es gut, einmal mit deutschen Jugendlichen unterwegs zu sein und sich auszutauschen! So waren wir froh, dass wir auf die Rundreisen mitdurften. Das waren unvergessliche Stunden zusammen im Wilpattu- und Yale-Nationalpark, wo wir viele wilde Tiere beobachten konnten, oder in Colombo das Mittagsbüffet im Hotel Intercontinental genossen.

Die zweite Gruppe hatte auch die Gelegenheit, die Perahera mitzuerleben. Hier konnten sie den Eifer der Jugendlichen der Scot's Kirk kennenlernen, die durch den Verkauf von Zuschauerplätzen auf einer selbst gebauten Tribüne so viel Geld einnahmen, dass die Kirche ein längst fälliges neues Dach erhielt. Für die deutschen Jugendlichen waren diese Freizeiten ein wunderbares Erlebnis, von dem sie zu Hause begeistert berichteten.

Eine ungewöhnliche Trauung

Am 17. Februar 1976 fand in Kandy ein Ereignis statt, welches das Land nicht häufig sah: die Trauung eines älteren Ehepaares. Karl sollte seinen Vater Fritz und Maria Sundermeier trauen, weshalb sie eigens nach Sri Lanka gereist waren. In Sri Lanka galt es als verpönt, als älterer, verwitweter Mensch noch einmal zu heiraten. Lieber versorgten die Kinder die älteren Menschen bis zu ihrem Tode.

Das war auch der Grund, warum der stellvertretende Schulleiter des Trinity College, auf das wir drei Ältesten im Jahr 1973 gewechselt hatten, höchst erstaunt war, als wir für einen Freitag schulfrei wegen der Hochzeit des Großvaters beantragten. Doch schließlich genehmigte er es. In der Gemeinde der Scot's Kirk wurde ein großes, fröhliches

Fest mit einer wunderschönen Braut im weißen Sari, einem überaus stolzen Bräutigam und einem sehr festlichen Traugottesdienst gefeiert – auch wieder in Deutsch, Englisch und Singhalesisch. Die dreistöckige Hochzeitstorte war eigens für diesen Anlass von Pushpa gebacken und mit viel Buttercreme verziert worden. Zu diesem Festschmaus war im Anschluss an den Gottesdienst die ganze Gemeinde in den Saal der KCM eingeladen. Anschließend ging es für das Paar – mit Karl als Fahrer – auf eine Hochzeitsreise, auf der sie die Schönheiten der Insel kennenlernen konnten. Karl und seine Geschwister waren sehr froh, dass ihr Vater wieder eine wunderbare Frau fürs Leben gefunden hatte und so nicht vereinsamte.

KÄSEREI UND LANDWIRTSCHAFT

Start der Käseproduktion

Anfang 1975 wurde die Kandy City Mission gefragt, ob sie im Hochland, in Lindula nahe Nuwara Eliya, eine kleine Farm mit acht Milchkühen kaufen wolle, da die Besitzer, eine Arztfamilie, nach Australien auswandern wollte. Marlene hatte die Idee, mit der Milch der Kühe und durch weitere Milcheinkäufe von Teeplantagenarbeitern, die zum Teil nur eine Kuh besaßen und bei der staatlichen Milchbehörde nicht sehr viel für ihre Milch bekamen, eine Käserei aufzumachen. Bis dahin gab es im Land noch keine eigene Käseproduktion und die großen Hotels in Colombo mussten den Käse, den sie für die mittlerweile zahlreichen Touristen brauchten, teuer aus dem Ausland importieren.

Renate Kreft nahm sich daraufhin dieser Sache an. Sie reiste im Sommer nach Oldenburg und lernte in einer Käsereifabrik, wie Schnittkäse hergestellt wird. Auch schaffte sie es, dass der Käsespezialist Dr. Godbersen bereit war, seinen Urlaub über drei Monate in Sri Lanka zu verbringen, um dort beim Start der Käserei zu helfen. Berücksichtigt werden musste nämlich besonders, dass in den Tropen andere Dinge zu bedenken waren als im kühlen Deutschland. Der Antrag der KCM bei *Brot für die Welt* war zum Glück erfolgreich, sodass sie nicht nur bei der Ausrüstung der Farm mit einem Kühlraum und den ganzen Geräten halfen, sondern auch den Flug von Dr. Godbersen bezahlten.

Renate, die Käsefachfrau

Das alles wäre allerdings nicht möglich gewesen, wenn Renate nicht die mittlerweile große Kindergarten- und Jugendarbeit in so guten Händen gewusst hätte. Sie hatte in der Zwischenzeit fünf Jungscharen aufgebaut, und im Kindergarten waren an die 50 Kinder zu betreuen. Zum einen waren da natürlich die fähigen und liebevollen Erzieherinnen, zum anderen war eine Eurasierin als neue Leiterin eingestellt worden, Alice Liard, die sich als absoluter Glücksgriff herausstellen sollte. Ihr Mann, Bryan Liard, wurde später Schatzmeister der KCM, und diese beiden prägten und begleiteten die Arbeit der KCM über Jahrzehnte in treuer und überaus guter Weise. Zusammen mit ihren beiden Töchtern kauften sie später ein Grundstück neben dem Projekt in Augustawatte, sodass Alice Liard auch dort helfen konnte, den Kindergarten mit aufzubauen und zu leiten. Ohne sie hätte Renate sich nicht so viel um die Käseproduktion in Lindula mit all den damit verbundenen Hürden und Schwierigkeiten kümmern können. Schon allein die vielen Fahrten jeweils von Kandy ins Hochland waren sehr anstrengend und zeitraubend.

Als eines Tages etliche Reiseleiter im Hotel Intercontinental von den Chefköchen ein Gericht mit Käse aus Lindula vorgesetzt bekamen und es hoch lobten, freuten sich alle sehr und die „Hersteller" wurden auch gleich im Hotel vorgestellt. Renate ließ immer wieder Proben des Käses in der Oldenburger Käserei nachprüfen – und er bestand jedes Mal alle Prüfungen mit „sehr gut".

Auch im Land selber erfreute sich dieser Käse immer größerer Beliebtheit – nicht nur bei den Touristen, sondern auch bei manchen Sri Lankern, die ihn in Kandy in der Cafeteria kaufen konnten. Von unserem Abendbrottisch war er ebenfalls nicht mehr wegzudenken.

Gesunde Ernährung

Überhaupt war es Karl und Marlene sehr wichtig, den Menschen in Sri Lanka etwas über gesunde Ernährung beizubringen, denn in diesem Punkt hatten die Kolonialmächte eher die ungesunden Dinge wie Weißbrot oder geschälten Reis ins Land gebracht. Karl schrieb darüber in seinem Rundbrief vom November 1976:

> Auf die Gesundheit muss man wohl heute nicht nur in den tropischen Ländern besonders achten, wo so viele Nahrungsmittel, bevor sie den Verzehrer erreichen, entwertet oder vergiftet werden. Wir haben uns im Orchideenprojekt ein Stück Reis- und Gemüseland gepachtet, um gesunde Grundnahrungsmittel aus dem Lande zu ernten, und um gleichzeitig den neuen Siedlern zu zeigen, was man mit dem Garten sinnvoll machen kann. Der Garten soll nicht nur dem Erwerb, sondern vor allem der Gesundheit durch richtige, wertvolle Nahrungsmittel dienen. Wir merken, dass wir uns als Christen in der Schöpfung unseres Gottes nicht einfach ausbeuterisch verhalten dürfen. Wir predigen gegen Habsucht und Ausbeutung, und schon bei der Herstellung unserer Nahrungsmittel lassen wir uns eben von diesen verwerflichen Motiven leiten, durch Werbung und Gewohnheit dazu verführt.

Ein neues Pfarrhaus und Abschied von Renate Kreft

Um beim Projekt in Augustawatte mehr präsent sein zu können, war von der KCM beschlossen worden, ein Pfarrhaus dort zu bauen, in das Karl und Marlene nach der Fertigstellung mit der Familie umziehen sollten. So würde es einfacher werden, diese landwirtschaftlichen Projekte und Beratungen bei den Siedlern durchzuführen. Mittlerweile waren die ersten Häuser fertig und die ersten Siedler eingezogen, nachdem sie eine ausführliche Einweisung in die Aufzucht von Orchideen erhalten hatten.

Traurig waren alle, dass Renate Kreft Sri Lanka Ende 1976 verließ. Sie hatte in so vielen Arbeitszweigen der KCM und in der Scot's Kirk entscheidend mitgewirkt, Bereiche aufgebaut und dort mitgearbeitet –

und hinterließ nun eine schmerzliche Lücke. Vor ihrem Abschied konnte sie noch ein Ehepaar in die Arbeit der Käserei in Lindula einarbeiten.

Bis heute sind viele mit ihr durch Briefkontakt verbunden, und sie ist weiterhin absolut aktiv in mannigfaltiger Hilfe für einzelne Menschen Sri Lankas. Auch für sie selbst war es eine schwere Entscheidung, war Sri Lanka doch für sie zur Heimat geworden.

UMZUG NACH AUGUSTAWATTE

Ein neuer Pfarrer für die Scot's Kirk

Nachdem Renate Kreft nun das Land verlassen hatte und sich somit auch die Wohngemeinschaft in der Manse langsam auflöste, wurde von der KCM beschlossen, den Kindergarten aus dem Pfarrhaus auszusiedeln, damit dieses wieder für einen neuen Pfarrer der Scot's Kirk frei werden konnte. Da Karl ja laut Vertrag nicht mehr lange im Land sein sollte, war es nötig, einen Pfarrer für die Gemeinde zu finden, der sich um die – mittlerweile recht große – Gemeinde kümmern sollte, nicht nur um die Burgher, Singhalesen und Tamilen in der Stadt, sondern auch um die Mitglieder, die mittlerweile in Augustawatte wohnten und dort jeden Sonntagnachmittag einen Gottesdienst und diverse Hausbibelkreise besuchten. Wenn Karl nicht mehr da wäre, würde sonst keiner für sie sorgen.

So wurde Mr Stephens, der bis dahin in der Cafeteria gearbeitet hatte und eine Zusatzausbildung als Pfarrer machte, vom Presbyterium zum Pfarrer der Scot's Kirk ernannt. Das Gute war, dass er selber Tamile war, trotzdem aber hervorragend Englisch und Singhalesisch sprach und somit selber den Gottesdienst in drei Sprachen halten konnte. Auch wurden dadurch die Tamilen aufgewertet, die sich natürlich in der Minderzahl befanden und immer ein wenig in Angst vor Unterdrückung lebten – eine Angst, die sich im Laufe dieses Jahres

1977 als allzu berechtigt herausstellen sollte, aber natürlich nicht innerhalb der christlichen Kirchen und Gemeinden.

Vergrößerung des Kindergartens und Umzug

Um den Kindergarten auslagern zu können, beschloss die KCM, noch einmal einen Teil des Geländes der Scot's Kirk zu pachten und dort ein Gebäude für eine große Kindergartengruppe mit einem zweiten Stock als Wohnungen für die Erzieherinnen zu bauen. So konnten noch mehr Kinder aufgenommen werden. Die dadurch eingenommenen Gelder ermöglichten es, den Kindergarten in Augustawatte, der dort ebenfalls gebaut werden sollte, mitzufinanzieren.

Ende April kam der große Umzug von Lewella nach Augustawatte. Mechthild war zu dem Zeitpunkt schon in Deutschland und Brigitte und ich in einer internationalen Schule in Kodaikanal, Südindien, sodass wir den Umzug selbst nicht mitbekamen. Zum Glück gab es sehr viele Helfer, die fröhlich mit anpackten, denn im Laufe der Jahre hatte sich ganz schön viel angesammelt, zum Beispiel auch eine ordentliche Anzahl von Edelsteinen. Marlene war absolut begeistert von den vielfältigen und wunderschönen Edelsteinen, die in diesem Paradies aus der Erde gewonnen wurden, und kannte sich gut aus mit den verschiedenen Sorten und Qualitäten. Als sie in Deutschland eines Tages Prof. Otto Michel wiedertraf, flüsterte sie ihm zu, dass sein Schatzkästchen, das er ihr zur Hochzeit geschenkt hatte, mittlerweile mit den schönsten Rohedelsteinen gefüllt war.

Karl und Marlene waren sehr froh, als dieser Mammutumzug endlich vorüber war. Marlene beschrieb, was ihnen an diesem neuen Zuhause wichtig war.

> Wir freuen uns auf das Miteinander mit den Menschen in unserem Projekt. Oberhalb des Hauses ist die Töpferei, die auch für Jugendtreffen dient und „God's Pottery" [Gottes Töpferei] genannt wird. Jetzt treffen wir uns mit allen aus der Gemeinde dort jeden ersten Sonntag im Monat zu fröhlichem Spiel, zum gemeinsamen Lunch [Mittagessen], zum Singen und zum Hören der Botschaft. Demnächst wird dort auch ein größeres

Jugendtreffen sein. Wir denken und hoffen, dass Augustawatte ein Jugendzentrum der KCM wird.

Die nicht beschäftigten jungen Leute basteln in einem Raum dort gemeinsam Dinge handwerklicher Art für Basare als Beschäftigung und Hilfe. Das sollte noch mehr ausgebaut werden. Jetzt wurde ein Sportfest zwischen KCM-Jugend und der Jugend des sogenannten Slumgebietes ausgetragen. Ein Anfang zu einem weiteren Miteinander?

HEIMATURLAUB, UNRUHEN UND NEUE BAUPROJEKTE

Besuch in Deutschland

Von Juni bis August 1976 war der Heimaturlaub in Deutschland und es war wohltuend, wie schon beim letzten Mal in dem schönen Haus der VEM in Bielefeld wohnen zu können. Karl und Marlene hatten einige Orte angegeben, an denen Karl Gottesdienste hatte und wo Zeit zur Begegnung mit Freunden war. Ein persönliches Besuchen aller – mittlerweile sehr zahlreichen – Freunde wäre gar nicht möglich gewesen. So genossen sie es, in Nierstein viele wiederzusehen, aber auch in Mettmann, Rüggeberg, Bad Oeynhausen und natürlich Bünde. Für Brigitte, Henrike und Frieder war dieser Heimaturlaub besonders wichtig, weil sie jetzt sehr viel mehr von ihrer Heimat mitbekamen.

Bei einer Reise in den Süden nach Blaubeuren konnten wir nicht nur die schöne Landschaft dort genießen, sondern uns auch mit einer anderen achtköpfigen Familie treffen, was für uns Kinder ein tolles Erlebnis war. Bei dieser Tour rund um die Schlösser und andere Sehenswürdigkeiten arbeitete unser Vater mit uns auch gleich an der deutschen Geschichte, die wir ja in der Schule in Sri Lanka und Indien überhaupt nicht gelehrt bekamen.

Unruhen in Sri Lanka

Als Karl und Marlene mit Henrike und Frieder wieder nach Augustawatte zurückreisten (Brigitte und ich flogen direkt weiter nach Indien), kamen sie genau an dem Tag an, als schlimme Unruhen im ganzen Land stattfanden. Schon lange schwelte ein tiefer Zorn unter vielen Singhalesen gegen die tamilische Minderheit, doch an diesem Tag kam es erstmalig zu einem offenen Ausbruch, ja regelrecht zu einem geplanten Massaker. Karl schilderte es in einem Zwischenrundbrief so:

> Nach zwei Wahlen in Sri Lanka erwarteten viele einen neuen Aufschwung des Landes. Ein unglücklicher Zwischenfall im tamilischen Norden des Landes gab den Anlass zu einer Plünderungsaktion, die nicht unvorbereitet schien. Viele Tamilen verloren ihr Leben, Tausende ihren Besitz bei Brandschatzungen, Plünderungen, viele wurden geschlagen usw. […]
>
> Im City-Mission-Gebäude wurde ein Stoffgeschäft zerstört und geplündert. In unserem Projekt (Orchideengärtnerei) und unserem Haus suchten über 170 Tamilen aus der Nachbarschaft […] Schutz, Unterkunft und Verpflegung für eine Woche. Wie gut, dass wir jetzt hier wohnen. Es wäre sonst böse mit diesen Leuten geworden. Wir konnten gerade noch dazwischen springen und das Plündern des ersten Hauses unseres Projektes verhindern. Dann kehrte „Ruhe" ein. Wir versuchten, die beiden Bevölkerungsgruppen wenigstens in unserem Ortsteil zusammenzubringen. Das gelang auch – durch einen gemeinsamen Gottesdienst. Ein Geschenk dieser dunklen Stunde ist, dass nun eine Gruppe von 100 Tamilen regelmäßig zum Gottesdienst kommt. Gleich in der ersten sorgenvollen Nacht sorgte Gott für ein Zeichen der Versöhnung: Ein Mädchen wurde in einer Hindufamilie geboren. Die Eltern waren voller Freude und Dankbarkeit, dass unter unserem Schutz alles wohl ging. Sie baten am nächsten Morgen, einem Sonntag, dem Kind einen Namen aus der Bibel zu geben. Marlene wählte Ruth, Freundschaft.

Oberflächlich gesehen war mit diesem einen Tag der Unruhen das Ganze erst einmal ausgestanden. Aber im Untergrund schwelte der

Hass weiter und es entwickelte sich bei vielen im Land ein regelrechtes Gegeneinander der beiden Völker. Außer bei den christlichen Kirchen war es zum Beispiel undenkbar, dass Singhalesen wie früher Tamilen heirateten und umgekehrt. Die soziale Not vieler aus beiden Bevölkerungsgruppen tat ihr Übriges, sodass das, was Karl und Marlene im Projekt vorhatten, sehr wichtig war, um ein gutes Miteinander der Singhalesen und Tamilen in Augustawatte zu fördern. Ein Kindergarten, eine Gemeinschaftshalle und auch Räume für die ärztliche Versorgung durch Dr. Kulawardene waren in Planung.

Ärztliche Sprechstunden für die Armen

Dr. Kulawardena war ein homöopathischer Arzt aus Colombo, den Karl und Marlene schon im ersten Jahr in Sri Lanka kennengelernt hatten. Er überzeugte sie durch die erfolgreiche Behandlung von Karls Nierensteinen (ohne Operation) von der Homöopathie. Als Karl 1974 nach Tübingen gefahren war, um sich vom Tropeninstitut endlich Tropentauglichkeit bescheinigen zu lassen (was ihm 1971 durch Nieren-, Gallensteine und seiner Herzkrankheit nicht bescheinigt worden war und er nur mit der Auflage, sich 1974 noch einmal untersuchen zu lassen, ausreisen durfte), hatten die Ärzte nach der Untersuchung gesagt: „Herr Sundermeier, wo haben Sie denn alle Ihre Krankheiten gelassen? Wie sehen sie nur noch hier in den Unterlagen." Durch die homöopathische Behandlung war alles nach und nach ausgeheilt worden.

Das wollten Karl und Marlene natürlich auch anderen Menschen in der KCM und besonders den Armen, die sich keine ärztliche Behandlung leisten konnten, zukommen lassen. Und so waren sie sehr dankbar, dass Dr. Kulawardena bereit war, einmal in der Woche mit dem Bus nach Kandy zu fahren und an einem Vormittag in einem als Praxis eingerichteten Zimmer in der KCM Menschen unentgeltlich zu behandeln. Und jetzt war er sogar bereit, an dem Tag am Nachmittag noch nach Augustawatte zu fahren und dort ebenfalls die armen Menschen zu behandeln. Das war ein großer Segen.

Marlene, die sich mittlerweile so für die Homöopathie interessierte, dass sie sie selber erlernen wollte, war zunächst für drei Monate in England zu einem Kurs für Missionare, die ein wenig in medizinischer Hinsicht auf homöopathischer Grundlage für die Arbeit in tropischen

Ländern zugerüstet wurden. Danach belegte sie Kurse in Sri Lanka, durch die sie einen Abschluss als homöopathische Ärztin bekommen konnte.

Batikwerkstatt und Kerzenfabrik

Was aber konnte man tun gegen die hohe Arbeitslosigkeit gerade der jungen Erwachsenen in Augustawatte und in der Umgebung? Als Marlene feststellte, dass viele von ihnen batiken und nähen konnten, fing sie kurzerhand eine Batikwerkstatt mit zuarbeitender Näherei an. Da galt es nicht nur, passende Leute auszusuchen, die ihr Handwerk verstanden, sondern in ihrem deutschen Perfektionismus kümmerte sie sich natürlich darum, dass sie die leuchtendsten, schönsten Farben bekam, die in der Sonne nicht so schnell ausbleichen, suchte schöne Motive für die verschiedensten Batiken aus und ließ die Näherinnen nicht nur Wandbehänge zuschneiden, sondern auch Fensterbilder, Karten, Tischdecken, Läufer und Tischsets und verschiedenste Kleidungsstücke. Gerade diese Vielfalt, die kräftigen Farben und die schönen Motive machten diese Batikwerkstatt bald zu einem vollen Erfolg, da viele Touristen, die zu Besuch kamen, sich nicht nur selber eindeckten, sondern vielfach die schönen Teile für heimische Basare und als Geschenke mitnahmen. Aber auch im Land selber konnten in Hotels Absatzmärkte gefunden werden, sodass nicht nur die Arbeiter genug

Viele Menschen fanden Arbeit in der Batikwerkstatt in Augustawatte.

Gehalt erhielten, sondern auch sonstige Arbeitszweige der KCM mitfinanziert wurden.

Eine andere Sparte kam noch hinzu: Marlene hatte seit einiger Zeit aus Verzweiflung über die nicht erhältlichen schönen roten Weihnachtskerzen angefangen, selber für sich Kerzen aus einfachem Paraffinwachs und Färbemittel herzustellen. Als eines Tages ein Besucher diese Kerzen sah, wollte er gleich welche für sein Hotel in Colombo bestellen – und daraufhin fing Marlene eine kleine Kerzenfabrik an: zuerst im Haus, sehr zum Leidwesen aller anderen Familienmitglieder, dann zum Glück ausgelagert in der leer stehenden Garage.

Auch hier war Marlene äußerst erfinderisch, was die Beschaffung der Materialien für die Kerzenformen betraf: alte Plastikrohre verschiedenster Dicke, die sie in die entsprechende Länge schnitt und mit einem Boden versah, Suppenkellen für runde Kerzen und Verschiedenes mehr. Für diese Arbeit konnten wieder zwei oder drei junge Frauen und Männer eingestellt werden, denn mit der Zeit wuchs die Nachfrage fast über die Produktionsmöglichkeit hinaus, da bis dahin in Sri Lanka nur ganz einfache Paraffinkerzen zu erhalten waren und alles andere teuer importiert werden musste.

Probleme in Augustawatte

Bei aller Sozialarbeit war Karl und Marlene aber auch immer der einzelne Mensch wichtig – und zwar in seiner Beziehung zu Gott. Geld und letztlich auch Arbeit macht keinen neuen Menschen und nimmt auch nicht den Hass und die Unzufriedenheit im Leben weg. So standen in Augustawatte die gemeindliche Arbeit und die Einladung der Menschen zu einem Leben mit Gott immer an erster Stelle.

Dass dort nicht immer alles glattging, sondern es auch Probleme gab, schilderte Karl besonders in seinem Rundbrief vom Mai 1978.

> Zum Jahreswechsel berichteten wir von einem Mitarbeiter in der Orchideengärtnerei – im März hatte er uns schon wieder verlassen. Und sein Weg bereitet uns Sorge. Was wir schnell oder künstlich aufziehen, hat keine Stärke. Eichen wachsen langsam und werden unter Stürmen fest. Das müssen wir auch in ei-

Solche prächtigen Orchideen wurden in Augustawatte gezüchtet!

ner Aufbauarbeit lernen. So sind wir dankbar für den Rat von Altpräses Thimme, länger zu bleiben, damit erst vieles konsolidiert ist in der Arbeit. Wir haben die Pläne auf eine baldige Rückkehr aufgegeben. Aufbau hier ist vordringlich, langsam, stetig.

Im März besuchte uns unser Orchideenlieferant aus Singapur. Er lehrte unsere Leute, kritisierte, plante und half verbindlich. Man sieht jetzt die Veränderung. Durch Unkenntnis, Trockenheit wie häufigen Wechsel in der Leitung hatten wir viele Pflanzen verloren, keinen richtigen Fortschritt erzielt. Jetzt scheint es aber besser zu werden. Werden wir nun den rechten Leiter finden, der stetig weiterbaut?

Nun sind wir über 35 Familien hier im Projektgebiet, im Orchideengarten, wie die Leute sagen. Kindergarten, Läden, Werkstätten und Schule sind im Bau – der Aufbau einer Dorfgemeinschaft beginnt. Gerade haben wir Nähmaschinen für eine Nähklasse gekauft. Ein wichtiger Brunnen wurde fertig, nun haben wir endlich genügend Wasser. […] Die Arbeit ruhte zwei Wochen wegen Neujahrsfeierlichkeiten, anschließend eine Woche wegen alter Dorfstreitigkeiten, sodass Arbeiter sich nicht getrauten, hierherzukommen. Können wir Frieden bringen? Einige Tamilenfamilien trauen dem Burgfrieden nicht und schauen sich nach Arbeit auf Teeplantagen um. [...] So verlieren wir gute Leute.

Erste Ziele erreicht

Doch das Positive am Projekt überwog bei Weitem. Ende 1978 konnte die große Gemeinschaftshalle in Augustawatte eröffnet und Teil 1 des Projektes – 71 Häuser für die Siedler – fertiggestellt werden. Als Anreiz war unter den Siedlern ein Wettbewerb gestartet worden, wer das schönste Haus mit Garten hätte. Preise gab es natürlich auch zu gewinnen. Ebenfalls neu hinzugekommen war eine Schreinerwerkstatt, großzügig unterstützt unter anderem von Familie Pönnighaus, die sich auch sehr um den Verkauf der Batikarbeiten in Deutschland bemühten. Horst und Anne Pönnighaus, die ja schon auf der Skifreizeit 1970 mit dabei waren, kamen 1978 mit ihren drei Kindern zu Besuch – und waren wie viele andere angetan von der Arbeit, sodass sie gleich ihre Hilfe anboten. Horst spendete Maschinen für die Schreinerei und später kamen Herr Zielske und Gerhard Schwesig, um mit einheimischen Schreinern eine Lehrwerkstatt im Projekt aufzubauen. So konn-

Die Gemeinschaftshalle und die ersten Häuser in Augustawatte.

ten die Türen, Fenster und sonstige Holzarbeiten für die Häuser der Siedler dort gefertigt werden.

In seinem Rundbrief vom Januar 1979 zog Karl schon einmal ein kleines Fazit der vergangenen Arbeit:

Die Finanzierung der laufenden Arbeit geschieht durch die verschiedenen Arbeitszweige, während die Spenden nun wirklich ganz für weitere notwendige Projekte und zur Unterstützung Notleidender eingesetzt werden konnten.

Besonders die Batikarbeit und die Kerzenherstellung haben in den letzten Monaten einen guten Aufschwung genommen. Wir hoffen, dass wir für die Batiken und die Blusen Dauerabnehmer in Deutschland durch gute Kaufhäuser oder auch kleinere Läden finden können (neben dem Absatz an Freunde und Touristen auch hier im Lande). Die Schreinerwerkstatt und die Töpferei arbeiten zufriedenstellend, sie sollen ausgebaut werden. Durch die Käserei haben über 25 Teepflücker-Familien im Hochland eine wichtige Zusatzeinnahme erhalten (Gewinne werden 100 % ausgeschüttet). Diese Ausweitung wurde durch zwei hilfreiche Spenden von „Brot für die Welt" ermöglicht. Herzlichen Dank!

Die eigene Orchideengärtnerei muss nun, nachdem sie die Pflanzen für die Siedler geliefert hat, zum eigenen Gebrauch und zur Vorbereitung von Teil II ausgebaut werden. Dazu hat das Laboratorium seine Arbeit aufgenommen. Die ersten eigenen Kreuzungen zeigen ihre erste grüne Farbe – wir sind auf die Ergebnisse gespannt (drei Jahre Wartezeit bis zur Blüte!).

Besondere Freude bereitet uns weiterhin die Kindergartenarbeit. Das große Gebäude in der Stadt (Februar 1978 eröffnet) beherbergt über 100 Kinder aus allen Bevölkerungsschichten. Es wird wirklich eine ausgezeichnete Arbeit in christlicher und pädagogischer Sicht an den Kindern getan. In diesem Monat beginnt die Kindergartenarbeit im Projekt in den neu errichteten Gebäuden des Kindergartens dort. Ebenso wollen wir nun mit der Arbeit an den Kindern beginnen, die keine Schule besuchen können.

Die Abwicklung des zweiten Teiles des Häuserprojektes in Augustawatte gestaltete sich schwieriger, da mittlerweile die Baupreise so immens gestiegen waren, dass die Bankdarlehen in Sri Lanka nicht ausreichten, sondern Vorfinanzierungen aus Deutschland nötig waren. Deshalb bat Karl in seinem Rundbrief vom September 1979 zum ersten Mal ganz konkret um Spenden. Dagegen lief die Käserei so gut und hatte so viel Nachfrage, dass nun eine Zweigabteilung im Projekt aufgemacht werden sollte.

Sprachliche Herausforderungen

Das neue Schulprojekt für die Kinder in Augustawatte, die keine Schule besuchen konnten, war Karl und Marlene besonders wichtig. Entscheidend für eine spätere gute Arbeit waren auch Englischkenntnisse, was mittlerweile im Land zu einem richtigen Problem geworden war, denn der Staat hatte die Englischklassen an den Schulen abgeschafft. Die Folgen dessen bekamen auch meine jüngeren Geschwister zu spüren, da sie nun in einer ganz normalen Singhalesischklasse diese Sprache auch schriftlich lernen mussten – mit für sie ganz fremdartigen Buchstaben. So gingen Brigitte, die nicht mehr in Indien zur Schule gehen wollte, und Henrike auf eine singhalesische Privatschule und Frieder kam zwar in eine internationale Klasse im Trinity College, hatte aber trotzdem nicht Englisch, sondern Singhalesisch als erste Sprache.

Für die ärmere Bevölkerung war – und ist – diese Regierungsentscheidung bis heute verheerend, bekamen sie doch fast gar keinen Englischunterricht mehr. So war es wichtig, dieses in dem Schulprojekt in Augustawatte gleich mit im Auge zu behalten.

Weitere Baumaßnahmen

Der Präses der Evangelischen Kirche von Westfalen, Dr. Thimme, hatte bei seinem Besuch in Kandy Karl nicht nur den guten Rat gegeben, noch weiter im Land zu bleiben, sondern war auch sehr angetan von der entstandenen Arbeit. Nun lag ihm daran, dass auch Vikare und Pfarrer der westfälischen Kirche einmal Gelegenheit hatten, sich das alles anzuschauen und Missionsarbeit vor Ort kennenzulernen.

So fragte er Karl, ob das Gebäude der KCM in der Stadt nicht um Gästeräume erweitert werden könnte, damit zum Beispiel Tagungen dort stattfinden konnten. Karl versicherte ihm, dass er die Fundamente des Gebäudes gleich für drei Stockwerke ausgerichtet hatte und bei vorhandenen Geldquellen sofort mit dem Bau der oberen beiden Stockwerke beginnen könne. So wurde er von Dr. Thimme damit beauftragt, der dieses Projekt finanziell in die Hand nehmen wollte. Das war natürlich wunderbar, zumal durch die Cafeteria und das Schwimmbad auch die Versorgung und der Urlaubscharakter gewährleistet wurden.

Am 25. August 1979 konnte dieses Konferenzzentrum mit den zwölf Gästezimmern in den beiden obersten Stockwerken des KCM-Gebäudes durch Dr. Becker vom Predigerseminar Soest eingeweiht werden, der gleich mit fünfzehn Theologen ein erstes Seminar abhielt.

Gemeindeentwicklungen

Im Konferenzzentrum sollte nun auch in Zusammenarbeit mit einer „Institution für theologische Ausrüstung von Mitarbeitern in begleitendem Fernkurs" (der bis zum theologischen Examen führen konnte) diese Arbeit gefördert werden. Pfarrer George Stevens und seine Frau Pearl halfen hier sehr mit. Karl war über Mr Stevens sehr froh, nicht nur, weil er bis zum Ende des Jahres 1979 noch einmal in der methodistischen Kirche als Superintendent in Badulla (130 Kilometer von Kandy entfernt) aushelfen musste, sondern weil er merkte, dass die Gemeindeglieder einen Pfarrer brauchten, mit dem sie in Seelsorgegesprächen in ihrer eigenen Muttersprache reden konnten und nicht, wie bei ihm, erst noch einen Übersetzer brauchten.

Anfangs war Karl ja sehr mit der Kirchenunion beschäftigt gewesen. Daraus wurde aber leider nichts, da einige Gemeindeglieder verschiedener Kirchen beim weltlichen Gericht dagegen geklagt hatten. So wurde das Ganze aufgegeben. Trotz allem arbeiteten die Kirchen untereinander weiterhin in guter Gemeinschaft zusammen.

GEBURTSTAG IM BUSCH UND ANDERE JUBILÄEN

Im Busch in Irian Jaya

Anlässlich seines 50. Geburtstags am 21. Januar 1980 feierte Karl kein Fest in Sri Lanka, sondern reiste mit Marlene zu seiner Cousine nach Irian Jaya, Indonesien. Erika und Klaus Reuter waren dort Missionare. Die Reise begann dienstlich in Bali, anschließend ging es nach Irian Jaya, wie Karl in seinem Rundbrief beschrieb:

> Abgeschnitten von aller Zivilisation im Dschungel Irians haben die Missionare Siegfried Zöllner und sein Nachfolger Klaus Reuter mit ihren Familien die Station Angguruk und eine Reihe von Nebenstationen aufgebaut. […]
>
> Obwohl Familie Reuter in diesen Tagen ihren Abschied von der Arbeit nahm und mit uns zusammen von Irian abreiste, gewährten sie uns eine wohltuende Gastfreundschaft. […] In dieser Gemeinschaft feierten wir dann meinen 50. Geburtstag. Eine Gruppe von Yalis, die die Nacht zum Abschied von Reuters durchgetanzt hatten, grüßte uns mit den Gesängen, Musik und Gottes Wort am frühen Morgen. Marlene schenkte mir ein ganzes Schwein! Wir kauften dann noch eine Menge Kartoffeln, Gemüse, Hühner etc. hinzu, Reuters steuerten noch ein weiteres Schwein bei, sodass wir dann das Dorf und andere Besucher, wohl über 150 Leute, zum Festschmaus einladen konnten.
>
> Die Schweine wurden mit Pfeil und Bogen erlegt, kunstgerecht in einer Erdkuhle zwischen Bananenblättern und Gewürzen auf heißen Steinen gegart und dann nach dem Dankgebet gemeinsam draußen verzehrt. Es schmeckte herrlich. Unsere Kinder konnten den Geburtstag nicht mitfeiern, aber dieses Erlebnis in der weiten Missionsfamilie bleibt unvergesslich.

Wir Kinder sahen immerhin schöne Bilder dieses so ganz anderen Buschlebens. Gemessen an Irian Jaya war Sri Lanka geradezu hochzivilisiert!

Ein kleines Wochenendhaus – „Hill House"

Trotz der Unruhen 1979 und dem Ausnahmezustand im Land kamen in diesen Jahren danach immer mehr Touristen ins Land und Besucher nach Kandy. Manchmal ging es im Haus in Augustawatte wie im Taubenschlag zu, denn auch viele Sri Lanker, die zum Beispiel ärztliche Hilfe bei Marlene suchten, saßen schon frühmorgens vor der Tür und warteten geduldig. Bei aller Gastfreundschaft sehnten gerade die drei jüngsten Kinder sich manchmal danach, einfach mal die Eltern für sich zu haben und ein ganz normales Familienleben zu führen. So überlegten Karl und Marlene nicht lang, als im Frühjahr 1979 ihnen ein kleines Häuschen mitten im Urwald oberhalb von Augustawatte zu einem günstigen Preis zum Kauf angeboten wurde. Da Ausländer in Sri Lanka keinen Grundbesitz haben dürfen, kauften sie es als Erbe für Johann mit dazugehörendem Land für Priyani und Dilly. Es war das perfekte Wochenendrefugium, um einfach mal durchzuatmen und Zeit für die Kinder zu haben. Sogar ein gemauertes Schwimmbecken war oberhalb des Hauses angelegt, sodass der Urlaubseffekt perfekt war. Natürlich kam Besuch auch hier hoch, aber bei Weitem nicht so viel wie ins Haus in Augustawatte und natürlich nicht zum Übernachten.

Marlene und Karl und ihre mittlerweile sehr große Familie.
Vordere Reihe: Frieder, Brigitte, Henrike, Priyani, Liebgard.
Hintere Reihe: Johann, Mechthild, Marlene, Sieglinde, Karl, Dilly, Nimal.

Nach dem „Eulenwinkel" in Schwelm taufte Marlene dieses Haus „Bergwinkel". Durchgesetzt hat sich aber bis heute der Name „Hill House", und am 9. April 1979 wurde offiziell eingezogen. Natürlich kam Agnes immer mit und für Brigitte, Henrike und Frieder war es klasse, hier mit ihren Freunden herrliche Übernachtungspartys feiern zu können. Beliebt als Übernachtungsstätte war natürlich besonders das Baumhaus, wenn sie auch manchmal Angst hatten, dass nachts eine Schlange hineinkriechen könnte. Schließlich machten die Tiere auch vor der Haustür des „Hill House" nicht halt. Aber zum Glück ist nie etwas Schlimmes passiert.

Als Mechthild, Liebgard und ich Weihnachten 1980 nach Hause kamen, konnten wir dann auch die Vorzüge dieses Refugiums genießen – wie Urlaub im Urlaub.

Fertigstellung des Häuserprojektes und Ausbau des Hauses Bethel

Mittlerweile hatte die Evangelische Kirche von Westfalen auf Antrag der KCM Karls Aufenthalt bis 1984 verlängert, damit in dieser Zeit ein Nachfolger gefunden und eingearbeitet werden konnte. Neben der Fertigstellung des Häuserprojektes stand noch ein Projekt an: Die KCM hatte ein Haus in der Nähe des Slumgebietes Katukelle gekauft, in dem die Toiletten gebaut worden waren. Mit den Spenden, die schon vorab von Kirchengemeinden und Freunden zum zehnjährigen Jubiläum im Juni 1982 eingegangen waren, sollte dieses Haus „Bethel" – ein ehemaliges Pfarrhaus der anglikanischen Kirche – ausgebaut werden. Karl schrieb dazu:

> Im Laufe des letzten Jahres besuchte uns auf Sri Lanka das Logos-Schiff, das christliche und gute Literatur in asiatische Länder bringt. Zu dieser Mannschaft gehörte ein australischer Architekt, der uns während seines Aufenthaltes einen sehr schönen Entwurf für das Haus wie auch für den endgültigen Ausbau der Batikwerkstatt machte. [...] Wir werden in diesen Tagen mit dem Umbau von *Bethel* beginnen. Dort soll nun ein Zentrum für Jugendarbeit und Kindergartenarbeit entstehen.

Trotz dieser neuen Pläne und Vorhaben war das Jahr 1982 ein Jahr des Feierns und auch dankbaren Zurückschauens – nicht nur in der KCM, sondern auch familiär für Karl und Marlene.

Als Erstes konnte am 20. März 1982 das Häuserprojekt in Augustawatte fertiggestellt werden, nachdem viele durch Spenden mitgeholfen hatten. Schon im Rundbrief von 1980 schrieb Karl, dass er sich besonders über das Engagement der Sri Lanker gefreut hatte:

> Der Vorstand der Kandy City Mission beschloss nun endlich, dass Mitglieder, Mitarbeiter hier im Lande, auch für ein Haus sparen sollen. Die neuen Siedler haben durch freiwillige Arbeitsleistungen beim Straßenbau schon den Wert eines Hauses erarbeitet. Gute Beispiele machen Schule.
>
> Die ersten Familien ziehen gerade in die neuen Häuser ein. Unser Antrag auf Finanzierung des Orchideenprojekts ohne die Häuser wird von der Ev. Zentralstelle für Entwicklungshilfe bearbeitet. Brot für die Welt hat inzwischen eine Biogasanlage genehmigt, die aus Dünger Gas für die Werkstätten gewinnt, die aber vor allem über die Flüssigkompostierung den Dünger für die Orchideen der Siedler bringen soll.

Und nun, knapp zwei Jahre später, übergab der deutsche Botschafter das letzte Haus feierlich einem gehbehinderten Siedler, der vom Staat aus dem Slumgebiet Urawela ausgesucht worden war.

Familienfeste und ein Jubiläum

Am 28. Mai 1982 fand die Hochzeit von Liebgard und ihrem Mann Andres Michael Kuhn statt, der gerade in Göttingen mit dem Ersten Theologischen Examen fertig geworden und mittlerweile Assistent an der Uni war. Auch die Hochzeit fand in Göttingen in der reformierten Kirche statt und Karl hielt die Trauung sehr gerne. Es war ein fröhliches Fest im Kreis vieler Freunde und einiger Verwandten der beiden. Auf dieser Hochzeit lernte Mechthild Andres' besten Freund, Reinhard Achenbach, kennen – und die beiden heirateten ein Jahr später, nachdem Reinhard noch mit Mechthild zusammen in Sri Lanka war, um auch die Eltern etwas näher kennenzulernen.

Zurück in Sri Lanka stand gleich am 30. Juni das große zehnjährige Jubiläum der KCM bevor. Neben vielen Festreden hörten die Anwesenden ein Lied der Siedler von Augustawatte unter der Leitung von Walter Silva, dem Mann von Pushpa, die mittlerweile auch in Augustawatte wohnten, und ein Lied der „Nachmittagsklasse", der Kinder aus dem Slumgebiet, die von den Erzieherinnen des Kindergartens der KCM am Nachmittag Hausaufgabenbetreuung, Englischunterricht, Nähunterricht und vieles mehr bekamen. Sie legten ihre Dankbarkeit für diese Hilfe in dieses Lied, das sie mit ganzer Inbrunst sangen!

Auch wenn mittlerweile viele Hände zum Gelingen der Arbeit der KCM beitrugen, so erinnerte der Präsident der methodistischen Kirche doch noch einmal daran, dass dieses alles nie geschehen wäre, wenn Karl und Marlene nicht nach Kandy gekommen wären und diese Arbeit angefangen hätten. Ja, er machte sogar einen sehr gewagten Vergleich: Was Luther für die lutherische Kirche war, sei Karl für die KCM. Na ja – ohne Gottes Wirken wäre beides nicht entstanden! Dieses Fest war geprägt vom Lob Gottes, der Menschen zusammenführt und Gemeinschaft schenkt, über alle kirchlichen und sozialen Barrieren hinweg.

Die beiden weiteren großen Feste im Jahr 1982 waren eher familiär – obwohl natürlich auch hier viele in der KCM und in Augustawatte Anteil hatten. Zunächst wurde am 12. September 1982 in der Scot's Kirk und später zu Hause Brigittes Konfirmation gefeiert. Am 2. Oktober hatten die Eltern Silberhochzeit, die zunächst mit der Familie, vielen Freunden, Mitarbeitern und Gemeindegliedern im großen Saal im Gebäude der KCM gefeiert wurde. Es war ein fröhliches Fest mit viel Musik, besonders durch die reichhaltigen musikalischen Beiträge von Reinhard Achenbach, Mechthilds Freund, der begnadet sowohl Klavier als auch Flöte und Geige und mit letzterer zu fröhlichem Volkstanz spielte. Die Kindergartenkinder sangen ein Lied auf Singhalesisch vor, und Brigitte, Henrike und Frieder führten zusammen mit ihren Freunden das Lied „So long, farewell, auf Wiedersehen, goodbye" auf aus dem in Sri Lanka sehr beliebten Musical „The Sound of Music".

Am 2. Oktober 1982 feierten Marlene und Karl mit der ganzen Familie ihre Silberhochzeit.

Auch in der späteren kleineren Familienfeier standen das Musizieren und Singen an erster Stelle. Das Schöne war, dass die ganze Familie versammelt war. Es war zugleich – obwohl das zu dem Zeitpunkt noch keiner wissen konnte – das letzte gemeinsame Zusammentreffen in Sri Lanka, ein vorweggenommenes gemeinsames Abschiedsfest.

ABSCHIED IN SCHWEREN ZEITEN

Karl war besonders froh, dass er die Gelegenheit hatte, seinen Nachfolger Pastor Hans-Joachim Beyer fast ein ganzes Jahr einzuarbeiten. So berichtete er im Rundbrief vom September 1982:

> Die Vorstellung der Familie Beyer und die Unterlagen machen uns froh im Blick auf ein gemeinsames Jahr der Mitarbeit. Unser Vertrag endet Ende 1984. Familie Beyer wird im Juli 1983 nach

hier kommen, um zunächst die singhalesische Sprache zu erlernen und um die Arbeit hier kennenzulernen. – Nun sind wir frei, uns auch Gedanken über unseren weiteren Weg zu machen.

Doch dann kam der Abschied viel schneller und anders als erwartet. Genau ein Jahr später, im September 1983, schicken Karl und Marlene bereits ihren letzten Rundbrief aus Sri Lanka, in dem sie eine Gesamtbilanz der Zeit dort zogen. Zu Beginn beschrieben sie ihren zukünftigen Weg:

> In einer Woche gehen wir auf Bitte der Deutschen Evangelischen Lutherischen Kirche nach Windhuk/Namibia für gut ein Jahr. Gemeindearbeit in der deutschen Gemeinde, Mitarbeiterschulung und einige Sonderaufgaben warten in der recht spannungsreichen Situation auf uns. Danach soll es dann nach Deutschland zurückgehen.

In diesem und im ersten Rundbrief von Namibia ging der Blick noch einmal zurück auf die wunderbaren Jahre in Sri Lanka. Allerdings war es keine schöne Zeit, das Land zu verlassen. Dabei hatte es erst im Jahr zuvor nach den Wahlen im Land hoffnungsvoll und gut ausgesehen. J. R. Jayawardena war erneut zum Präsidenten gewählt worden, und alle hatten die Hoffnung, dass es durch diese Stabilisierung der Politik nicht wieder zu Unruhen kommen würde.

Diese Hoffnung bestätigte sich leider nicht, denn schon ein Jahr später kam es zu der schlimmsten Zeit des Landes seit Langem, wie Karl berichtete:

> Wir kamen vor 12 Jahren hierher, als ebenfalls das Land im Ausnahmezustand war. [...] Wir erlebten 1977 die Unruhen mit. Diese letzten [1983]waren allerdings die schlimmsten und grauenhaftesten. [...] Eine wichtige Rolle spielt die Tatsache, dass im Norden eine Gruppe von Tamilen sich zu einer geheimen Widerstands-Befreiungsorganisation, der Tigerbewegung, zusammengeschlossen hat, die mit Attentaten und Waffengewalt eine Spaltung der Insel in einen Tamilenstaat im Norden und einen mehr singhalesischen Staat im Süden erzwingen will, die

also nicht mit friedlichen Mitteln gleiche Rechte für alle in einem gemeinsamen Staat herbeiführen will. Entsprechend heftig war die Reaktion. Man muss allerdings auch sagen, dass es extrem singhalesische-buddhistische Gruppen gibt, die die Insel, die zu keiner Zeit der langen Geschichte rein singhalesisch oder gar buddhistisch war, ganz für sich beanspruchen wollen (durch sie sind auch Muslime und Christen bedroht). […] Eine nicht bekannte Zahl von Menschen wurde grausam umgebracht, verbrannt oder erschossen. Eine lähmende Furcht hat sich der Tamilen bemächtigt, nachdem sie sehen mussten, wie schutzlos sie dem Hass und Mutwillen auch der Nachbarn ausgesetzt waren. […] Viele sind in den Norden geflohen, Tausende warten auf Einreisegenehmigungen in andere Länder. […] Die Tamilen im Bereich der KCM blieben bewahrt. Wir sind dankbar, dass wir auch nicht in Kämpfe verwickelt wurden. Unsere Singhalesen standen bereit, ihre Nachbarn und weitere Flüchtlinge in unserer Halle zu verteidigen. […] Der größte Teil der Läden der Scot's Kirk allerdings wurde verbrannt. Wir hoffen, dass der Neuaufbau in den nächsten Tagen beginnen kann. […]

Danken möchten wir in diesem Rundbrief noch einmal allen, die uns die Jahre hindurch mit Gebet, Gaben und Rat begleitet haben, die so die Arbeit ermöglichten. Wir sind bewegt, wenn wir bei einem Rundgang durch die mancherlei Arbeitsbereiche an viele Geber, Schulklassen und Gemeinden erinnert werden. Dies Haus wurde von … gespendet. Dort die Geräte kamen von … Diese Einrichtung ermöglichte die Gemeinde aus … Ja, so geht es mit jedem Platz hier – jedes Ding hat seine besondere Geschichte – Zeichen der Liebe. Und dann sind da die Menschen, die lange Strecken hindurch von Freunden im Ausland versorgt wurden. Da sind Mitarbeiter, die ihre Ausbildung unserem Freundeskreis verdanken. […]

Nun noch einige Zeilen zu der Arbeit in den letzten Wochen. Die Zahnklinik konnte im Juli eröffnet werden – sie tut einen wichtigen Dienst mit einem der Dozenten der zahnmedizinischen Fakultät, vor allem an den Kindern. „Bethel", unser Jugendheim mit Cafeteria und Kindergarten an der Peradeniya Road, konnte nach einigen Umbauarbeiten fertiggestellt werden. […]

Ja, der Abschied von diesem Freundeskreis hier bewegt uns sehr. Was haben uns diese Freunde bedeutet. […] Es hat manchen Wechsel gegeben, viele Probleme, aber auch viel Treue. Wir haben etwas von Gottes Wirken und Segen erfahren können. Wir wurden getragen, erfuhren Vergebung – Gottes Gnade und Treue ist groß. So können denn auch getrost die Werkzeuge ausgewechselt werden, denn der Herr bleibt derselbe.

Von der Methodistenkirche waren wir berufen worden, an die reformierte Kirche wurden wir ausgeliehen, die dann durch die Arbeit der City Mission neu belebt werden konnte. Dazu kam der Dienst in der deutschsprachigen Gemeinde und manche weitere Aufgabe – eine reiche Zeit.

Wie schwer der Abschied allen Beteiligten fiel, wird in dem ersten Rundbrief aus Namibia deutlich:

Liebe Freunde, bevor wir aus der neuen Arbeit in Windhuk berichten, müssen wir noch einen Augenblick nach Sri Lanka zurückschauen. Der Abschied von unseren Freunden dort war überwältigend. Jede Gruppe wollte uns gesondert einladen und ihre Dankbarkeit und Verbundenheit zum Ausdruck bringen. Der Vorstand, die Mitglieder der KCM, die Pfarrerbruderschaft – sie alle ließen uns noch einmal die Gemeinschaft erleben, die in den zwölf Jahren entstanden war. Wie viel Liebe wurde da sichtbar! Die Siedler gestalteten einen besonderen Abend und schenkten einen schönen Silberteller in der Form Sri Lankas, mit einem eingravierten Siedlerhaus und einer Orchidee. […] Die Arbeiter hatten – ohne Wissen des Vorstands – eine Batikarbeit entworfen und hergestellt, die als Mitte das Emblem der KCM mit dem Kreuz, den Strahlen der Auferstehung und der aufgeschlagenen Bibel mit der zentralen Verkündigung Jesu nach Joh. 14, 6 zeigt. […] Nach all dem Feiern kam dann noch das eigentliche Abschiednehmen, das uns allen schwerfiel. Mehrere Kleinbusse und Autos kamen nachts mit den Freunden noch mit zum Flugplatz. Aber nach einem für viele tränenreichen Abschied konnten wir dann endlich die Maschine zu einem ruhigen Flug nach Johannesburg besteigen.

So ging eine Zeit zu Ende, die nicht nur das Leben von Karl und Marlene in nachhaltiger Weise geprägt hatte, sondern auch das Leben von uns Kindern. Selbst wildfremde Menschen – so sie aus Sri Lanka kommen – haben bei uns immer einen besonderen Platz im Herzen und erinnern uns an diese so wertvollen Jahre in einer komplett anderen Kultur, aber mit äußerst liebenswerten Menschen. Mit einigen von ihnen sind wir bis heute freundschaftlich verbunden.

KAPITEL 5
NAMIBIA – VON DEN TROPEN IN DIE STEPPE

EIN BELASTETES ERBE

Namibia – ein Traum wird wahr

Von den Tropen in die Steppe – der Gegensatz könnte fast nicht größer sein. Vom Reichtum an Wasser, grüner Vegetation und einer Überfülle an Menschen hin zu einem in vieler Hinsicht kargen Land: Regelmäßig wird in den Gottesdiensten in Namibia um Regen und genügend Wasser gebetet, damit die wüstenähnlichen, trockenen Böden wenigstens ab und zu in ein wenig Grün verwandelt werden. Um überhaupt ein paar Früchte genießen zu können, muss hier jeder Obstbaum sorgsam begossen und gepflegt werden. In der Steppe – zumindest im Süden Namibias, das fast zweieinhalb Mal so groß ist wie die Bundesrepublik Deutschland – wachsen nur vereinzelte Dornbüsche und ganz selten größere Bäume. Lediglich im Norden im Ovambo-Kavangoland, wo wesentlich mehr Niederschlag fällt, grünt und blüht es wunderbar, sodass auch großflächiger Ackerbau möglich ist. Im südlichen Namibia müssen sich dagegen die Farmer notgedrungen mehr auf Vieh- als auf Landwirtschaft konzentrieren. Das schlägt sich natürlich auf die Bevölkerungsdichte nieder, die im Norden unter den Ovambo- und Kavangostämmen wesentlich höher ist als im Süden. Mit seinen 2,2 Millionen Einwohnern reicht Namibia aber längst nicht an die Bevölkerungsdichte des im Vergleich winzigen Sri Lankas (so groß wie Bayern, aber mit 19,4 Millionen Einwohnern) heran.

Trotz der Kargheit faszinierte Karl Namibia, wo er schon seit Langem gerne arbeiten und leben wollte. So war für ihn die Ankunft im

September 1983 in Namibia wie ein Heimkommen. Schon seit seiner Kindheit hatte er von einem Leben auf einer Farm in Namibia geträumt und seit seinem Besuch als Bundeswart von einer missionarischen Arbeit dort. Das war wohl auch ausschlaggebend, warum er sich von Pfarrer Willfried Blank, den er von den Ostasien-Pfarrerskonferenzen kannte und der bis dahin für die Betreuung der deutschen Pfarrer Ostasiens zuständig gewesen war, hatte überreden lassen, für ein Jahr nach Namibia zu kommen. Wenn er und Marlene allerdings damals schon gewusst hätten, wie viele Jahre letztendlich daraus werden würden, hätten sie gleich den ganzen Hausrat mit nach Namibia genommen und nicht schon den größten Teil nach Deutschland verschifft.

Eine Sache verfolgte Karl leider aus seiner Zeit in Asien nach Afrika: War Sri Lanka durch die Rassenkonflikte sehr erschüttert, schwelten in Namibia schon seit Langem noch viel schwierigere Probleme unter den verschiedenen Bevölkerungsgruppen. Zu diesem Zeitpunkt hatte Südafrika immer noch die Mandatsmacht über Namibia und versuchte, die südafrikanische Apartheidpolitik durchzusetzen. Dadurch war der Freiheitskampf Namibias fast zu einer weltweiten politischen Angelegenheit geworden, die auch Länder wie die USA und natürlich Deutschland betraf, zumal Namibia eine ehemalige deutsche Kolonie war. So hieß Namibia in den 1980-Jahren noch Südwestafrika und bekam erst zu seiner Unabhängigkeit den Namen Namibia, benannt nach der großen Namib-Wüste, die sich an der ganzen Westküste entlangzieht.

Nach der relativ kurzen deutschen Kolonialzeit von 1884 bis 1915 wurde Südwestafrika durch den verlorenen Ersten Weltkrieg vom Völkerbund als Mandatsgebiet Südafrika unterstellt. Nach dem Krieg waren 20 000 Deutsche zurück in ihr Geburtsland geschickt worden, aber viele von ihnen kehrten im Laufe der nächsten Jahrzehnte nach Südwestafrika zurück, weil das afrikanische Land in den vergangenen Jahrzehnten zu ihrer Heimat geworden war und sie es liebten. Wenn ein echter „Südwester" von „seinem Heimatland" sprach, meinte er nicht etwa die ferne Heimat in Deutschland, sondern seine jetzige in Südwestafrika.

Ankunft in Namibia

Anders als für Karl war es für den Rest der Familie gar nicht so einfach, hier ganz anzukommen. Die Höhe Windhuks (ca. 1 600 Meter über dem Meeresspiegel) machte Marlene etwas zu schaffen. Brigitte, Henrike und Frieder ließen natürlich sehr ungern ihre sri-lankischen Freunde zurück, und die Aussicht, sich – vielleicht nur für ein Jahr – neue Freunde zu suchen, war auch nicht gerade verlockend. Außerdem mussten sie nun – nach mühsam erlernter singhalesischer Sprache – auch noch zur deutschen Sprache das südafrikanische Afrikaans dazulernen. Aber sie trugen es mit Fassung und freuten sich auch ein wenig auf das Neue. Was ihnen bei der Eingewöhnung half, war bestimmt auch die Tatsache, dass sie nicht auf irgendeiner abgelegenen Farm wohnten und die meiste Zeit über ein Internat besuchen mussten, sondern dass sie in der Hauptstadt Windhuk wohnen konnten und in die deutsch-afrikaansche Schule gehen konnten. Das Haus in der Chateaustraße gefiel ihnen sehr gut. Allerdings wunderten sie sich am Anfang, wie deutsch diese Stadt mitten in Afrika war. Das war etwas völlig anderes als das Leben in den Tropen mit asiatischer Kultur.

Über die ersten Eindrücke von Land und Leuten berichtete Karl in seinem ersten Rundbrief aus Namibia im Advent 1983:

> Der Flug von Colombo ging nach Johannesburg, Südafrika. Auf einer Rundreise im Auto entlang der schönen Südküste im ersten Frühling mit seiner Fülle von herrlichen Blumen hatten wir Zeit, Abstand zu gewinnen und uns auf das neue Land mit seinen anderen Aufgaben ein wenig umzustellen.
>
> Nach gut einer Woche wurden wir dann in Südwest zunächst bei Familie Neumeister aufgenommen, weil unser Pfarrhaus noch belegt war. So hatten wir gleich Gelegenheit, die Gastfreundschaft und die Fürsorge vieler Gemeindeglieder und des Gemeindekirchenrates praktisch kennenzulernen. Alle bemühten sich darum, uns dieses Land zu einer Heimat werden zu lassen. Und das ist ihnen gelungen. […] Wir alle haben zunächst einmal auch diese karge und doch unheimlich faszinierende Landschaft lieb gewonnen. Immer neu sind wir von dem einmaligen Farbenspiel überwältigt. Das Klima be-

kommt uns trotz der Höhe zunehmend gut. Wir sind gesund und freuen uns auf die Arbeit. Auch unsere Kinder haben sich schnell eingelebt. Sie gehen gern in die deutsche Schule (die Staatsschule). Nun lernen sie endlich Deutsch! Natürlich vermissen sie (und nicht nur sie) die Freunde aus Sri Lanka sehr. Unsere Gedanken sind oft in Kandy. Wir sind aber dankbar, dass auch hier neue Freundschaften sich anbahnen. So haben unsere Kinder guten Kontakt zur Tochter unserer englisch sprechenden Nachbarn, Methodisten, gefunden. Wir sind froh über eine gute Nachbarschaft, die uns zusätzlich zu dem sehr guten und geräumigen Haus gegeben wurde.

Die Gemeinde und kirchenpolitische Schwierigkeiten

Die Kirche, in der Karl nun zunächst für ein Jahr als Pfarrer tätig sein sollte, befand sich in einer schwierigen Situation. Da war einmal die angespannte politische Lage, die sich natürlich auf das Denken und Handeln in den einzelnen Kirchen auswirkte. Zum anderen rangen die schwarzen und weißen Kirchen um Einheit, was natürlich mit dem Politischen eng verflochten war. Zum dritten hatte es auch in der Deutschen Evangelisch-Lutherischen Kirche (DELK) in den Jahren davor große Spannungen gegeben, die zu einem fast kompletten Pfarrerwechsel geführt hatten. Um diese ganzen Schwierigkeiten zu verstehen, mit denen Karl als Pfarrer im Gespräch mit den Menschen aus der Gemeinde natürlich unmittelbar konfrontiert wurde, sei hier kurz auf die Hintergründe eingegangen:

In den vergangenen zwei Jahren war es in der DELK fast zu einer Kirchenspaltung und zur Beendigung des Vertrages mit der Evangelischen Kirche in Deutschland (EKD) gekommen. Mit dem Thema hatte sich nicht nur das Kirchenblatt *Heimat*, sondern auch die *Allgemeine Zeitung* Windhuks beschäftigt. In der Ausgabe vom 14. Oktober 1982 wurde nicht nur über die Ergebnisse der DELK-Synode im Oktober in Windhuk berichtet, sondern es erschien darüber hinaus ein zweiseitiger Bericht über die Kirchenleitung. Sechs Mitglieder der Kirchenleitung in Windhuk waren zurückgetreten, weil sie mit den zum Teil einsamen Entscheidungen und Alleingängen des derzeitigen Landespropstes, Pastor G. Kauffenstein, nicht mehr zurechtkamen. Drei der sechs Mitglieder waren von der EKD nach Namibia entsandte Pfarrer, die um ihre Rückberufung nach Deutschland baten. Die Schwierigkeiten führten dazu, dass auf einer außerordentlichen Sitzung des Gemeindekirchenrates beschlossen wurde, die EKD um eine Rückberufung des Landespropstes zu bitten. Letztlich entschied jedoch nicht eine Abberufung über den zukünftigen Landespropst, sondern bei der auf April 1983 verschobenen Propstwahl stand neben dem alten Landespropst auch Willfried Blank zur Wahl, der sie schließlich gewann. Und es war bestimmt auch ein Segen, dass Blank von der EKD erbat, selber Pfarrer für Namibia aussuchen zu dürfen, die mit den kirchenpolitischen Schwierigkeiten nichts zu tun hatten und denen es in allererster Linie nicht um (Kirchen-) Politik ging, sondern darum, die Gemeinden durch das Evangelium zu stärken und die Gemeinschaft untereinander durch den Glauben zu fördern. Dabei war dieses Vorhaben bei der gerade für die Deutschen in Namibia zum Teil sehr belasteten Vergangenheit gar nicht so einfach. Besonders die Herero in Namibia begegneten den Deutschen mit Skepsis, mussten sie doch immer an die schrecklichen Taten der deutschen Schutztruppe im Jahr 1904 denken. Deutsche Soldaten hatten einen unglaublichen Völkermord an den Herero begangen; dabei hatten von 80 000 Herero nur 15 000 überlebt.

Doch Veränderung geschieht nie durch Anklage und erneuten Hass, sondern nur durch Bekennen, Vergeben und das Wagnis eines Neuanfangs. Das sollte in Namibia vor allem durch das Miteinander und die Gemeinschaft der einzelnen Menschen aus den schwarzen und weißen Gemeinden der verschiedenen Kirchen geschehen und gefördert werden. Hier galt es für die Pfarrer und Gemeinden der verschiedenen Rassen, den einzelnen Menschen in seiner Lebensgeschichte zu sehen, vorhandenen Rassenhass anzusprechen und durch das Evangelium eine Veränderung zu bewirken.

Wunsch der Unabhängigkeit für Namibia – die Entwicklung der SWAPO

Was diese Arbeit für die Menschen in den Gemeinden wirklich schwierig machte, waren natürlich die politisch unterschiedlichen Meinungen, die zu Konflikten im Verständnis des Evangeliums und zu innergemeindlichem Streit führten. 1977 hatte sich aus der gescheiterten „Turnhallenkonferenz" in der Turnhalle Windhuks eine „Turnhallenallianz" gebildet, die auf politischem Wege Südafrika dazu bringen wollte, Namibia die versprochene Freiheit zu geben. 1978 gab es zum ersten Mal Wahlen, bei der jede Person eine Stimme hatte. Dennoch entließ Südafrika auch jetzt das Land nicht in die eigene Unabhängigkeit. Allerdings ermöglichte die Schutztruppenfunktion Südafrikas, dass Namibia eigene Gesetze bilden und sich so zum Beispiel von den Apartheidgesetzen Südafrikas befreien konnte.

In seinem Rundbrief vom Januar 1984 versuchte Karl, einen Überblick über die verzwickte Situation weiterzugeben:

> Es ist nicht möglich, nach so kurzer Zeit und in einem ersten Brief die politische Situation darzustellen. Allgemein zeigt sich jedoch, dass Schwarze und Weiße von der Vorherrschaft Südafrikas frei werden wollen. […]
>
> Immerhin unterscheidet sich SWA [Südwestafrika] darin schon deutlich von SA [Südafrika], dass die Rassengesetze aufgehoben sind. Man kann sich frei bewegen (außer in den Kampfgebieten), Besitz erwerben, heiraten. Dennoch ist es ein langer Weg, bis die Vor- und Pauschalurteile verschwinden, bis man im Vertrauen miteinander einen gemeinsamen Weg findet. Das gilt nicht nur im Verhältnis Schwarz-Weiß, sondern für alle elf Völker in ihrem Verhalten zueinander. Hinzu kommen sechs Dürrejahre, die die Wirtschaft stark geschwächt haben. Es bedarf einer gemeinsamen, sehr fähigen Regierung, die diese Probleme zum Besten aller meistert.
>
> Ein wichtiger Beitrag zur Verständigung wird mit Recht von den Kirchen erwartet. Wir haben drei lutherische Kirchen: eine im Norden, die die Ovambo- und Okavango-Völker erfasst (ELOK), eine aus der Rheinischen Mission (jetzt VEM) hervorgegangene Kirche für Schwarze, Farbige und Basters (ELK) und die Kirche der Deutschsprachigen (DELK). Diese haben sich zur Vereinigten Evangelisch-Lutherischen Kirche von Südwestafrika (VELKSWA) zusammengeschlossen. Damit ist allerdings mehr eine Aufgabe als ein abgeschlossener Tatbestand umrissen.

Ein großes Problem bildete in den Kirchen Namibias das gespaltene Verhältnis vieler zur SWAPO, der *South West African People's Organisation*, die sich im Laufe der Jahre seit ihrer Gründung sehr verändert hatte. Pfarrer Siegfried Groth, der sich jahrelang seelsorgerlich um die namibischen Flüchtlinge in Sambia gekümmert hatte, beschreibt in seinem Buch *Namibische Passion* in sehr eindrücklicher Weise, aus welcher Not der schwarzen Menschen heraus sich diese Befreiungsorganisation gebildet hatte. Er schildert auch, wie die SWAPO im Laufe der Siebziger- und Achtzigerjahre immer mehr zu einem eigenständigen, politischen Machtapparat wurde, vielfach kommunistisch unterwandert wurde und ihrerseits Menschenrechtsverletzungen an denen aus dem eigenen Volk beging, die ihr kritisch gegenüberstanden oder sich gar von ihr losgesagt hatten.

Auslöser für die Entstehung der SWAPO war eine Demonstration am 10. Dezember 1959 gegen die Zwangsumsiedlung der schwarzen Völker nach Katutura, bei der durch die südafrikanische Polizei elf Menschen getötet und fünfundfünfzig verletzt wurden. Groth schreibt über die Gemeinde in Katutura:

Diese Gemeinde lebte in einer schwarzen Satellitenstadt, der größten ihrer Art in Namibia, sieben Kilometer von der Hauptstadt Windhuk entfernt. Sie hatte in den letzten Jahren Angst und Gewalt durchlitten. Tausende waren unter Zwang umgesiedelt worden. So war ein schwarzes Ghetto entstanden, wie es dem südafrikanischen Rassentrennungsprogramm entsprach. In Katutura lebten die Völker streng getrennt nach ihrer Stammeszugehörigkeit, getrennte Siedlungen für Herero, Ovambo, Damara und Nama. Katutura, das bedeutet: „Hier wollen wir nicht bleiben!" […] Die Namibier waren nicht länger bereit, sich der Rassentrennung des weißen Regimes zu beugen. Ihr Widerstand fing an zu wachsen. Immer mehr begannen, ihre Heimat zu verlassen und ins Exil nach Angola oder Botswana zu fliehen. Angesichts der brutalen Maßnahmen kam es im Jahr 1960 zur Gründung der namibischen Befreiungsbewegung SWAPO (South West Africa People's Organization). Der Apartheidpolitik entsprechend wurde die Hauptstadt aufgeteilt in das weiße Windhuk, das schwarze Katutura und Khomasdal, die Stadt für Mischlinge. Die Satellitenstadt war eine Arbeitskolonie, denn die Menschen hatten dort nur Wohnrecht, solange sie Arbeit bei Weißen fanden. Die nicht weißen Wohnsiedlungen waren Städte auf Abbruch, die eines Tages wieder verschwinden sollten.[30]

Die beiden lutherischen Kirchen VELKSWA und ELOK entschlossen sich zum öffentlichen Protest. Am 30. Juni 1971 sandten sie einen von den Studenten des theologischen Seminars „Paulinum" in Otjimbingue initiierten Brief an den südafrikanischen Premierminister, der sich auf das Rechtsgutachten des Internationalen Gerichtshofes vom 21. Juni 1971 in Den Haag bezog. Hierin hatte das Internationale Gericht erklärt, die südafrikanische Republik habe kein Recht, Südwestafrika weiterhin zu verwalten, und die weiße Regierung aufgefordert, das Land zu verlassen.[31] Dieser Brief machte auch die Weltöffentlichkeit auf die Menschenrechtsverletzungen in Namibia aufmerksam. Letztendlich änderte er aber nichts – im Gegenteil, der 1966 begonnene namibische Krieg ging mit Folterungen und Unterdrückung weiter; überall herrschte Angst. Zunächst wollten sich die Menschen in Namibia nicht mit Waffengewalt wehren, auch waren keine ideologischen Gedanken im Spiel.[32] Aber als Jahr für Jahr niemand auf sie hörte und Polizei und Militär immer brutaler gegen die Protestierenden vorging, änderte sich die Meinung – und viele griffen zu den Waffen. Dieser Krieg brachte Menschen in Gewissenskonflikte. Gerade viele Christen aus dem Ovamboland wollten eigentlich gar nicht kämpfen, wurden aber abgestellt, ihre Frauen und Kinder zu verteidigen – und im schlimmsten Fall Angreifer zu töten.[33]

Zephanja Kameeta, Pfarrer der ELK, setzte sich mit allen Kräften für die Befreiung des Landes ein. Er wurde zum Ehrenmitglied der SWAPO ernannt und gehörte zu ihrer internen Führung. Zwei Mal wurde er inhaftiert und sah diesen politischen Befreiungskampf als eine Aufgabe aller Christen Namibias an.[34]

Auf der anderen Seite standen die, die keinen Sinn in diesem Krieg sahen und letztlich auch keine Hoffnung hatten, Südafrika zur Freiheit Namibias zwingen zu können. Sie setzten eher auf eine politische Lösung. Hinzu kam, dass im Laufe dieses Krieges nicht nur die südafrikanische Armee besonders im Norden brutal durchgriff, sondern dass auch die SWAPO ihr Gesicht verändert hatte. In die Exilgemeinden in Sambia, Angola und Tansania wurden von den namibischen Kirchen Pfarrer gesandt, die sie betreuen sollten.[35] In seinem Buch schildert Siegfried Groth, wie es gerade in diesen Exilgebieten immer schwieriger wurde, sich der politischen SWAPO zu entziehen, denn die wurde immer kontrollierender und entließ die Pfarrer, die ihnen nicht gehorsam waren.

Auch die, die die SWAPO verlassen wollten, weil sie mit diesem Ausmaß an Gewalt nicht mehr klar kamen, wurden als Dissidenten hart verfolgt. Aus der anfänglich friedlichen, gewaltlosen Bewegung gegen südafrikanische Rassenpolitik war eine politisch machtvolle Organisation geworden, die ihrerseits fast rassistische Züge angenommen hatte und genauso brutal wie die Südafrikaner ihre eigenen Leute bekämpfte, die Kritik übten und diesem für viele aussichtslos gewordenen Krieg ein Ende setzen wollten. Es wurden Menschenrechtsverletzungen an der eigenen Bevölkerung begangen, die bis heute nicht aufgearbeitet worden sind, bis dahin, dass Menschen einfach verschwunden sind.[36]

Außerdem fing Mitte der Siebzigerjahre die Unterwanderung der SWAPO durch den Kommunismus an. Viele Kinder der SWAPO-Kämpfer wurden zum Schutz und zu einer guten Ausbildung in die DDR geschickt und etliche Kämpfer nach Russland, um dort ausgebildet zu werden.

So ergab sich ein neues Problem, welches das Land und besonders die Kirchen und Gemeinden wiederum spaltete: Man konnte nicht nur schwarz oder weiß, für oder gegen Südafrika sein, sondern nun auch für oder gegen die SWAPO. Und wer gegen die SWAPO war, wurde gleich als rassistisch und pro südafrikanisch abgestempelt. Hinzu kam das Problem, dass die UNO die SWAPO als alleinigen rechtmäßigen Vertreter Namibias gelten ließ, nicht aber die von den Menschen Namibias gewählten Vertreter der Regierung, die sich aus der Turnhallenallianz und verschiedener anderer Parteien gebildet hatte und die versuchten, auf politischem Wege ohne militärische Konfrontation mit Südafrika die Freiheit herbeizuführen. In dieser Regierung waren auch nicht nur Weiße, sondern ebenfalls Vertreter der elf Stämme Namibias – während die SWAPO sich vorwiegend aus dem Ovambostamm im Norden des Landes bildete und nicht unbedingt von den Stämmen der Herero, Damara und Nama anerkannt und befürwortet wurde.

Die deutsche Kirche konnte sich nicht einfach auf die Seite der SWAPO schlagen und hatte dadurch das Problem, dass viele Gemeinden in Deutschland sie deshalb pauschal als rassistisch und apartheidfreundlich einstuften. Selbst Karl bekam sofort zu spüren, dass er von vielen in Deutschland abgelehnt wurde, weil er „mit diesen Rassisten" paktierte. „Man darf doch nicht unter den Weißen, sondern nur unter den Schwarzen arbeiten." Doch Karl meinte: „Wenn unter einigen Weißen wirklich noch Rassismus herrschen sollte, dann ist es doch umso wichtiger, genau zu ihnen zu gehen und zu versuchen, sie durch das Evangelium zu gewinnen. Schimpfen und verurteilen von der anderen Seite aus verändert nichts zum Positiven, sondern verhärtet nur die Fronten. Aber die Liebe Jesu kann Menschenherzen verändern." Und diese Liebe Gottes den Menschen zu bringen war Karls größtes Anliegen als Pfarrer, ob in Deutschland, in Sri Lanka oder in Namibia.

Die ersten Gottesdienste

Aufgrund der kirchlichen und politischen Auseinandersetzungen und Meinungsverschiedenheiten waren viele Gemeindeglieder sehr verunsichert – gerade auch den deutschen Pfarrern gegenüber. Das spürte Karl sehr deutlich, als er im September 1983 mit seinem Dienst begann. Gleich im Oktober sollte er die Beerdigung des Sohnes eines Farmerehepaares halten, die eine Farm ca. 200 Kilometer von Windhuk entfernt hatten. Die Beerdigung fand auf der Farm statt. Hinterher sagte der Vater zu einem anderen Farmer: „Der kann mich auch beerdigen." Das war ein sehr großes Lob für Karl, denn dieser Farmer war mittlerweile Pfarrern aus Deutschland gegenüber sehr kritisch eingestellt.

Die beobachtende Zurückhaltung der Menschen erlebte Karl besonders in seinem ersten Weihnachtsgottesdienst in Hochfeld, der in einem Gasthaus stattfand. Vor dem Gottesdienst fragte er ganz unbedarft in seiner fröhlichen Art mit Terminkalender in der Hand, ob sie schon einmal für das kommende Jahr den nächsten Gottesdienst festlegen wollten, damit er ihn der Gemeinde in den Abkündigungen mitteilen könne. Erstaunt hörte er die Antwort: „Nein, wir wissen nicht, ob wir noch einen nächsten Gottesdienst haben wollen." Auch gut, dachte sich Karl und begann den Weihnachtsgottesdienst.

Hinterher kamen einige aus der Gemeinde auf ihn zu und wollten einen Termin für den nächsten Gottesdienst ausmachen: „Jetzt haben wir ja die Predigt gehört." Sie hatten gemerkt, dass er ihnen nicht irgendwelche politischen oder sonstigen Ansichten überstülpen wollte, sondern ihnen einfach das Evangelium von Jesus Christus und die Liebe Gottes weitergab. Er predigte nicht Antiapartheid, sondern bedingungslose Nächstenliebe – sogar dem Feind gegenüber, so wie es Jesus auch getan hatte. Das war viel umfassender als irgendwelche Slogans, die schon häufig gebraucht, aber nie wirklich umgesetzt worden waren.

So predigte sich Karl nach und nach in die durch die Streitigkeiten zum Teil sehr verhärteten Herzen der Menschen in Windhuk und Umgebung. Im Januar 1984 berichtete er den Freunden:

Unser Pfarrbezirk Windhuk, den Landespropst Blank, Prof. Müller-Schwefe als vorübergehender Pfarrverweser [Verwalter] und ich zu betreuen haben, umfasst ein Gebiet von der Größe der DDR und Nordrhein-Westfalen zusammen. Da sind ca. 5 000 Mitglieder. Man muss sich als Mitglied anmelden – die Zahl derer, die erreicht werden sollen, ist also weit größer – und auch seinen Kirchenbeitrag festsetzen (Richtzahl 2 % des Einkommens). Nach häufigem Pfarrerwechsel in der vergangenen Zeit und aufgrund der politischen Verunsicherung besteht verstärkt der berechtigte Wunsch, dass nicht der neue Pfarrer wieder nur kurzfristig hier ist. Durch Predigten, Amtshandlungen und Farmbesuche fanden wir einen guten Eingang, sodass wir durch Kirchenleitung, Gemeindekirchenrat und unsere leitenden Brüder aus den farbigen Kirchen gebeten wurden, länger zu bleiben. Da für uns auch keine andere Anfrage mehr vorlag, haben wir zunächst für weitere vier Jahre zugesagt. Nun können wir einmal einen „normalen" Gemeindedienst tun. Die Aufgabe, alte Spannungen in der Gemeinde, die sich besonders im Zusammenhang mit dem Propstwechsel zeigten, zu überwinden, erfordert viel seelsorgerliche Kleinarbeit. Es ist ein vielschichtiges Problem mit evangelikalen, rassischen, politischen und normalen menschlichen Schwierigkeiten, die sich verwirrend überlagern, zu Parteibildungen führten, Menschen verunsichern, einige gar zum Kirchenaustritt veranlassten. Verkündigung und Seelsorge stehen damit im Mittelpunkt unserer Arbeit.

Aber Karl war es auch von Anfang an wichtig, sich nicht nur um die eigenen deutschen Gemeindeglieder zu kümmern, sondern gerade auch die Gemeinschaft mit den Geschwistern aus den schwarzen Gemeinden zu suchen und zu stärken, wie er im Rundbrief weiter beschreibt:

Wir haben nun zur Stärkung der Gemeinschaft eine gemeinsame Lutherwoche durchgeführt mit Vorträgen, einem gemeinsamen Sing- und Posaunenabend im Verwoerdpark in Windhuk und einem gemeinsamen Gottesdienst in Katutura, dem Wohnviertel der schwarzen Bevölkerung. Zwei Pfarrer aus Katutura, einer aus Khomasdal (wo vorwiegend die Farbigen angesiedelt werden) und ich, hielten die Predigten zum Thema: Einen anderen Grund kann niemand legen, außer dem, der gelegt ist: Christus. Am zweiten Adventssonntag predigt dann Pastor Nakamhela, ein Ovambo, der länger in der lippischen Kirche tätig war, in unserer Christuskirche. Das sind erste Schritte.

Die Christuskirche in Windhuk, in der Karl in all den Jahren zahlreiche Gottesdienste hielt.

Noch vor Weihnachten wurde Karl als Pfarrer für sechs Jahre gewählt und auch gleich zum Stellvertreter des Landespropstes Blank ernannt. Dadurch bekam er natürlich noch mehr Einblick in die Kirchenpolitik und konnte zum Guten mitwirken.

Advent und Weihnachten in Namibia

Die erste Advents- und Weihnachtszeit in Namibia blieb der ganzen Familie – einschließlich mir, die ich vom Studium dorthin reiste, um Weihnachten bei der Familie zu verbringen – in lebendiger Erinnerung. Vielleicht auch deshalb, weil die Kargheit des Landes sich sogar in unserem Wohnzimmer widerspiegelte: Dadurch, dass die Eltern ja eigentlich nur ein Jahr bleiben sollten, hatte unsere Mutter nur eine kleine Auswahl aller Weihnachtssachen mitgenommen. Umso heller leuchteten die Kerzen, die bei 35 Grad im Schatten tagsüber immer wieder in den Kühlschrank wanderten, um sich nicht zu verbiegen. Was besonders faszinierte, war der Weißdornbusch, der als Weihnachtsbaum diente und meines Erachtens viel besser als Tanne und Fichte passte. Die langen weißen Dornen, die im Kerzenschein besonders hell leuchteten, wiesen umso deutlicher auf das Kreuz hin und versinnbildlichten, dass Ostern und Weihnachten untrennbar zusammengehören und in den ganzen Schwierigkeiten Namibias das Evangelium allein wirklich Frieden bringen konnte.

FARMGOTTESDIENSTE, RUNDFUNKPASTOR UND KIRCHENPOLITIK

Eine weitläufige Arbeit

Auch wenn Karls Aufgaben denen eines Pfarrers in einer deutschen Gemeinde inhaltlich sehr ähnelten, war sein Amt doch in diesem weiten Land etwas ganz anderes. Vielleicht war in der Gemeinde Windhuk die Arbeit noch am ehesten mit der in Deutschland vergleichbar. Dort hielt Karl ganz normal Gottesdienste in der Christuskirche, die im Jahr 1982 ihr 70-jähriges Bestehen gefeiert hatte, und übernahm gemeinsam mit den anderen Pfarrern die Jugendarbeit, Gemeindekreise und Konfirmandenarbeit. Es gab auch einen hervorragenden Posaunen- und Kirchenchor. In Windhuk war sogar ein sehr gutes musikalisches Konservatorium vorhanden, das Marlene sogleich für die Kinder und auch sich selbst in Anspruch nahm.

Zusätzlich sollten die Pfarrer noch die ganzen „Außenbezirke" betreuen, Gottesdienste in Lüderitz halten, nachdem der dortige langjährige Pfarrer in Ruhestand gegangen war, außerdem unter anderem in Okahandja und Grootfontein. In seinem Rundbrief im Oktober 1984 schrieb Karl dazu:

> Ein geistlicher Gemeindeaufbau ist bei der Weiträumigkeit des Landes nicht einfach. Für einen Farmgottesdienst müssen die Leute Anfahrten von 20 bis 150 Kilometern in Kauf nehmen. Auch wenn man dann zwei bis drei Stunden zusammen ist – reicht das? Wir brauchen zusätzlich ein Zentrum, in dem wir uns für Freizeiten, Tagungen und Rüstzeiten treffen können. […] Wenn geistliches Leben in den Familien neu entsteht, wird es sich auch über die Grenze der Sprache ausweiten.
>
> Vorübergehend war ich allein in dem Riesenbezirk tätig. Besondere Freude bereiten mir die Gottesdienste auf Farmen und in den entlegenen Außenbezirken. Die langen Fahrten zwischen den Predigtstellen (am vergangenen Wochenende waren es ausnahmsweise 2 000 Kilometer) dienen der Erholung. Inzwischen sind – bis auf eine – alle Pfarrstellen besetzt, sodass nun wieder besser geplant werden kann.

Zu den Farmgottesdiensten kamen Farmer aus der ganzen Umgebung zusammen, um durch den Gottesdienst und dann auch hinterher beim gemeinsamen Essen Gemeinschaft miteinander zu haben. Und hier war es natürlich besonders gut, dass Karl nicht nur so viel von Menschen und von der Bibel verstand, sondern dass er sich auch sehr für das Farmen interessierte und dazu noch Jäger war. Dadurch wurde er von den Farmern gleich ganz anders akzeptiert und wertgeschätzt.

In Windhuk gab es vier Pfarrstellen, und die Pfarrer teilten sich die Außenbezirke mit den Farmgottesdiensten auf, sodass nicht jeder so weite Strecken zurücklegen musste und es Kontinuität bei den Farmbezirken gab. Neben Landespropst Blank und Karl war 1984 Dieter Schütte mit seiner Familie aus Natal, Südafrika, hinzugekommen und 1985 Pastor Jaedicke, der zunächst für zwei Jahre als Pfarrer zur An-

stellung tätig war und im April 1987 nur noch pro forma zum vierten
Pfarrer Windhuks gewählt wurde.

Dieter Schütte erzählte, dass er eines Tages nach einer Bibelarbeit
in der Gemeinde über das Thema „Geistesgaben" zu seinen Kollegen
gesagt hatte: „Wir erwarten etwas von der Gemeinde, was wir selber
ja gar nicht praktizieren. Jeder von uns meint, die ganze Palette an
Gemeindearbeit, die ein Pfarrer zu leisten hat, ausfüllen zu müssen,
und wir bedenken gar nicht, dass wir selber ja auch in verschiedenen
Bereichen mehr oder weniger Begabung haben. Vielleicht sollten wir
auch die Gemeindearbeit nach den einzelnen Begabungen mehr auf-
teilen."

Das erwies sich als sehr gut, denn was Karl nicht so lag, war die
moderne Art, Jugendliche zu begeistern. Meine Schwester erzählte,
dass Vaters Konfirmandenunterricht mehr einer Bibelarbeit für Erwachsene glich und sie eigentlich froh war, dass ihn nun Pastor Schütte und Pastor Jaedicke übernahmen, die da etwas mehr jugendlichen
Pep hineinbrachten. Allerdings wurden die Konfirmandenfreizeiten
und Konfirmationen von allen durchgeführt. Auch Schulunterricht
und Präsenz an der deutschen Schule gab Karl gerne ab, um mehr Zeit
für Farmgottesdienste und Bibelarbeiten in der Gemeinde zu haben.
Pastor Jaedicke übernahm die Hauptverantwortung für die drei Ge-
meindekindergärten und organisierte das Landesjugendtreffen, was
ebenfalls für die anderen eine große Entlastung war.

Heimaturlaub

Im noch von Sri Lanka ausstehenden Heimaturlaub war wieder die
Gelegenheit, als komplette Familie zusammenzukommen, zukünftige
Schwiegerkinder zu treffen und gemeinsam Weihnachten zu feiern.
Mittlerweile hatten auch Mechthild und Reinhard Achenbach geheiratet und ich war mit Andreas Quick aus Bielefeld befreundet, sodass
ich in diesen Weihnachtsferien praktischerweise bei den Eltern in Bielefeld – sie waren wieder in dem Ferienhaus der VEM in Bethel untergebracht – wohnen und trotzdem auch mit Andreas' Familie Zeit
verbringen und sie den Eltern vorstellen konnte.

Am Ende dieses Heimaturlaubs flogen die Eltern mit Brigitte, Henrike und Frieder noch einmal nach Sri Lanka, damit sie die Freunde

dort wiedersehen konnten. Das war vor allem für die drei Geschwister eine ganz große Freude. Natürlich waren auch die Eltern glücklich, alle aus der Gemeinde wiederzusehen.

Arbeit als Rundfunkpastor und Mitarbeit im Posaunenchor

Eine weitere sehr wichtige Arbeit war die Rundfunkarbeit. Jeden Morgen wurde eine Andacht von einem der Pfarrer ausgestrahlt und jeden Sonntag ein Gottesdienst, sodass die weit entfernt wohnenden Farmer, die nur alle paar Monate die Gelegenheit hatten, einen Farmgottesdienst in ihrer weiteren Umgebung zu feiern, wenigstens übers Radio einen Gottesdienst mitbekamen. Hier wurden auch Kirchenlieder gespielt, die man dann zu Hause mitsingen konnte. Die Rundfunkredaktion hatte die Pfarrer so aufgeteilt, dass immer gleich zehn oder zwölf Andachten und ein oder zwei Gottesdienste an einem Termin aufgenommen wurden. Pastor Schütte erzählte, dass er einmal – da ein Termin vergessen worden war – 22 Andachten am Stück aufnehmen, das heißt hintereinander „predigen" musste! Das empfand er als äußerst anstrengend.

Da Karl ja nie etwas aufschrieb und die ganze Vorbereitung mit Bibel, Büchern und Losung im Kopf geschah, kam er oft nur mit diesen und einem kleinen Zettel an, auf dem einige wenige Stichpunkte standen. Dann stellte Karl sich vor das Mikrofon mit seiner Losung oder seinem griechischen Neuen Testament, predigte die erforderlichen fünf oder fünfzehn Minuten, sagte Amen und klappte Losung oder Bibel wieder zu. Und das tat er bei zehn verschiedenen Andachten mit immer wieder neuen tief gehenden Gedanken und biblischen Zusammenhängen!

Dadurch, dass diese Andachten und Gottesdienste aller Pfarrer in ganz Namibia über einen normalen Sender ausgestrahlt wurden, hörten sie viele deutsche Familien, oft auch solche, die sich eigentlich schon sehr weit von der Kirche entfernt hatten und nie einen Gottesdienst besuchten. So war der Rundfunkdienst eine sehr gute und segensreiche Sache.

Was Karl in der Gemeinde Windhuks besonders Freude machte, war natürlich der Posaunenchor. Da er ihn nicht – wie in Sri Lanka – leiten musste, konnte er endlich wieder seine Trompete auspacken und nach Herzenslust mitblasen. Anlässe gab es genug, sei es in den Got-

Karl genoss es, im Posaunenchor in Windhuk mitzuspielen
(links: Dieter Schütte, rechts: Frieder).

tesdiensten, wo er und auch Dieter Schütte kein Problem hatten, sich im Talar zu den Bläsern zu stellen und mitzuspielen, sei es bei Geburtstagsbesuchen, Jubiläen wie der 100-Jahrfeier der Kirche in Lüderitz oder anderen Veranstaltungen. Hier fühlte Karl sich der Heimat von seiner Westbundzeit wieder sehr nahe. Später lernte auch Frieder im Konservatorium die Trompete zu blasen und war dann ebenfalls im Posaunenchor aktiv.

Eine wichtige Arbeit waren zudem Musik- und Posaunenchorfreizeiten, die zum Teil auch mit den Posaunenchören der schwarzen Gemeinden stattfanden. Das waren gute Gelegenheiten, einander zu begegnen und kennenzulernen.

Kirchenpolitische Angelegenheiten

Auch wenn es Karl in erster Linie immer um den Einzelnen ging, war er schon dadurch, dass er stellvertretender Landespropst war, natürlich auch in kirchenpolitische Dinge verwickelt. Was die Deutsche Lutherische Kirche in diesem Jahr ganz besonders beschäftigte, war die Suspendierung der beiden weißen lutherischen Kirchen Südafrikas und Namibias vom Lutherischen Weltbund im Juli/August 1984. Dieser Beschluss war in Budapest gefasst worden. Karl schrieb dazu:

Die Initiativen zur Gemeinschaft mit den Schwesterkirchen waren in den letzten Jahren alle von unserer Kirche ausgegangen, obwohl nicht alle Mitglieder unserer Kirche diesen Weg schon aus Überzeugung mitgehen konnten. Unsere Bemühungen wurden nicht anerkannt. In Budapest wurde das Urteil gefällt. Welcher Art der Geist ist, die in Budapest gesät wurde, wird die Frucht zeigen. [...] Vor Ort sieht da zum Glück manches anders aus als auf der Kirchenleitungsebene. Denkt in Eurer Fürbitte mit an uns, dass keine Verhärtungen und Fronten entstehen. Die Überwindung des Erbes einer langen Geschichte ist auch in der Kirche nicht leicht. Und solange man in der eigenen Kirche nicht einig ist, wie will man es mit anderen werden? Wie anders soll das geschehen als durch das Hören auf Gottes Wort? Politische Parolen schaffen nicht die Einheit der Gemeinde Jesu.

Im Deutschen Evangelischen Kirchenblatt *Heimat* wies Landespropst Blank zudem darauf hin, dass in Budapest die Entwicklung in Namibia zwischen den schwarzen und den weißen Kirchen überhaupt nicht berücksichtigt worden sei. Schließlich hatte die DELK „die in Harare geforderte ‚öffentliche und unzweideutige' Ablehnung von Apartheid ebenso erklärt [...] wie die Bereitschaft zu vorbehaltloser Gemeinschaft mit den schwarzen Kirchen des Landes"[37]. Dennoch merkte Blank selbstkritisch die sehr wohl bei einigen immer noch vorhandenen Schwierigkeiten an.

Wir dürfen uns nach Budapest mit den für uns enttäuschenden Beschlüssen und deren unakzeptabler Begründung nicht dispensieren von Fragen, die wir an uns selbst zu stellen haben, auch wenn sie schmerzhaft sind. [...] Wie halten wir es mit Kanzel- und Abendmahlsgemeinschaft? Gehört sie zu dieser Lebensgemeinschaft, die nicht nur Ausnahme und zu unserem demonstrativ gezeigten guten Willen gehört, sondern zur Selbstverständlichkeit des Glaubens, wofür wir etwas tun müssen, weil es auf Seiten der Schwarzen Hemmungen, auf Seiten vieler Weißer Vorbehalte gibt?[38]

Die Gemeinsamkeiten und das Miteinander sollten nicht Ausnahme, sondern Normalität werden.

Die Auswirkungen dieses Ausschlusses machten sich gar nicht einmal so sehr im eigenen Land bemerkbar, denn die Gemeinden, die durch verschiedene Veranstaltungen Gemeinschaft miteinander förderten, taten das trotzdem weiterhin fröhlich. Vielmehr bewirkte es noch mehr Spannungen zu den Gemeinden in Deutschland. Wie verärgert, ja geradezu wütend dieses pauschale Aburteilen Karl machte, wird in seinem Rundbrief vom September 1985 spürbar, als er vom bevorstehenden Fest anlässlich des 75-jährigen Bestehens der Christuskirche berichtete:

Wir feiern dieses Fest schlicht mit einem Gemeindeausflug, einer kirchenmusikalischen Feierstunde, einem Altentreffen – manche haben den Bau der Kirche noch miterlebt – und mit einem Dankgottesdienst, für den wir Bischof v. Keler aus Württemberg, der dem Rat der EKD angehört, eingeladen haben, uns Gottes Wort zu verkünden. […] Der Bischof aber wird von acht württembergischen, sich zum Teil christlich oder kirchlich ausgebenden Gruppen wegen dieser Reise kritisiert. Er soll sie nicht antreten, da diese eine Aufwertung einer weißen Kirche darstelle, „die ein Symbol für 75 Jahre Kolonianismus, Unterdrückung und Rassismus sei." Wenn er dennoch reise […], dann solle er unter anderem die SWAPO sprechen, also eine politische Organisation.

Dennoch ließ sich Karl dadurch nicht davon abhalten, für eine gemeinsame lutherische Kirche in Namibia hinzuarbeiten. Durch die verschiedenen Sprachen und auch die unterschiedliche Mentalität der Volksgruppen, war das nicht immer einfach.

Wären diese Schwierigkeiten gar nicht erst entstanden, wenn sich damals zu Kolonialzeiten nicht eine deutsche Kirche gebildet hätte und die Christen gleich in die bestehende Kirche der Rheinischen Mission gegangen wären? Das hätte die Geschichte vielleicht anders geschrieben, aber Karl war im Rückblick der Ansicht, dass die Missionare damals ganz bewusst den schwarzen Kirchen nicht die deutschen Gemeindetraditionen überstülpen, sondern sie ihre eigene Entwicklung in ihrer eigenen Kultur machen lassen wollten. Wenn man allein die unterschiedliche Gottesdiensttradition schwarzer und weißer Gemeinden anschaut (bei den schwarzen Gemeinden drei bis vier Stunden lang, ausweitbarer Anfang usw.), dann hat das seine gewisse Berechtigung. Und wenn jeder Gottesdienst in vier oder fünf verschiedenen Sprachen gehalten werden müsste, würde die Länge der Gottesdienste ja noch mehr strapaziert werden. So war eine gewisse Trennung in inhaltlicher Einheit schon ganz sinnvoll.

HAUS UND FAMILIE

Die homöopathische Praxis

Im Frühjahr 1984 musste Marlene noch einmal für längere Zeit nach Sri Lanka, um die letzten Prüfungen für die homöopathische Arztausbildung abzulegen. Da konnte sie in Kandy zum Glück im „Hill House" wohnen – und bekam natürlich Besuch von vielen Freunden.

Leider verpasste sie den Rückflug nach Windhuk, und das ausgerechnet an dem Wochenende von Henrikes Konfirmation, sodass sie daran nicht teilnehmen konnte. Darüber war sie natürlich sehr traurig. Brigitte hatte aber alles gut organisiert und für Henrike war es ein großer Trost, dass wenigstens ihre Patentante, Ruth von Marschall, aus Deutschland zur Konfirmation gekommen war. So war es für sie trotzdem noch ein schönes Fest – auch wenn sie natürlich ihre Mutter vermisste.

Mittlerweile hatte sich die ganze Familie gut in Windhuk und auch im neuen Haus eingelebt. Marlene bekam endlich ihre Zulassung, sodass sie im Haus ihre homöopathische Praxis eröffnen konnte. Es war aber eher eine „Armenpraxis", in die jeder, der Hilfe brauchte, kommen konnte und nur das zahlte, was er erübrigen konnte. Da Karl nach namibischem Kirchenrecht angestellt war und nicht das wesentlich höhere deutsche Pfarrersgehalt bekam, waren sie manchmal sehr dankbar, wenn Marlene den einen oder anderen Rand (Landeswährung) dazuverdiente. Unter dem Strich gab sie jedoch wesentlich mehr aus, als sie wieder einnahm. Es ging ihr aber auch nicht darum, möglichst viel Geld zu verdienen, sondern sie wollte den Menschen homöopathisch helfen.

Es kamen nicht nur weiße Mitbürger Windhuks oder Farmer, sondern Marlenes homöopathische Praxis sprach sich auch sehr schnell unter der schwarzen Bevölkerung herum, sodass viele ihre Hilfe suchten. Manchmal wurde das Wohnzimmer schnell zum Wartezimmer umfunktioniert. Nicht selten arbeiteten Marlene und Karl zusammen, wenn sie merkte, dass nicht nur ein medizinisches, sondern auch ein seelsorgerliches Problem vorhanden war. Dann schickte sie die Menschen nach der medizinischen Behandlung kurzerhand zu Karl ins Arbeitszimmer – sofern er gerade im Haus war.

Im Rundbrief hieß es dazu:

> Sehr dankbar sind wir, dass Marlene mir ihrer medizinischen Arbeit manchem helfen kann, der vorher keine Befreiung von seiner Krankheit fand. Wir staunen immer wieder, wie Gottes Gesetze in der Natur zur Heilung wirksam sind, wenn diese beachtet werden und Medizin entsprechend gegeben wird. Erfreut hat uns, dass Marlenes Arbeit anerkannt und geehrt wurde durch Medicine Alternativa, die ihr Anfang des Monats in Dänemark den Doktor der Medizin verlieh.

Gemeinsame Reise durch Namibia

Wenn auch die Familie oft zu kurz kam, gab es doch ab und zu gemeinsame Urlaubszeiten und Unternehmungen, wie es im Rundbrief von 1985 zu lesen ist:

> Sieglinde überraschte uns bei ihrem Besuch im August mit der Ankündigung, dass sie bei uns mit Andreas Quick, Bielefeld, einem Studenten der Informatik aus Erlangen, ihre Verlobung (erster Teil) feiern wolle. Und so geschah es auch. Wir hatten dann Anlass und Gelegenheit, einige Tage schöne Gegenden hier zu besuchen, wie unter anderem die Etosha-Pfanne und den Fischfluss-Canyon, wozu wir bisher nie Zeit fanden.

Auf der Reise mit Marlene, Sieglinde und Andreas am Fischfluss-Canyon.

Für Andreas und mich war diese Verlobungsreise zu den Eltern ein wahres Erlebnis. Wir freuten uns sehr, dass sie sich die Zeit nahmen, mit uns diese beiden großen Reisen zu machen. Der Fischfluss-Canyon, der der zweitgrößte der Welt nach dem Grand Canyon in den USA ist, erstreckt sich über 161 Kilometer von Seeheim im nördlichen Naukluftgebirge bis in den weiten Süden nach Ai-Ais. Da wir in der Trockenzeit im August da waren, konnten wir vom Fluss nur einige verstreute Tümpel sehen und in Ai-Ais sogar durch das trockene Flussbett laufen. Die Fische überlebten in diesen dürftigen Tümpeln. Wenn es allerdings in der Regenzeit genug regnete, konnte das Wasser sogar zu einem reißenden Fluss werden.

Auf dem Rückweg wollten meine Eltern mit uns noch Elsbeth und Otto Voigts besuchen, die auf der kleinen Farm Bläskranz lebten, aber oft bei ihrem Sohn Heino und der Schwiegertochter Heide auf der 80 Kilometer südlich liegenden großen Farm Nomtsas waren. Nomtsas lag nördlich von Maltahöhe, und auf dieser Farm entsprang der Fischfluss-Canyon. Die Vorfahren der Familie Voigts waren mit die ältesten Siedler Südwestafrikas im 19. Jahrhundert gewesen und Albert Voigts einer der ersten deutschen Farmer, der 1916 wieder eine Farm in Namibia bekommen hatte. Dadurch, dass Voigts in der Gemeinde sehr aktiv waren und auch regelmäßig Farmgottesdienste in dem alten Schulhaus auf Nomtsas stattfanden, hatten die Eltern ein sehr gutes Verhältnis zu ihnen und besuchten sie gerne zwischendurch – wenn es zeitlich möglich war.

Zu meinem großen Bedauern wurde nur leider dieses Mal nichts aus dem Besuch, weil wir unterwegs eine Reifenpanne hatten und es viel zu gefährlich gewesen wäre, in diese einsame, wüstenähnliche Gegend ohne Ersatzreifen zu fahren.

Bei der zweiten großen Reise zur Etosha-Pfanne im Norden des Landes musste Vater auf dem Weg dahin einen Farmgottesdienst halten, den wir gern miterleben wollten. Beeindruckend für uns war der kleine Chor der Farmarbeiter aus dem Stamm der Nama, deren Sprache die berühmten und für uns fast unmöglich nachzumachenden Klicklaute hat. Ihre Lieder belebten den Gottesdienst sehr.

Anschließend übernachteten wir auf der Farm von Familie Marggraf, mittlerweile gute Freunde der Eltern. Uns faszinierte das einsame Farmleben: der 20 Kilometer weite Weg zum Postkasten am Eingangstor der Farm und die altmodische, aber effektive Telefonanlage, die alle umliegenden Farmer miteinander verband. Die Telefonnummer unterschied sich durch verschiedene Klingeltöne, wie eine Art Haustelefon, bei dem man mithören konnte, wenn man den eigenen Hörer abnahm. Ehrenkodex war natürlich, nicht einfach mitzuhören, wenn das Telefonat einer anderen Farm galt. Das wäre außerdem auch durch ein Knacken in der Leitung aufgefallen. Da die Farmen alle sehr weit auseinanderlagen, wurde jeden Morgen und Abend ein „Rundruf" gestartet, bei dem jede Farm „angeklingelt" wurde und die Farmer Bescheid geben mussten, ob alles in Ordnung war. So konnte – wenn wirklich einmal etwas passierte und Hilfe nötig war – ein anderer Farmer hinfahren und nach dem Rechten sehen. Schlecht war es nur, wenn einer diesen Rundruf vergaß oder gerade nicht im Farmhaus war und ein anderer Farmer 50 bis 100 Kilometer ganz vergeblich zum Nachbarn fuhr. Von daher achteten alle sehr darauf, den Rundruf nie zu verpassen.

Am nächsten Tag ging es weiter zur Familie Redeker, die uns auf der Fahrt zur Etosha-Pfanne begleiten würde. Jetzt lernten wir so richtig die Straßen Namibias kennen, die bis auf wenige Teerstraßen meist aus Sand bestanden. Sie waren zwar sehr eben, hatten aber keine befestigten Seitenränder, sodass jeder in der Mitte der Fahrbahn fuhr. Da selten Gegenverkehr kam, war das kein Problem. Wenn aber doch einmal ein Auto entgegenkam, wurde es gefährlich, denn dann musste man stark abbremsen, und gerade Touristen durften in dem Moment auf keinen Fall vergessen, dass in Namibia Linksverkehr herrscht! Überholmanöver waren fast überhaupt nicht möglich, denn hinter jedem Fahrzeug wurde die Sicht durch eine lange Staubwolke behindert. Auch im Dunkeln durfte man nicht fahren, da die Antilopen gerne ins Licht sprangen und dann in die Fahrer- oder Beifahrertür hineinkrachten. Herr Redeker erzählte später, dass ihm Ähnliches einmal sogar am helllichten Tage passiert war. Er war gerade aus dem Auto gestiegen, um das Tor zur Farm zu öffnen, als er hinter sich einen ohrenbetäubenden Krach hörte. Ein Kudu (eine riesige Antilopenart mit langen, geschwungenen Hörnern) war mitten auf dem Dach seines Autos gelandet und Herr Redeker war dankbar, nicht darunter begraben worden zu sein.

Abends auf dem Weg zur Etosha-Pfanne nahmen wir am echten Südwester Wildleben teil. Über einem Lagerfeuer bereiteten unsere Begleiter einen leckeren „Milipap", Maisbrei, zu. Dazu gab es Biltong, getrocknetes Wildfleisch, an dem man zwar lange herumkauen musste, das dann aber sehr gut schmeckte. Hätten wir frisches Fleisch erjagen können, hätte es auch noch „Bryflaes", gegrilltes Fleisch vom Wild, gegeben. Aber auf dieser Tour zum Wildpark hatte Vater natürlich sein Gewehr zu Hause gelassen.

Das Okauqueio Camp, in dem wir mitten in der Etosha-Pfanne übernachteten, war sehr beeindruckend. Es lag direkt an einem Wasserloch, umgeben von einer hohen Mauer, die das Camp vor Löwen schützte. Trotzdem hatte man einen guten Ausblick auf das Wasserloch. Wir saßen mehrere Stunden an dieser Mauer und beobachteten im Flutlicht die Tiere, die in der Abenddämmerung und nachts zum Trinken kamen. Es war fast wie ein Bühnenstück, bei dem erst die Antilopen und Giraffen auftraten und es sich am Wasser gut gehen ließen. Jetzt konnten wir auch sehen, wie mühsam es – trotz des langen Halses – für Giraffen ist, zu trinken, da sie dazu die Vorderbeine einknicken müssen. Dann kamen die größeren Tiere wie Elefanten und sogar ein Nashorn, das sonst sehr scheu ist. Die Elefanten stellten sich am Wasserloch auch zum Schlafen hin und hoben dazu abwechselnd ein Bein hoch, um es auszuruhen. Am Schluss erschienen noch ein paar Raubtiere, Geparde und Löwen, um zu trinken. Das war ein unvergessliches Schauspiel!

Doch auch die Tour am nächsten Tag durch den Park im Jeep von Herrn Redeker war nicht zu verachten und wir konnten viele wunderschöne Tiere beobachten – von Straußen, vielen seltenen Vögeln bis hin zu einem Nashorn und einem – allerdings sehr träge herumliegenden – Löwen.

Für Andreas und mich war diese Reise nach Namibia ein unvergessliches Erlebnis, und auch meine Eltern freuten sich, dieses alles neben ihrer anstrengenden Arbeit in Windhuk erleben zu können.

Verstärkung für die Gemeindearbeit

Im Januar 1986 begann die Vikariatszeit von Reinhard Achenbach in Swakopmund, einer Hafenstadt an der Westküste Namibias. Die offizielle Vertretung Swakopmunds hatte Pfarrer Schankweiler aus Omaruru, das weit entfernt von der Stadt lag. So war dieser natürlich froh, dass Reinhard jetzt vor Ort die Gemeindearbeit übernahm. Einmal im Monat trafen sich beide zur Besprechung.

Auch Reinhards Frau Mechthild genoss diese Monate in Namibia sehr. Da Reinhard sehr musikalisch ist, gab es natürlich schöne musikalische Abende bei den Eltern in Windhuk, über die besonders Marlene immer sehr glücklich war. So wurde unter anderem ein kleines Hauskonzert veranstaltet, in dem auch Henrike und Frieder ihre musikalischen Fähigkeiten (im Konservatorium erlangt) vor Familie und Freunden zum Besten geben konnten. Brigitte war seit Januar (nach bestandenem Matrik) mittlerweile in Deutschland und besuchte in Bielefeld eine Schule, um im Mai in Köln ihr Abitur abzulegen. Im Oktober wollte sie in Münster mit ihrem Studium als Grundschullehrerin beginnen. So waren die Eltern sehr dankbar, jetzt eine Zeit lang Mechthild und Reinhard ab und zu sehen zu können, wenn wir anderen schon so weit weg waren.

Es war aber nicht nur für die beiden eine schöne und horizonterweiternde Zeit, sondern auch sehr hilfreich für die Menschen in Namibia. Im August 1986 schrieb Karl rückblickend über Reinhards Zeit als Pfarrverweser in Swakopmund:

> So lernten sie Land und Leute, die Verhältnisse und Probleme hier kennen. Für uns war es eine besondere Freude, dass wir manche Unternehmungen gemeinsam durchführen konnten. Die Gemeinden sind für Reinhards Dienst sehr dankbar. Er hat auch einiges an generellen Vorurteilen gegen Theologen von „drüben" abbauen können.

Reinhard schrieb nach seiner Zeit dort einen ausführlichen Praktikumsbericht, der sehr genau auf die ganze Situation des Landes eingeht. In vielen Gesprächen mit Eltern seiner Konfirmanden und weißen Farmern spürte er die Angst der Weißen vor der Übermacht der Schwarzen, weshalb etliche als Reservisten in der südafrikanischen Armee mitkämpften. Auch erlebte er viele rechtskonservative Haltungen und Vorurteile gegenüber den Schwarzen. Wie wichtig war es hier, die rassistische Angst vor der Demokratisierung abzubauen. Nach Reinhards Meinung war Karl mit seiner klaren geistlichen Ausrichtung, seinem Missionshintergrund, aber auch seiner klaren Befürwortung der Demokratie und eines Antiapartheidsystems genau an der richtigen Stelle, diese Farmer und andere Weiße zu erreichen und ihnen vielfach die Angst zu nehmen.

In diesem Zusammenhang unterstützte Karl auch gern die Farmschulungsprojekte zum Beispiel in Grootfontein. Hier ging es darum, dass die weißen Farmer ihre schwarzen Arbeiter in jeglicher Hinsicht unterstützten und förderten. Ein deutscher Farmer im Ovamboland, Herr von Bach, war hier leuchtendes Vorbild. Jeden Montagmorgen hielt er eine Versammlung für seine Arbeiter ab mit Andacht, Englischunterricht und der Möglichkeit, schriftlich alle Fragen, die die Arbeiter hatten, zu stellen und beantwortet zu bekommen.

KRIEG, POLITIK UND KIRCHENPOLITIK

Nach drei Jahren Arbeit, Gesprächen und Leben in Namibia fühlte sich Karl fähig, einen etwas umfassenderen Bericht über die verzwickte Situation in Namibia und die Schwierigkeiten, aber auch über die guten Erfahrungen in Kirche und Gemeinde den Freunden in Deutschland mitzuteilen:

> Im Juli machten wir die längst fällige Reise in den Norden, um unsere Schwesterkirche – die Evangelisch-Lutherische Kirche in Namibia – und die Verhältnisse dort kennenzulernen. Man spürt auf Schritt und Tritt den Unterschied, ja Gegensatz zum übrigen Namibia: überall Kontrollen bei im Anschlag gehaltenen Waffen, Wachttürme, Militärfahrzeuge, nachts Ausgangssperre (außer in Oshakati und im Kavangogebiet). Dann die Menschen, die das Leid zu tragen haben: Täglich sterben Menschen durch Gewehrkugeln oder durch Minenexplosionen. Leid, das unserer Bevölkerung von beiden Seiten zugeführt wird. Wann endlich wird das ein Ende finden?
>
> Vielen ist es schon egal, welche Seite „siegt". Auch wenn die Armee in Schule, Krankenhaus, Landwirtschaft etc. manche Hilfsdienste tut – sie bleibt ein Fremdkörper, dessen Abmarsch nur gerne gesehen wird. Andererseits sehen viele auch den Schutz, der vor Gewalttaten der anderen Seite gegeben wird – aber mit welchen Mitteln und auf wessen Kosten?
>
> Das Verlangen, endlich von der Herrschaft Südafrikas loszukommen, ist allgemein. Damit ist aber für zunehmend mehr Leute die Frage offen, ob die SWAPO mit ihren Gewalttaten an der eigenen Bevölkerung das Vertrauen rechtfertigt, das viele in sie setzten: […] Es geht nicht – wie das oft dargestellt wird – um die Frage Schwarz-Weiß, sondern um politische Entscheidungen quer durch die Bevölkerungsgruppen hindurch, wie man zu einer gerechten Lösung kommen kann und wie die gerechte Zukunft aussehen soll.

Die Spaltungen gingen auch mitten durch viele Familien, wenn der eine Teil der Familienmitglieder in der südafrikanischen Armee kämpfte, der andere aber in der SWAPO. Gerade bei den Ovambos im Norden war das in vielen Familien eine richtige Tragödie, die bis in die Gemeinden hineingetragen wurde, da die meisten zur Evangelisch-Lutherischen Kirche gehörten. Hinzu kamen nicht nur die Schwierigkeiten zwischen den Weißen und Schwarzen durch die Apartheidpolitik Südafrikas, sondern auch durch manche Jahrhunderte alte Stammesfehden zwischen Einzelnen der elf verschiedenen schwarzen Volksstämme. Diese galt es, in den ganzen Bestrebungen um eine einheitliche Kirche zu berücksichtigen und jede Kirche ihre eigenen Traditionen einbringen zu lassen.

Diese Reise in den Norden machte Karl noch einmal deutlich, wie wichtig es war, die leidenden Schwestern und Brüder nicht aus den Augen zu verlieren. Darauf zielte auch seine Gemeindearbeit unter den Deutschen in Windhuk und auf den Farmen – bei allen geistlichen und auch weltanschaulichen Fragen. So schrieb er:

> Es geistern auch in unserem Lande alle möglichen Vorstellungen und Irrlehren herum. Und denen gilt es in der Verkündigung zu begegnen, wenn wir unseren vornehmsten Auftrag, der nicht irdische Befreiung, sondern ewige Errettung, Befreiung von Sünden ist, gerecht werden wollen. So erhielt ich vor einigen Tagen nach einer der täglichen Andachten im Rundfunk einen langen Brief, in dem unter anderem gesagt wird: „Sie glauben nicht an Reinkarnation." Dann die Frage, ob wir nicht laut Karmagesetz (d. h. in unseren folgenden Reinkarnationen) für unsere eigenen Taten büßen müssen? – „Woher weiß die christliche Kirche so sicher, dass es nur *ein* irdisches Leben gibt?"
>
> So bringen uns Fragen aus unserer Bevölkerung immer wieder zum Zentrum unseres Auftrags, unserer Botschaft zurück: Kreuz und Auferstehung! [...]
>
> Mit Freuden sehen wir, wie zunehmend Farmer (wieder) Andachten mit ihren Angestellten halten. [...] In einem Monat eröffnen wir mit unseren schwarz-weißen Posaunenchören aus Windhuk und Katutura und einem Pfarrer der ELK zusammen eine neue Kirche auf einer Farm, die allen dienen soll.

Zeichen der Hoffnung. Weil Gott immer neu Menschen bewegt, sein Werk zu tun, sind wir getrost, auch für die Zukunft.

HEIMATURLAUB UND BESUCH IN DER „HEIMAT SRI LANKA"

Im Heimaturlaub war Gelegenheit zu einer Familienzusammenführung an Andreas' und meiner Hochzeit im Dezember 1986 in Bielefeld. Es war sehr schön, einmal wieder mit allen Geschwistern und den Eltern zusammen zu sein. Das wurde noch fortgeführt, als wir uns alle Weihnachten in Hofgeismar treffen konnten. Freunde der Eltern hatten ihnen netterweise ihr Haus zur Verfügung gestellt, weil sie jetzt nicht mehr das Haus der VEM in Bielefeld in Anspruch nehmen durften.

Für Karl und Marlene war es sehr wichtig, neben der Familie auch viel Zeit für die Begegnungen mit Freunden zu haben, die sie vielfach im Haus in Hofgeismar besuchten.

In all diesen Jahren in Namibia war das Gedenken im Gebet an die Freunde und die Arbeit in Sri Lanka immer präsent. Wenn Marlene und Karl sich auch zunächst um des Nachfolgers willen sehr zurückgezogen hatten, bekamen sie doch hin und wieder einiges mit. So berichtete Karl den Freunden in Deutschland, dass Herr Bayer Mitte Juli die Arbeit verlassen hatte und in die methodistische Kirche nach Colombo gegangen war.

Karl reiste von Juni bis Juli 1987 nach Sri Lanka, um an dem 15-jährigen Jubiläum der KCM teilzunehmen und endlich einmal die Freunde und die Gemeinde dort wiederzusehen. Das war für die Gemeinde und die Mitarbeiter der KCM eine gute Ermutigung, weiterzumachen.

WIE ZERSTÖREND KIRCHENPOLITIK SEIN KANN

Verwurzelt in Namibia

Karl war mittlerweile mit seiner ganzen Tatkraft in Namibia verwurzelt. Begeistert berichtete er im Rundbrief von der Evangelisation mit Pastor Klaus Eickhoff, seinem guten, langjährigen Freund, dem Leiter der Volksmission in Österreich. Gerade auch die Jugendarbeit wurde durch das Landesjugendtreffen, bei dem viele Jugendliche durch Eickhoff zum Glauben kamen, sehr belebt. Auch im nächsten Jahr sollte Eickhoff wieder nach Namibia kommen. Weiter schrieb Karl:

> In unseren Farmbezirken ist ein neues Verlangen nach Gemeinschaft unter Gottes Wort entstanden. Auf mehreren Farmen wurden inzwischen Bibelseminare gehalten. Durch die Verkündigung entsteht auch zunehmend die Bereitschaft zu gemeinsamen Gottesdiensten und Veranstaltungen mit unseren Schwesterkirchen. […]
>
> In Windhuk werden in den nächsten Tagen zwei Jugendräume eingeweiht, die unter Mithilfe von deutschen Spenden gebaut wurden. Die bisherigen Räume reichten für die Arbeit nicht mehr aus. Wir hoffen, dass wir durch die Mitarbeiterschulung neue Mitarbeiter gewinnen und auch die Jugendkreise zahlenmäßig erweitern können.

Folgenreiche Beschlüsse

So gut die Gemeindearbeit war, so wurde doch die ganze Situation der Kirchenpolitik inmitten dieser äußerst schwierigen politischen Jahre Namibias immer kritischer und verfahrener. Oft wird nicht gesehen, was gelebt wird, sondern nur das, was am Konferenztisch gesagt und entschieden wird. Das galt 1987 auch für die Kirchenleitung der DELK, in der Karl ja als stellvertretender Landespropst aktiv beteiligt war. Im zweiten Teil des Rundbriefes von 1987 verteidigte er zwar die Entscheidungen der Kirchenleitung, nicht aber die Folgerungen, die daraus gezogen wurden:

Während wir auf der einen Seite echte Erneuerung in unserer Kirche erleben, ist durch die jüngsten Ereignisse im Zusammenhang mit unserer Synode im August vieles auch wieder schwerer geworden, wenn nicht zerstört.

Auf unserer Synode [...] wurde beschlossen, dass wir „unbeirrt" den Weg zur *einen* lutherischen Kirche in Namibia weitergehen. Damit wurde ein Beschluss der Synode der Vereinigten Evangelisch-Lutherischen Kirche von Ende letzten Jahres bestätigt, für 1992 die Vereinigung der drei lutherischen Kirchen anzustreben. Die Arbeit im Sitzungsausschuss machte bisher gute Fortschritte.

So waren nach unserer Meinung die entscheidenden Schritte zu einer intensiveren Zusammenarbeit mit den Schwesterkirchen getan.

Unsere Kirche war seit Gründung des Council of Churches in Namibia (CCN) Mitglied in diesem Nationalen Christenrat. Dieser umfasst die meisten der größeren Kirchen des Landes. Schon lange wurden viele Beschlüsse dort als eine Belastung für unsere Kirche empfunden, sodass immer wieder die Forderung gestellt wurde, aus dieser Organisation auszutreten. Ohne dass einer der erwähnten Gründe zur Begründung des Austritts hervorgerufen wurde, wurde mit großer Stimmenmehrheit der Austritt beschlossen. Dieses war, wie die vorhergehenden Beschlüsse zeigen, nicht als ein Akt gegen eine Vereinigung der lutherischen Kirche verstanden. Das wurde auch in einem Brief der Kirchenleitung an die Schwesterkirchen ausdrücklich bestätigt. [...]

Unsere Schwesterkirchen deuteten unsere Beschlüsse eigenwillig anders und stellten im Gegensatz zu unseren Beschlüssen ihre Teilnahme an gemeinsamen Veranstaltungen der Vereinigten Evangelisch-Lutherischen Kirche in Südwestafrika (VELKSWA) ein. So wurde die Pfarrertagung, eine Frauenkonferenz abgesagt, ebenso gemeinsame Gottesdienste und Sitzungen. [...] Wohin werden diese negativen Beschlüsse und Aktionen führen? Wir halten die Türen offen und suchen weiter die Gemeinschaft. Manchmal entsteht der Eindruck, als sei ein gemeinsames politisches Konzept von unseren Schwesterkirchen als Voraussetzung

für die Einheit der Kirche gefordert. Dem können wir natürlich um der Freiheit des Evangeliums willen nicht zustimmen. An dieser Stelle ist ein gemeinsames Ringen unter der Schrift und im Gebet weiterhin vonnöten. […]
Die Beurteilung der politischen Situation und der sich daraus ergebenden Aktionen ist konträr. Mir persönlich scheint immer noch die tätige, direkte Nächstenliebe mit dem Geben von Nahrung und Kleidung näher beim Wort Jesu zu sein als „Sanktionen", die die Menschen arbeits- und brotlos machen.

Es war Karl immer sehr wichtig, dort zu unterstützen, wo tatkräftige Hilfe gerade auch bei den Ärmeren der Schwarzen geleistet wurde. Deshalb erwarb die DELK – mithilfe von Spenden – ein Haus in Katutura, in dem 20 geistig behinderte Kinder betreut wurden. Das war ein Gemeinschaftsprojekt, bei dem verschiedene Organisationen, wie zum Beispiel das Rote Kreuz, durch die Spende des Mittagessens mithalfen und ein schwarzer Pfarrer der ELK sich ebenfalls um die Kinder kümmerte.

Besuch von Liebgard und Andres

Im August 1987 kamen Liebgard und Andres zum ersten Mal zu Besuch nach Namibia. Als Pfarrer waren sie natürlich sehr an der kirchlichen und politischen Situation des Landes interessiert.

Liebgard berichtete von der Reise ins Ovamboland, die sie gemeinsam mit Vater unternehmen konnten:

Im Ovamboland geht die erste große Tour zur Beerdigung des Bruders von Chief Taipopi. Die Chiefs sind so etwas wie eine Mischung aus Häuptling, Bürgermeister und König. Also eine wichtige Beerdigung! Ein großer Zug schlängelt sich zur Kirche. Wir kommen zwar zwei Stunden zu spät, aber da die Beerdigung ca. fünf Stunden dauert, sind wir immer noch früh genug da. Gerade hält Bishof Dumeni, Oberhaupt der ELOK, seine Rede. Nach über zwei Stunden, in denen auch mein Vater und Andres ein Wort sagen durften, geht es dann weiter auf den Friedhof, wir aber sind Gäste der Chiefsfrau und werden in ihr Haus geladen. Eigentlich

> *hat diese Königsfamilie zwei Häuser, den traditionellen Kral, ein mit Holzpfählen umgebenes Stück Land, in dem sich viele Hütten, das heißt Zimmer, befinden. Dorthin sind wir, die Touristen, geladen. Die Familie wohnt in einem normalen Haus, wie wir es auch kennen. Der Kral wird nur für besondere Gelegenheiten genutzt.*

Liebgard und Andres erlebten auch einen bewegenden Hererotag im Süden des Landes und machten eine viertägige Reise zur Küstenstadt Swakopmund mit Marlenes klapprigem alten VW. Nach acht Stunden wunderschöner, einsamer Wüstenlandschaft waren sie froh, als sie ohne Panne in dem kleinen Erholungsstädtchen am Meer ankamen, in das viele Windhuker in der heißen Zeit im Dezember fliehen. Bei „Charlys Desert Tour" erlebten auch sie – wie viele vor und nach ihnen – die zauberhafte Welt der lebendigen Wüste mit der ältesten Pflanze der Welt, der „Welwitschia mirabilis".

Zurück in Windhuk hatten Liebgard und Andres sogar noch die Gelegenheit, bei der Synode anwesend zu sein, und bekamen auf diese Weise sehr viel von der kirchenpolitischen Situation des Landes mit.

Auf dem Weg zur Unabhängigkeit

Auch im folgenden Jahr, in dem politisch sich einiges Richtung Unabhängigkeit tat, waren die Folgen des Austritts der DELK aus dem Nationalen Christenrat noch immer bemerkbar. In seinem Rundbrief vom Advent 1988 spürt man Karl die Spannung ab, die eigentlich auf dem ganzen Land lag: auf der einen Seite die sich anbahnenden politischen Veränderungen mit all den Problemen, auf der anderen Seite die Dankbarkeit für konkrete Veränderungen von Menschen durch das Evangelium, dann aber eben auch das Ringen der verschiedenen Kirchen untereinander. Gleichzeitig schien die Unabhängigkeit Namibias in immer greifbarere Nähe zu rücken.

Der Sicherheitsrat der Vereinten Nationen hatte schon am 29. September 1978 eine Resolution verabschiedet, die die Verwaltung Südafrikas aufrief, sich aus der illegalen Verwaltung Namibias zurückzuziehen. In der UN-Resolution 435 hieß es: „Die Macht soll dem Volk von Namibia mithilfe der UN übertragen werden." Nun endlich schien Bewegung in die ganze Sache zu kommen. Karl schrieb dazu:

Wichtig für den weiteren Weg wird sein, wie die verschiedenen Völker unseres Landes und die einzelnen Einwohner einander annehmen. Und da gibt es – selbst in der Kirche – noch unbegreifliche, unüberwundene, tiefe Gegensätze. Vor einigen Tagen geschah es zum Beispiel in einer reformierten Kirche in Keetmanshoop, dass der Gemeindekirchenrat zu einer Sitzung zusammengerufen wurde, weil die Pfarrfrau ein schwarzes Kind mit in den Gottesdienst genommen hatte. Es wurde beschlossen, dass Schwarze die Kirche nicht betreten dürfen – außer mit besonderer Genehmigung bei Trauungen und Beerdigungen. Schwarze Mitbürger haben daraufhin mit Recht ihren Broteinkauf bei der Bäckerei eingestellt, deren Besitzer einer der Verantwortlichen für diesen Beschluss war. Ob das nur eine vereinzelte Einstellung in den Herzen mancher Bürger ist? Nur Gott kann von solchen Bindungen und Sünden freimachen.

Wir sind dankbar zu erfahren, wie solche Wirkungen durch Gottes Wort unter uns geschehen. Es ist an manchen Stellen ein Verlangen nach Gottes Wort aufgebrochen. Der Besuch von Gottesdiensten und Bibelstunden hat zugenommen. Neue Hauskreise entstehen. Wer Rettung durch Jesus erfährt, beginnt auch ein neues Leben hier. [...]

Es soll aber auch die Belastung nicht verschwiegen werden, die noch auf unseren drei lutherischen Kirchen hier liegt. Nach dem Austritt unserer Kirche aus dem Nationalen Christenrat (CCN) hatten unsere Schwesterkirchen die Gemeinschaft mit uns unterbrochen. Die Vereinigungsbemühungen kamen zum Stillstand. Die Arbeit in der Vereinigten Evangelisch-Lutherischen Kirche (VELKSWA) ruht. Die ELCIN (Ovambo-Kavango-Kirche) hatte die Verbindung nicht radikal abgebrochen, und in einer gemeinsamen Sitzung der beiden Kirchenleitungen konnten Fortschritte erzielt werden. Die ELK (Rheinische Missionskirche) hatte schärfer reagiert: Sie verbot ihren Mitgliedern die Teilnahme an gemeinsamen Gottesdiensten etc. Darunter leiden auf beiden Seiten viele Gemeindeglieder bis heute. [...] Wir hoffen, dass nun durch die Einladung an den LWB [Lutherischer Weltbund], die von allen drei Kirchen ausgesprochen wurde, gemeinsame Gespräche im März 1989 zustande kommen, die zur Lösung der anstehenden Konflikte beitragen.

Unsere Kirche hat dennoch auch jetzt Kontakte mit schwarzen Brüdern und Schwestern. Unsere Jugend hat Verbindung mit einem anderen kirchlichen Jugendkreis in Katutura aufgenommen.

Wahl zum Landespropst

Hinzu kam, dass Karl seit Mitte des Jahres diese Verhandlungen aus einer anderen Position heraus bewältigen musste. Am 30. Juni war Landespropst Blank aus familiären Gründen nach Deutschland zurückgegangen. So übernahm Karl als sein Stellvertreter zunächst seine Arbeit und wurde in einem Gottesdienst vom Vorsitzenden der Synode in sein neues Amt eingeführt. Pastor Schütte wurde Stellvertreter, sodass die beiden weiterhin gut zusammenarbeiten konnten. Auf die nun vakante vierte Pfarrstelle wurde Pastor Burgert Brand gewählt, der deutschstämmiger Namibier war, also nicht vom deutschen Außenamt geschickt worden war.

1989 wurde Karl zum Landespropst gewählt.

Auf der nächsten Synode 1989 wurde Karl als Landespropst gewählt und führte eigentlich nur weiter, was er bereits als kommissarischer Propst getan hatte. Er selbst erwähnte es in seinem Rundbrief von 1989 noch nicht einmal, was deutlich macht, dass Karl sich nie – auch nicht durch ein noch so hohes kirchenpolitisches Amt – von seinem Kurs abbringen ließ. Ihm war nicht kirchenpolitisches Taktieren wichtig, sondern das Evangelium den Menschen weiterzugeben. Wenn es um die Wahrheit des Evangeliums ging, schloss er keine Kompromisse – was ihm natürlich auch Feinde einbrachte. Selbst jetzt als Landespropst weigerte er sich, in der großen Politik mitzumischen, sondern sah seine Aufgabe darin, Menschen vom Glauben und von einem guten Miteinander mit allen Menschen zu überzeugen.

FAMILIÄRE VERÄNDERUNGEN

Auch wenn die Arbeit in Windhuk, die Farmgottesdienste und die vielen zusätzlichen Termine als Landespropst Karl sehr in Anspruch nahmen, so verfolgte er doch mit großem Interesse alle Werdegänge und Veränderungen in der Familie. So schrieb er 1988 in die Heimat:

> Frieder wurde im April konfirmiert. Die meisten seiner Paten kamen aus Deutschland zusammen mit Familie Kreikebaum, um mitzufeiern. Welche Fülle an Geschenken bringen „Deutschländer" mit. Solche Besuche helfen uns vor allem, uns nicht zu isolieren und die Verbindung mit der Heimat lebendig zu erhalten.
>
> Henrike ging nach ihrem Matrikabschluss November 1987 von Januar bis Mai 1988 in Sennestadt zur Schule und machte dann ihr Abitur. In Windhuk konnte sie anschließend für ein Medizinstudium das erforderliche Krankenhauspraktikum absolvieren. Zu unserer großen Freude bekam sie durch

Losverfahren nach einem Auswahlgespräch noch einen Studienplatz in Bochum und ebenfalls auch ein Zimmer zu Studienbeginn im Oktober.

Brigitte studiert jetzt im fünften Semester Pädagogik in Münster. Als Mitarbeiterin ist sie dort in der SMD-Gruppe tätig.

Sieglinde bestand ihr Zweites Theologisches Examen und ist seit November in Raumland bei Bad Berleburg als Pastorin eingestellt. Andreas, ihr Mann, konnte sein Informatikstudium in Erlangen beenden und an der Universität eine Assistentenstelle antreten.

Liebgard und Andres wurden nach Beendigung ihres Hilfspredigerdienstes auf eine gemeinsame Pfarrstelle in Iserlohn gewählt. Bei ihrer Einführung konnte ich als Assistent mithelfen.

Mechthild und Reinhard legten in derselben Woche im Oktober mit gleichem Ergebnis ihre zweite Lehrer- bzw. Theologenprüfung ab. Sie bleiben aber noch weitere sechs Monate in Rüsselsheim.

Es war besonders schön, dass ich auf meiner Reise zur EKD-Synode alle Kinder für einige gemeinsame Stunden in unserer Wohnung in Schwelm sehen konnte. [Die Eltern hatten die am Haus angrenzende überdachte Garage in eine kleine Einliegerwohnung umgebaut, damit sie bei Besuchen in Deutschland eine kleine Bleibe hatten.]

Von unseren sri-lankischen Kindern ist zu berichten, dass Johann inzwischen sein Master's Degree als Management Accountant in London gemacht hat und jetzt in einer Firma in Sri Lanka arbeitet. Priyani lebt und arbeitet mittlerweile in London. Dilly und Nimal haben nach ihrem ersten Sohn, Dinesh, nun eine Tochter, Nimali, bekommen. Allen geht es gut.

Da Frieder jetzt nur noch alleine mit den Eltern in Namibia war, freuten sich alle natürlich, dass ein letzter langer Heimaturlaub von Juni bis August 1989 möglich wurde. So konnten die Eltern an meiner Ordination teilnehmen, an der Promotion von Reinhard und der Taufe ihres ersten Enkels, Julius Achenbach. Besonders freute es Vater natürlich, seinen zweiten Enkel, Micha Kuhn, selber taufen zu dürfen.

Die meiste Zeit war die Familie in Namibia zu fünft
(v. l. n. r.: Brigitte, Marlene, Henrike, Frieder, Karl).

Karl machte es immer besondere Freude, wenn er an Hochzeiten oder Taufen in der Familie aktiv beteiligt wurde. Am liebsten hätte er alle sechs Kinder getraut und alle Enkelkinder getauft, so wie er alle seine Kinder in der Kirche in Schwelm taufen und in Sri Lanka und Namibia konfirmieren konnte. Es war sein wichtigstes Erbe, das er uns mit auf den Lebensweg geben wollte – einen lebendigen Glauben an Jesus Christus!

FREIE WAHLEN UND DIE UNABHÄNGIGKEIT NAMIBIAS

Frei wählen

1989 war Wahljahr – nicht nur für die Gremien der DELK bei der Synode, sondern für das ganze Land. Die Wahlen wurden hinterher als „frei" und „fair" erklärt. Keine der Parteien hatte die absolute Mehrheit erreichen können. Das trug dazu bei, dass keine großen Unruhen folgten, sondern jeder danach friedlich seiner Arbeit nachging. Selbst die SWAPO war mit ihren 41 Sitzen auf die demokratische Zusammenarbeit mit den anderen Parteien angewiesen. Gut war auch, dass keine der 14 verschiedenen Sprachen des Landes als Nationalsprache gewählt worden war, sondern Englisch, im Grunde eine für jeden dort ausländische Sprache. So wurden alle – selbst die Deutschen – hier gleichbehandelt. Das Einzige, was vielen weiterhin Not und Sorge bereitete, waren die unausgesprochenen und nicht zugegebenen Menschenrechtsverletzungen der SWAPO. Karl schrieb dazu in seinem Rundbrief 1989:

> Es sind – im Gegensatz zu Südafrika und zu den Bestimmungen der UNO – nicht alle Gefangenen freigelassen worden. Die Schuldigen werden nicht zur Rechenschaft gezogen, den zurückgekehrten Gefolterten kein besonderer Schutz gewährt. Die Folge ist, dass die ehemaligen Gefangenen nach den Erfahrungen mit Spitzel- und Denunziationspraktiken in der Vergangenheit und Morddrohungen in der Gegenwart in großer Angst leben und das Land wieder verlassen wollen – solange die SWAPO regiert. Es wurde bisher keine Rechtsbasis geschaffen, die ihnen Vertrauen und Sicherheit gibt. Die Not vergrößert sich dadurch, dass sie – so sagen sie – auch bei ihren Kirchen keine Hilfe, kein Vertrauen finden. Außer dem Elternkomitee und ausländischen Gruppen tritt man nicht für sie ein in Kirche und CCN – so ihr Eindruck.

Das Elternkomitee war von Eltern sogenannter Dissidenten ins Leben gerufen worden, um die Regierung und die Befreiungsorganisation zu zwingen, Rechenschaft über den Verbleib ihrer Soldaten abzulegen. Denn ständig verschwanden auf unerklärliche Weise Söhne, die aufseiten der SWAPO gekämpft hatten, und keiner konnte sagen, was mit ihnen geschehen war. Das Komitee wurde gebildet, damit die Eltern dieser Söhne Hilfe bekamen, nach ihren Söhnen zu fahnden und die Verantwortlichen zur Rechenschaft zu ziehen.

In diesem Zusammenhang erklärte Karl im Rundbrief, welche Verantwortung die Kirchen in Namibia zu tragen hatten:

Es reicht nicht, dass die Kirchen die Folterungen der Vergangenheit verabscheuen und verurteilen, wenn daraus keine besonderen Schritte für die Gefährdeten entstehen und keine Aktion zur SWAPO hin, begangenes Unrecht wiedergutzumachen. Wir brauchen wahre Versöhnung, nicht Verkleisterung. Wir wollen in der Fürbitte dieser Menschen gedenken und auch praktische Hilfe nicht vergessen.

Da der größte Teil unserer Bevölkerung aus Kirchenmitgliedern besteht, ist das Miteinander der Kirchen von besonderer Bedeutung. Unsere Kirche, die DELK, gehörte zu den beiden großen kirchlichen Vereinigungen, dem Nationalen Christenrat (CCN) und der Vereinigung der drei lutherischen Kirchen (VEKLSWA), wobei die lutherischen Kirchen allein über 50 % der Bevölkerung ausmachen. Die DELK trat 1987 – ohne Angabe von Gründen – aus dem CCN aus. Jedoch war damals auch in der Zeitung als einer der Gründe, die zum Ausscheiden führten, angeführt: „bewusste Verdrängung von humanitären Fragen, wie sie vom Elternkomitee aufgeworfen werden (zum Beispiel Menschenrechtsverletzungen in SWAPO-Lagern), und einseitige Verurteilung von Gewaltanwendung in Namibia". Die DELK stellte auf ihrer Synode Mai 1989 fest, dass ein Wiedereintritt in den CCN guten Gewissens nur dann in Erwägung gezogen werden kann, wenn die zwischen uns stehenden Dinge geklärt sind. Dabei geht es unter anderem um „die von uns festgestellte Abhängigkeit vom SWAPO-Politbüro" und „Parteinahme des CCN im Unabhängigkeitsprozess, insofern sie unserer Christenpflicht widerspricht." Schweigen bei Menschenrechtsverletzungen kann Parteinahme sein. Gespräche müssen den Sachverhalt klären.

Namibia ist unabhängig

Am 21. März 1990 wurde Namibias Unabhängigkeit erklärt und mit einem großen Staatsakt gefeiert. Durch den Sturz der Sowjetunion brauchten die USA nicht mehr die Unterstützung Südafrikas im marxistisch geprägten Angola, weshalb nun Südafrika auf Namibia als Pufferzone zwischen sich und Angola verzichten konnte. So war Südafrika endlich bereit, Namibia in die Unabhängigkeit zu entlassen.

Zur offiziellen Unabhängigkeitsfeier im großen Rugbystadion Windhuks wurden die Posaunenchöre der verschiedenen schwarzen und weißen Kirchen Windhuks eingeladen, um dem Ganzen auch musikalisch einen festlichen Rahmen zu geben. So konnten Karl und die anderen aus dem Posaunenchor der Christuskirche hautnah dabei sein und mit geistlichen Liedern und festlichen Musikstücken die Feierlichkeiten begleiten. Dafür wurde gemeinsam geprobt, unter anderem auch einige Stücke von dem Posaunenchorleiter aus Khomasdal. Es gab sogar ein T-Shirt für alle, damit dieser große gemeinsame Posaunenchor einheitlich aussah.

Die *Allgemeine Zeitung* Namibias brachte eine kostenlose Sonderausgabe mit dem Titel „Ein langer Weg liegt hinter uns! Wir feiern die Unabhängigkeit der Republik Namibia" heraus. Darin enthalten waren Bilder von den Feierlichkeiten und vor allem von den Großen der Politik, die mit 200 Flugzeugen angereist waren, darunter die Südafrikaner Frederik Willem de Klerk, der Außenminister Pieter Botha, der ägyptische Präsident Husni Mubarak, Eduard Schewardnadse von der Sowjetunion und James Baker aus den USA. Neben Hans-Dietrich Genscher waren auch der Scheich von Kuwait und PLO-Chef Arafat gekommen. Aber am meisten umjubelt wurden Nelson Mandela und seine Frau Winnie, wie die Zeitung berichtete. Sam Nujoma hielt seine erste Rede als erster Präsident des Landes, nachdem die Fahne Südafrikas feierlich de Klerk überreicht und die neue namibische Fahne gehisst worden war.

Im Januar 1991 schrieb Karl rückblickend:

Die Ministerposten wurden mit Leuten aus allen größeren Volksgemeinschaften besetzt, der Weg zur Demokratie ist beschritten. Natürlich sind viele enttäuscht, die den Versprechungen einiger Politiker vor der Machtübernahme geglaubt hatten – andere erfreut, die Schlimmes befürchtet hatten. Wie alles jedoch werden wird, lässt sich noch immer nicht absehen. Angefangene Bauprojekte werden zu Ende geführt – aber neue Investitionen sind kaum zu bemerken – die Arbeitslosigkeit nimmt zu. Der Tourismus nimmt ab, da Diebstahl und Raub das Reisen unsicher erscheinen lassen. Schade; denn man sollte dieses schöne Land fördern! Wir hoffen nur, dass die neue weltpolitische Lage die nötige Unterstützung auch unseres Landes für seinen Aufbau nicht reduziert.

In Windhuk selber veränderte sich äußerlich nicht viel. Nur die alte Kaiserstraße wurde in „Independence Road" umbenannt!

Personelle Veränderungen in der Gemeindearbeit

Nach der Unabhängigkeit veränderte sich allerdings die Pfarrerschaft der deutschen Kirche in Namibia. Leider verließ Pastor Dieter Schütte, Karls stellvertretender Landespropst, das Land, weil er zur Hermannsburger Mission in die Nähe von Hannover gerufen worden war. In all den gemeinsamen Jahren war eine gute Freundschaft zu dieser Familie gewachsen – und der Humor und die vielen lustigen Südwester- und andere „Storys" von Dieter Schütte würden alle vermissen. Pastor Dr. E. Pellens übernahm dankenswerterweise die Vakanz für Pastor Schütte für ein Jahr und Pastor Jaedicke wurde stellvertretender Landespropst.

Dafür blieben die Gemeinden im Süden des Landes (Lüderitz, Mariental) nach dem Tod Pastor J. Marais erst einmal vakant und wurden von den anderen Pfarrern mitversorgt. Froh waren alle, dass wenigstens die Gemeinde in Swakopmund jetzt wieder einen Pfarrer hatte, nämlich Siegfried Lauer, mit dem Karl bereits im CVJM-Westbund zusammengearbeitet hatte. Siegfried und Elisabeth Lauer bauten in Swakopmund eine sehr gute Gemeindearbeit auf mitsamt einer lebendigen Jugendarbeit. Viele dieser Jugendlichen besuchten regelmäßig die Landesjugendtreffen. Immer, wenn Marlene und Karl nach Swakopmund reisten – um ein wenig der Hitze in Windhuk zu entfliehen –, hatten sie hier eine gute Gemeinschaft mit Lauers, und Karl konnte Siegfried bei Gottesdiensten oder Bibelarbeiten ab und zu entlasten, was er gerne tat.

Die „Rückkehrerkinder"

Als Folge der Unabhängigkeit Namibias kam in den Jahren danach allerdings noch eine ganz unerwartete Herausforderung auf die deutsche Kirche in Namibia zu: Viele obere Vertreter der SWAPO hatten in den Achtzigerjahren aus Angst vor Anschlägen ihre Kinder zur Schulbildung in die ehemalige DDR bringen lassen. Viele dieser Kinder, die schon zum Teil im Grundschulalter nach Deutschland kamen, wurden ihrer Heimat ein Stück entwurzelt und wollten natürlich ihren Schulabschluss gerne in Deutschland beenden. Doch als sich 1990 die DDR so abrupt auflöste, wurden alle diese Kinder genauso plötzlich wieder nach Namibia zurückgeschickt – und kamen sich in ihrer angeblichen Heimat unendlich verloren vor. Da war es gut, dass der Staat sich für sie einsetzte, damit sie nicht in ihre entlegenen Dörfer im Ovamboland (denn die meisten von ihnen waren Ovambos) zu ihren Familien zurück mussten. Dort hätten sie überhaupt keine Chance auf eine weitere Ausbildung gehabt, da sie ja zum Teil die Stammessprache nicht beherrschten. Stattdessen wurde ihnen ermöglicht, in einem Internat in Windhuk zu bleiben und auf die dortige staatliche deutsche Schule zu gehen – schließlich konnten sie ja fast nur Deutsch sprechen.

Viele dieser entwurzelten Kinder litten an psychischen Problemen, wovon auch Karl als deutscher Landespropst erfuhr, wenn er mit den Jugendlichen ins Gespräch kam. Sie saßen zwischen allen Stühlen: Von den weißen Kindern wurden sie kaum angenommen und schon gar nicht von ihren schwarzen Stammesgenossen, die sie für hochnäsig und eingebildet hielten und ihnen vorwarfen, etwas Besseres sein zu wollen. Vielen wurde dadurch sehr geholfen, dass einige deutsche Ehepaare und Familien bereit waren, eines dieser Rückkehrerkinder bei sich aufzunehmen und ihm in dieser schweren Zeit zu helfen. Hier war auch die Hilfe der deutschen Gemeinde gefragt. Später setzte sich besonders Pfarrer Bobka, der aus Deutschland für Pfarrer Pellens kam, sehr für diese Kinder ein. Da sie gut Deutsch sprachen, fanden manche auch Anschluss in der Jugendarbeit der deutschen Gemeinde und nahmen zum Beispiel am Landesjugendtreffen teil.

ALLTAG NACH DER UNABHÄNGIGKEIT

Alles in allem war es ein großer Segen, dass die Folge der Unabhängigkeit Namibias nicht – wie in vielen anderen Staaten – Diktatur, sondern ein gut funktionierender demokratischer Staat war und ist. Das war gar nicht selbstverständlich bei der Vielfalt der Volksstämme, eben nicht nur wegen der schwarzen und weißen Bevölkerung mit allen daraus folgenden Problemen, sondern auch wegen der elf schwarzen Volksgruppen, die an sich schon sehr verschieden und manche sogar von alters her verfeindet waren.

Es gab natürlich auch Probleme, und gerade viele deutsche Farmer mussten immer mit dem über ihnen schwebenden Damoklesschwert leben, plötzlich enteignet und nach Deutschland zurückgeschickt zu werden. Dabei war Deutschland für viele, die seit Generationen in Namibia wohnten und nie in Deutschland gewesen waren, ein fremdes Land und nicht Heimat wie Namibia.

Getrieben von Nächstenliebe – auch als Landespropst

Als Landespropst der Deutschen Lutherischen Kirche war Karl natürlich weiterhin in die Kirchenpolitik eingebunden und hatte Entscheidungen zu treffen, die auch falsch verstanden werden konnten. Letztlich ging es ihm – gerade auch in dieser verantwortungsvollen Position – immer um das Evangelium und das Miteinander der Menschen in Nächstenliebe. Wenn wir Christen diese Liebe Jesu zu allen Menschen nicht vorleben können, wer dann? So tat es ihm persönlich sehr weh, wenn das geschwisterliche Miteinander schon zwischen den verschiedenen Kirchen und Gemeinden nicht funktionierte. Wie sollte es da im Großen, im Politischen funktionieren? Deshalb war es ihm als Landespropst am wichtigsten, weiterhin Zeit zur Verkündigung und Zeit für das seelsorgerliche Gespräch mit einzelnen Menschen zu haben – egal ob schwarz oder weiß.

Darüber hinaus war ihm auch ein gutes Verhältnis zu freien Werken und Gemeinden wichtig. In Windhuk waren immer wieder Spannungen und auch Konkurrenzdenken zu der Stadtmission entstanden, die eine eigene Gemeinde war. Gerade hier war es Karl wichtig, ein gutes Verhältnis aus dem Evangelium heraus zu ermöglichen. Der Pastor dieser Stadtmission, Johannes Trauernicht, sagte über Karl:

Ich habe ihn von Anfang an als einen Bruder erlebt, der mir innerlich nahe war. Man kann von ihm wohl sagen, dass er ein Mann war, der über Kirchengrenzen hinaussehen und sich mitfreuen konnte über geistliche Aufbrüche in anderen Gemeinden. Er war großzügig und nicht kleinkariert, unkompliziert und ein lieber Bruder. Das hat er durchgehalten, auch wenn die Stadtmission damals baute und wuchs und es durchaus Anlass zu Spannungen und Überschneidungen gab.

Freunde in Namibia

Erwähnt seien auch die vielen Freunde, die Marlene und Karl in all den Jahren zur Seite standen: die Familien Esslinger, Rohm, Scriba und Klingelhoeffer, viele Freunde von verschiedenen Farmen wie die Familien Voigt, Neumeister, Redecker, Marquardt und Kirchner.

Marion Klingelhoeffer hatte von 1988 bis 1990 ein Praktikum bei Marlene in der homöopathischen Praxis gemacht. Danach zog sie mit ihrem Mann Ekkehardt nach Swakopmund, da er Wüstenexperte ist und dort eine Stelle bekommen hatte. Marion studierte nach ihrer Zeit bei Marlene auch Homöopathie und hat bis heute eine Praxis für Ernährung und Homöopathie in Swakopmund. Sie schrieb von ihrer Praktikumszeit, die einen kleinen Einblick in die manchmal eigenwillige Art Marlenes gewährt:

Marlene war sehr kompetent, hatte Riesenkenntnisse, und wenn sie etwas nicht wusste, schrieb sie ihrem Mentor Dr. Kulawardena nach Sri Lanka. Sie machte auch Akupunktur und die Schwarzen kamen in Minibussen, die jeweils voll waren, angereist: alle um 14 Uhr. Sie hatte alle – auch die weißen Patienten – auf 14 Uhr bestellt und das Wohnzimmer quoll über. Die Weißen waren immer erschrocken, wenn sie mit so vielen anderen im Wohnzimmer saßen und genau wie die Schwarzen die Akupunkturnadeln in die Ohren bekamen. Die Rückenakupunktur machte sie in einem

Nebenraum, wo auch die homöopathischen Kügelchen waren. Im Hintergrund lief immer klassische Musik, und ich befragte neue Patienten im Esszimmer. Die homöopathische Medizin bekamen dann alle mit schriftlichen Anweisungen mit nach Hause. Gegen 16 Uhr sagte sie, dass alle nach Hause mussten, alle Nadeln kamen raus und – husch – waren wir allein. Da gab es erst mal Tee und wir besprachen die Fälle.

Sie hatte sehr gute Erfolge. Ich weiß von Ovambos, die den ganzen Weg aus Ovamboland kamen, durch den Krieg durch Schussverletzungen gelähmt, und wie sie nach ein paar Wochen die Treppen zu ihr allein hinaufstiegen.

Reiseabenteuer

Unvergesslich und einmalig waren für Marlene und Karl die Wüsten- und andere Touren, die sie mit Familie Klingelhoeffer unternahmen. Mit Campern fuhren sie zum Kennenlernen der entlegensten, einsamsten Gegenden Namibias. Gerade Marlene genoss diese einsamen Wüstengegenden sehr.

Karl und Marlene erlebten eine schöne Zeit während ihrer Reisen mit Familie Klingelhoeffer.

1990 unternahmen sie eine Tour ins karge, steinige Damaraland im Südwesten des Landes angrenzend an die Namib-Wüste. Abends campten sie in freier Wildnis, saßen gemütlich um das Lagerfeuer auf Campingstühlen, aßen ihre selbst gekochte Suppe und genossen den unendlich klaren Sternenhimmel ohne jegliches Streulicht. Irgendwann stand Karl auf, stellte seine Suppe auf den Stuhl, um Holz ins Feuer zu legen, und setzte sich rückwärtsgehend wieder auf seinen Stuhl – mitten in seine Suppe hinein. Marion, die ihn ja hauptsächlich als Pfarrer kannte, versuchte verzweifelt, sich das Lachen zu verkneifen, bis Marlene, die das bemerkt hatte, sagte: „Du darfst gerne lachen." Zum Glück konnte Karl – etwas durchnässt – in das prustende Gelächter einstimmen. Der Beginn einer wunderbaren Freundschaft!

Eine andere Reise, bei der auch Frieder dabei war, ging nach Sossusvlei, südlich von Walvis Bay, durch die Wüste mitten in den Namib-Naukluft-Park zur riesigen Lehmsenke, die von den größten Sanddünen der Welt umgeben ist. 60 Kilometer vor Sossusvlei campten sie in Sesriem. Dieses Mal hatte Marlene ihre Liederbücher mitgenommen und bestand am Lagerfeuer darauf, „Befiehl du deine Wege" von Paul Gerhardt mit allen zwölf Strophen zu singen. Marion merkte, wie Frieder mit jeder Strophe mehr litt, und als die zwölfte Strophe erklang: „Mach End, o Herr, mach Ende, mit aller unsrer Not", da mussten sie und Frieder so lachen, dass sie nicht weitersingen konnten. Aber wenigstens war das Lied jetzt überstanden.

Am nächsten Tag gab es für Frieder und die anderen Sanddünenrodeln, was riesigen Spaß machte. Die Lehmsenke hatte zu diesem Zeitpunkt kein Wasser, konnte aber in der Regenzeit regelrecht zu einem großen See werden. Im jetzt trockenen Bett konnten sie sogar einige Springböcke und Oryxantilopen, das Wahrzeichentier Namibias, beobachten.

Jetzt, nachdem dieser schreckliche Krieg im Norden des Landes zu Ende war, konnten sie auch die Schönheiten dieser Region erkunden: den Caprivizipfel und das Kaokoland im Nordwesten Namibias an der angolanischen Grenze. Dort wanderten Marlene und Karl zusammen mit Marion und Ekkehardt Klingelhoeffer und deren kleiner Tochter Andrea durchs Gebirge, was wegen des vergangenen Krieges nicht ganz ungefährlich war. Unten am Fluss wäre es allerdings wegen der Krokodile noch viel gefährlicher gewesen.

Marlene und Karl waren sehr dankbar, dass sie durch Klingelhoeffers auf ganz untouristische Weise die Schönheiten des Landes entdecken konnten, bevor es dann wieder zurück nach Windhuk in den Alltag ging.

Besuch aus Deutschland

Im Frühjahr 1991 besuchten Andreas und ich zusammen mit unserem zehn Monate alten Sohn Tobias die Eltern in Namibia. Dort wollten wir mit ihnen zusammen ein paar Tage Urlaub am Waterberg machen. Zuerst fuhren wir drei mit Mutters VW in die Etosha-Pfanne, um Tobias die Tiere zu zeigen. Der interessierte sich aber eher für die vielen Knöpfe im VW. Da wir dieses Mal in der Regenzeit in Namibia waren, sah alles in der Ethosha-Pfanne wunderschön grün aus und die Tiere hatten Jungtiere bei sich. So spazierte zum Beispiel eine Wildschweinfamilie mit einigen Frischlingen vor uns über die Straße.

Danach wollten wir die Eltern am Waterberg treffen, hatten aber unterwegs eine Reifenpanne – und das in der größten Mittagshitze auf einer Sandstraße, bei der kein Wagenheber auch nur die Chance hatte, das Auto hochzuhieven. Zum Glück hatten die Eltern uns den Kompressor mitgegeben – und jetzt wussten wir auch warum! Von dem kaputten Reifen musste erst die Luft herausgelassen werden, um ihn vom Wagen herunterzubekommen. Dann musste der neue Reifen aufgepumpt werden. Das Ganze dauerte zwei Stunden, in denen Tobias zum Glück ganz geduldig in seinem Reisebuggy im Schatten des Autos saß – dem weit und breit einzigen vorhandenen Schatten. Es war wirklich ein Segen, dass die Eltern uns den Kompressor mitgegeben hatten, denn in den zwei Stunden fuhr nicht ein einziges Auto an uns vorbei. Aber die Tage am Waterberg, diesem massiven Felsplateau mitten im sonst flachen Land, entschädigten uns für diesen Schock.

Hinterher machten wir mit Frieder – ohne die Eltern, die natürlich nicht so lange Ferien hatten – zusammen eine Tour nach Twyfelfontein im Damaraland zu den ältesten Felsgravuren Namibias.

Da Andreas noch in die USA reisen musste, blieben Tobias und ich noch etwas länger in Namibia. Für die Eltern war es schön, auf diese Weise einmal eins ihrer Enkelkinder etwas länger um sich zu haben. Und ich konnte Mutters Praxis hautnah miterleben und auch etwas mithelfen. Das machte mir viel Freude und trug dazu bei, mich selber mehr mit der Homöopathie zu beschäftigen. Insgesamt war es eine für mich wertvolle Zeit mit meinen Eltern.

Besuch in Sri Lanka

Im September 1991 reisten Marlene und Karl wegen einer Einladung zur Ratssitzung des Lutherischen Weltbundes nach Madras in Indien und verbanden die Reise mit einem Besuch in Sri Lanka. Der Lutherische Weltbund hatte die DELK wieder als volles Mitglied aufgenommen, und das sollte bei der Ratssitzung in Madras gebührend gefeiert werden. Über die Zeit „in der alten Heimat" schrieb Karl im Rundbrief vom Oktober 1992:

> Von Madras nahmen wir die Gelegenheit wahr, die alte Arbeit in der Kandy City Mission und der Gemeinde der Scot's Kirche in Kandy zu besuchen. Einige Arbeitszweige waren eingestellt. […] Dennoch geht die Arbeit weiter und es war eine Freude, das Wachstum vieler zu sehen und auch zu hören, dass die Ausbreitung des Evangeliums weiter im Segen geschieht. […] Familie Zeller, die sich jetzt mehr um die geistlichen Aufgaben kümmern wird, traf ich leider nicht an.

Kampf gegen den inneren Zerfall der Kirchen in Namibia

Zurück in Namibia ging der Alltag im Land und in der Kirche weiter. Im Juni 1992 gab es zum ersten Mal seit Langem wieder eine gemeinsame Konferenz der Kirchenleitungen der drei lutherischen Kirchen zusammen mit Vertretern der EKD. Erneut wurde bekräftigt und beschlossen, wie wichtig es auch für die Zukunft des Landes sei, eine einzige lutherische Kirche Namibias zu bilden. Der Weg dahin sei, so schnell wie möglich wieder mit der guten Zusammenarbeit auf Ortsebene zu beginnen. Das lag Karl ja schon immer auf dem Herzen, und so war er froh, dass ein Weg dahin wieder möglich schien, wenn er auch lang und steinig sein würde, wie er noch einmal im Rundbrief im Oktober 1992 anmerkte:

> Angesichts der starken laufenden Entwertung des Rands [Landeswährung] und einer spürbaren Rezession, großer Dürre und zunehmender Arbeitslosigkeit steht auch unsere Kirche vor der Frage, ob sie weiterhin unsere Pfarrer finanzieren kann. Geht auch für uns der Weg von einem volkskirch-

lichen Zusammenschluss weg zu einer stärkeren Beteiligung der „Laien" in Predigt- und anderen Verkündigungsdienst? Diese Fragen werden uns in den kommenden Monaten zunehmend beschäftigen – allerdings nicht nur unter finanziellen Gesichtspunkten. Wohin wird Gott uns führen?

ABSCHIED AUS NAMIBIA

Ruhestand in Deutschland in Sicht – fast

Der Ruhestand ab dem 1. November 1992 rückte näher und Karl freute sich schon darauf, bald wieder in Deutschland zu sein. Eigentlich wäre der Rundbrief vom Oktober 1992 für Karl der letzte aus Namibia gewesen – doch wieder einmal kam alles ganz anders als geplant:

> Kurz vor Weihnachten verabschiedeten wir den lang gehegten Plan, mit der Pensionierung ins elterliche Haus nach Bünde zu ziehen, und wir gaben das Haus an unseren Bruder Martin. Wir konnten unser Haus in Schwelm im Februar bzw. August von Mieter und Untermieter freibekommen und die nötigen Arbeiten nach über 21 Jahren Vermietung einleiten, die bis zum Einzug im November nicht alle erledigt werden können. Der größte Teil unseres Gepäcks ist im Container abgeschickt – und viel Arbeit wird uns im November/Dezember erwarten, um alles wieder einigermaßen wohnlich zu machen. […]
> Am Sonntag Judica hielt ich die Konfirmation meiner letzten Konfirmandengruppe. Was wird von Unterricht und gemeinsamer Freizeit bleiben? Einige gehen weiter zum Jugendkreis, alle wollen eine weitere Freizeit. Wird sie sich ermöglichen lassen?
> Wenige Tage später verstarb unsere Stiefmutter nach 16-jähriger Ehe mit Vater. Wir gedachten der schönen Tage der Trauung

in Kandy und waren dankbar für den Segen, den Maria in die Familie brachte. Nur zwei Monate später waren wir wieder in Bünde, diesmal zur Beisetzung unseres Vaters, der im Alter von 89 Jahren heimging. […]

Inzwischen hat sich herausgestellt, dass kein Nachfolger für das Amt des Landespropstes gefunden werden konnte. Die Kirchenleitung bat mich deshalb, ein weiteres Jahr (als Pensionär) diesen Dienst auszuüben. Ich habe gern zugesagt. Nach dem Urlaub kehre ich in der zweiten Januarhälfte nach Namibia zurück. Marlene folgt ein wenig später.

So war wieder einmal das Gepäck schon auf dem Weg nach Deutschland, Karl aber weiterhin in Namibia. Eigentlich wollte Marlene das letzte Jahr auch wieder mit nach Namibia gehen, aber es wurde kurzfristig entschieden, dass sie doch lieber in der Einliegerwohnung in Schwelm bleiben sollte, weil die Höhe in Windhuk ihr zunehmend gesundheitliche Beschwerden bereitete. Schon seit Jahren hatte sie dadurch Schlafstörungen, die sie wegen Karls Arbeit in Kauf genommen hatte. Doch jetzt war es sinnvoller, die letzten paar Monate von Februar bis September 1993 in Deutschland zu bleiben. Schade war nur, dass sie bei der Verabschiedung nicht dabei sein konnte, aber in diesem Falle ging die Gesundheit vor.

Landespropst im Ruhestand

An der Lösung, als Pensionär ein weiteres Jahr als Landespropst tätig zu sein, gefiel Karl besonders gut, dass ihm die namibische Kirche kein Gehalt zahlen musste. Angesichts der angespannten finanziellen Lage der Kirche – zum Beispiel durch die Trockenheit im Land – war er sehr froh, auf diese Weise zum Wohl der Menschen beitragen zu können. Allerdings war es für Karl nicht von Nachteil, denn als Pensionär bekam er mehr Geld als durchs namibische Pfarrersgehalt.

Dadurch, dass es keine Kirchensteuern gab und die Mitglieder der Kirche freiwillige Abgaben machten, war es der Kirche natürlich nicht möglich, ihren Pfarrern ein großes Gehalt zu zahlen. Viele der deutschen Farmer kamen ja selbst gerade so über die Runden, besonders wenn eine Dürrezeit oder Probleme mit dem Vieh Existenznöte hervorriefen. Dass sie nicht so viel Geld zahlen konnten, machten sie allerdings vielfach durch „Naturalienbezahlung" wieder wett. Da Karl sehr gerne jagte, durfte er sich ab und zu sein Mittagessen (und das der Familie) selber schießen. Nach den Farmgottesdiensten brachten die Farmer oft auch andere Naturalien wie Eier, Obst und Gemüse mit, um ihrer Dankbarkeit Ausdruck zu verleihen. So kamen er und Marlene mit dem Gehalt einigermaßen über die Runden. Viele der Farmer waren Karl wegen einer Sache besonders dankbar. Er hatte ihnen auf ihrer Farm erfolgreich Wasseradern gesucht, sodass sie einen Brunnen bohren konnten und nicht ausschließlich vom oft ausbleibenden Regen und dem Grundwasser abhängig waren. Ein Farmer war schon ganz verzweifelt, weil er – auch mit offiziellen Wassersuchern, die mit ihren Geräten auf die Farm gekommen waren – auf der riesigen Farm nirgendwo eine Wasserader gefunden hatte. So fuhr Karl noch einmal im Auto die ganze Farm ab – und fand schließlich am äußersten Rand der Farm kurz vor der Grenze zum Nachbarn eine Ader, sodass der Farmer doch noch einen Brunnen bohren konnte.

Im letzten Rundbrief aus Namibia ging Karl auf die neuesten Entscheidungen der Kirche in Namibia ein und war froh, dass sie noch in seiner Amtszeit geklärt werden konnten:

> In den vergangenen zwei Monaten konnten schwierige ökumenische Probleme unserer Kirche aus den letzten Jahren hier in Namibia gelöst werden. Am 29. April wurde unsere Kirche als zehntes Mitglied des Nationalen Christenrates (CCN) wieder aufgenommen. Am 15. Mai wurde die Vereinigte Evangelische Lutherische Kirche in Südwestafrika (VELKSWA), der zum Schluss nur noch zwei Kirchen angehörten, aufgelöst, damit für die Vereinigung der drei lutherischen Kirchen der Weg frei gemacht wird. [...] Auf der Synode unserer Kirche wurde als Nachfolger für das Amt des Landespropstes Pastor Reinhard Keding aus Hermannsburg, Deutschland, gewählt. [...] Die offizielle Amtsübergabe findet am 12. September statt.

Abschied von Namibia

So ging für Karl 1993 ein weiterer wichtiger Lebensabschnitt zu Ende – einer, der eigentlich nur eine Zwischenstation von einem Jahr sein sollte, dann aber zu einer zehn Jahre dauernden und ausfüllenden Tätigkeit wurde, die er keinen Moment in seinem Leben hätte missen wollen – trotz mancher Schwierigkeiten und trotz vieler Anfeindungen wegen seiner kritischen Haltung gegenüber der Befreiungsbewegung, die ihm den Vorwurf einbrachte, die Apartheid zu befürworten. Dass dem nicht so war und dass für Karl immer der einzelne Mensch im Vordergrund stand, machten viele Freunde und Menschen, die durch seine Verkündigung von Gott angerührt worden waren, bei Karls Verabschiedung deutlich. Sein langjähriger Weggefährte in der Kirchenleitung und mittlerweile guter Freund Dieter Esslinger hielt eine bewegende Rede, die davon zeugte, wie froh sie waren, dass Karl den „Abstecher" nach Namibia gemacht hatte.

Ja, es fand sogar auf dem Flugplatz von Windhuk ein ergreifendes Singkonzert statt! So schrieb Karl von Deutschland aus – diesmal auch an die Freunde in Namibia:

> Wir möchten ganz herzlich danken für den schönen Abschied, den uns Kirchenleitung und Gemeinde Windhuk bereitet haben. Dazu kam dann der Besuch aus anderen Gemeinden – bis hin zum Abschiedssingen auf dem Flugplatz. Schade war nur, dass Marlene das nicht miterleben konnte. Die Geschenke zeigen aber auch ihr, wie herzlich der Abschied war. Durch diese werden wir ebenfalls stets an euch erinnert.

KAPITEL 6
AUCH IM RUHESTAND IMMER UNTERWEGS

ZURÜCK IN SCHWELM, DOCH VIEL UNTERWEGS

Wer jetzt meint, dass Karl sich in Schwelm als Ruheständler eingenistet hätte, die Zeit nur im Haus und bei seiner großen Familie mit mittlerweile sechs Enkelkindern verbracht hätte, der täuscht sich gewaltig. Denn so wie er das erste Jahr als Pensionär in vollzeitlichem Dienst weiterhin als Landespropst in Namibia verbrachte, so ging es mit nicht ganz so vollzeitlichem Dienst in Deutschland weiter.

Doch zunächst einmal galt es, sich in Schwelm wieder ein wohnliches Zuhause zu schaffen, wie er in seinem ersten Rundbrief aus Schwelm von Dezember 1993 beschrieb:

> Wir sind zunächst einmal dankbar, nach über 20 Jahren Ausland nun wieder daheim in unserem vor genau 30 Jahren erbauten Hause zu sein. Mit Hilfe von vielen Freunden aus der früheren Arbeit ist das Haus fast ganz wieder hergerichtet, wenigstens von innen. Durch die Hilfe des CVJM Lemgo an zwei Wochenenden mit 25 bzw. 10 Leuten ist nun auch der obere Teil des ehemaligen Gartens wieder erstellt […]. Wir wollen versuchen, im Laufe des nächsten Jahres alles fertigzustellen. Das ist auch deshalb nicht ganz leicht, weil sich unser Programm mit Tagungen, Bibelstunden und Besuchen so stark angefüllt hat, dass wir schon ein Problem haben, einen zusammenhängenden Urlaub vorzusehen.

Trotz seines Ruhestandes stürzte Karl sich auch in Deutschland in die Vollen! Er konnte gar nicht genug predigen, Bibelarbeiten auf Freizeiten und Tagungen halten und vor allem wieder ganz neu Gemeinschaft mit all den vielen Freunden von früher haben. Er engagierte sich sowohl im CVJM-Westbund als auch wieder in der SMD und reiste für zwei Wochen nach Sri Lanka. Von dort und auch aus Namibia erhielten Marlene und Karl immer wieder Besuch in Schwelm, worüber sie sich sehr freuten.

Wenn wir Kinder einmal unsere Eltern besuchen wollten, mussten wir fast einen langfristigen Termin ausmachen, um sicherzustellen, dass sie auch in Schwelm anwesend waren. Oft nutzten sie die Gelegenheit, uns zu besuchen, wenn sie gerade in der Nähe von einem unserer Wohnorte eine Freizeit oder Ähnliches durchführten. Ansonsten sahen wir uns natürlich, wenn wieder einmal eine Hochzeit oder Taufe anstand. So heirateten Dieter und Henrike Englert im September 1993 und Brigitte und Georg Ruoß im Januar 1994. Dafür waren sogar Freundinnen aus Sri Lanka und Namibia gekommen. Brigitte und Georg wohnten zunächst in der Einliegerwohnung in Schwelm bei den Eltern.

AUFTANKSTATIONEN, FAMILIENFEIERN UND REISEN

In den kommenden Jahren kehrte etwas mehr Ruhe in Karls Pensionsleben ein, da er sich auf einige Schwerpunkte beschränkte. Einer davon war Sri Lanka. Nach der Gruppenreise, die er im Februar und März 1995 dorthin organisiert hatte und bei der sogar auch sechs Freunde aus Namibia mitgekommen waren, flog er im August noch einmal nach Sri Lanka, weil er zum 150. Jubiläum der Schottisch-Reformierten Kirche in Kandy eingeladen worden war. Hier sollte er auch eine Mitarbeiterschulung abhalten – und bei so etwas konnte Karl noch nie Nein sagen. Er schrieb:

Wir änderten also unsere Pläne für August, flogen nach Sri Lanka und erlebten mit Bibelwoche, Seminarwoche, Gottesdiensten und Gesprächen eine lebendige Gemeinde. [...] Aus der ehemals kleinen schottischen Gemeinde ist eine einheimische Gemeinde geworden mit Menschen aus allen Gruppen und Schichten.

In der Kandy City Mission fehlt allerdings zurzeit der geistlich-missionarische Impuls, eigentlich schon seit einigen Jahren. Die Wirtschaftsbetriebe werden zwar gut verwaltet und tragen die Arbeit, aber das allein kann ja nicht der Sinn der Mission sein. So bat uns der Vorstand der KCM, die geistliche Arbeit wieder zu übernehmen. Das wollen und können wir jedoch so nicht. Nicht nur, dass wir jetzt auch in Deutschland unseren Platz sehen, sondern wir sind auch grundsätzlich der Meinung, dass ein einheimischer Leiter diese Arbeit tun muss. Wir haben aber zugesagt, jeweils die drei ersten Monate im Jahr zu helfen, damit und bis ein Leiter dort gefunden ist.

Neben der Arbeit im CVJM und der SMD hatte sich für Karl ein weiterer Schwerpunkt bei der Mitarbeit im Geistlichen Rüstzentrum in Krelingen gebildet, mit dessen Leiter, Pastor Wilfried Reuter, er schon jahrelange gute Verbindungen hatte. So hielt er verschiedene Bibelwochen dort, was ihm auch selber immer sehr viel gab.

Besuch in Namibia

Doch auch Namibia war nicht vergessen. Im Jahr 1996 konnte Karl endlich die lang geplante Reise nach Namibia antreten, um eine Gruppenreise dorthin vorzubereiten. Darauf warteten schon viele seiner Freunde aus Deutschland! Dazu schrieb er rückblickend 1997:

> Gern denke ich an meinen Besuch in Namibia zurück. [...] Eine große Hilfe war für mich, dass Herr Ritter mir einen Wagen zur Verfügung stellte. So konnte ich einige Dienste übernehmen und noch einiges für die Gruppenreise vorbereiten und zusätzlich Freunde besuchen.

Die Gruppenreise verlief dann ohne Probleme. Alle waren von dem schönen Land, der Landschaft und der Tierwelt begeistert. Höhepunkt aber war die Gastfreundschaft, das Erlebnis von Gemeinschaft in Gemeinde und Familie auf den Farmen. […] Im nächsten Jahr will ich gern mit Marlene kommen, zumal wir auch Henrike besuchen wollen, die jetzt mit ihrem Manne in Maputo (Mosambik) wohnt, wo Dieter eine Schuhfabrik leitet.

Weihnachten auf der Rhön

An Weihnachten und Silvester dieses Jahres kam für Marlene und Karl ein Ort hinzu, der für sie Heimat und Aufgabe für die nächsten 19 Jahre werden sollte. Im April 1997 schrieb Karl an die Freunde in Namibia dazu:

Wir waren über Weihnachten bis Anfang Januar bei Familie Fritz und Krimhild Schroth zur Weihnachtsfreizeit auf der Rhön und erlebten eine wunderbare Gemeinschaft unter Gottes Wort mit viel Frohsinn und guten Angeboten für Familien. Die Familienfeier hatten wir schon am zweiten Advent mit der Großfamilie hier bei uns in Schwelm. Das hat uns so gut gefallen, dass wir es auch in diesem Jahr so halten wollen.

An diesem zweiten Advent 1996 wurde auch Brigittes und Georgs erster Sohn Nils-Simon getauft. Da sie immer noch bei den Eltern in der Einliegerwohnung in Schwelm wohnten, feierten sie gleich dort, sodass beide Feste gut verbunden werden konnten.

Besuch in Sri Lanka, Urlaub in Kanada und der 40. Hochzeitstag

Im Januar 1997 flogen die Eltern für drei Monate – wie versprochen – nach Sri Lanka. Sie kamen aber nach den drei Monaten rechtzeitig zurück, damit Vater die Taufe von Johannes, unserem dritten Sohn, halten konnte.

Im Sommer hatten die Eltern die Möglichkeit, erneut zu verreisen, dieses Mal aber ohne Dienste, sondern als reine Erholungsreise. In seinem letzten Rundbrief vom Dezember 1997 erzählte Karl von diesem einmaligen Urlaub in Kanada:

> Ein Freund gab uns sein Wohnmobil in Kanada für einen Monat. So ein Angebot kommt so schnell nicht wieder. Wir haben uns dann auch einmal einen richtigen Ferienmonat gegönnt, zumal wir in diesem Jahr unseren vierzigsten Hochzeitstag feiern wollten. Alberta und British Columbia mit ihren herrlichen Nationalparks waren ein großes Erlebnis in dem Vorsaisonmonat Juni. Den Abschluss bildete dann eine Woche bei der Witwe unseres Freundes Klaus Bockmühl in Vancouver mit Ausflügen in die Umgebung und zu kulturellen Veranstaltungen. Fasziniert hat uns das Springen der Lachse, die gerade anfingen, in ihre Laichgebiete zurückzukehren.

Zu ihrem 40. Hochzeitstag waren die Eltern natürlich pünktlich in Deutschland zurück. Der Tag wurde für die beiden zu einem Höhepunkt dieses Jahres, den sie mit uns Kindern und ihren zehn Enkelkindern an einem für sie besonderen Ort feierten.

> Wir hatten in Kaub am Rhein auf der Elsenburg, einem Haus des CVJM-Westbundes, eine Etage gemietet. Es gab eine Schifffahrt nach St. Goar und eine Sonderfahrt mit dem Bähnle durch die Gassen der Stadt zur Burg. Unsere Kinder bereiteten uns dann einen wunderschönen Abend. Was ist das doch für ein Geschenk, so eine Familie haben zu dürfen. Wir können unserem Herrn nicht genug dafür danken! Johann kam aus Singapur angereist und Henrike mit Dieter aus Maputo.

Es war ein wunderschönes Wochenende, an das wir alle bis heute gerne zurückdenken. Die Enkelkinder sangen ein Ständchen mit „Sockenfiguren", die mit Knöpfen und Fäden lustig gestaltet waren und alle aus den Löchern eines Betttuches herausschauten. Einige von uns führten musikalisch etwas vor mit Geigen und Blechblasinstrumenten, und wir kramten auch die schönsten Sketche, die wir in Sri Lanka kennengelernt hatten, hervor und gaben sie zum Besten.

Familientreffen

Ab diesem Jahr wurde die Familienweihnachtsfeier am zweiten Advent zu einem feststehenden Termin, der sich im Laufe der Jahre auch bei den Enkelkindern immer größerer Beliebtheit erfreute. Das lag aber nicht nur an den Geschenken, sondern einfach an der Tatsache, dass sie erkannten, wie gut es war, die Cousinen und Cousins wenigstens einmal im Jahr sehen zu können.

Für Karl war die Kombination von Weihnachtsgeschichte und -predigt das Wichtigste, umrahmt von vielen Liedstrophen und den von allen vorgelesenen Verheißungen aus dem Alten Testament. Am Sonntagvormittag kamen alle zu einem Gottesdienst im Wohnzimmer für die Erwachsenen und wechselndem Programm für die Kinder zusammen. Danach gab es ein leckeres Mittagessen und ein gemütliches Kaffeetrinken im warmen Wintergarten, bevor alle wieder nach Hause fuhren.

Die große Weihnachtsfeier am zweiten Advent mit Marlenes und Karls Kindern, Schwiegerkindern und Enkeln.

Für Marlene und Karl war es sehr schön, jedes Silvester auf die Freizeit in die Hohe Rhön zu fahren, wo Karl die Bibelarbeiten und den Silvestergottesdienst über die jeweilige neue Jahreslosung hielt. Ab 1999 kam Siegfried Lauer als Referent für die Weihnachtsfreizeit hinzu, sodass sie sich regelmäßig sehen und miteinander diese Zeit verbringen konnten – denn meist blieben Lauers noch bis nach Silvester.

Im Sommer fuhren wir Kinder mit unseren Kindern sehr gerne nach Schwelm, sofern die Eltern gerade einmal im Lande und nicht auf einer ihrer vielen Reisen waren. Es war schön, die Oase Schwelm zu genießen, die Teestunden mit guten Gesprächen, das Crocket-Spielen mit dem Großvater oder für die Kinder das Füttern der Forellen im Teich. Als besonderes Festessen gab es dann oft zu Mittag diese Forellen. Für meine Mutter war das besonders praktisch, wenn Besuch kam. Da hatte sie immer ein festliches Essen parat. Bis auf Liebgard, die in Iserlohn wohnt, und Brigitte, die ja selbst mit ihrer Familie zunächst in Schwelm wohnte und danach nach Ennepetal zog, genossen wir es, in Schwelm zu übernachten und mehrere Tage mit den Eltern zusammen zu verbringen.

Der 70. Geburtstag

Jeweils die ersten drei Monate im Jahr verbrachten die Eltern in Sri Lanka, und in einem Jahr waren sie sogar ein ganzes Jahr dort. So feierte Vater auch jeweils seinen Geburtstag am 21. Januar in Sri Lanka.

Zu seinem 70. Geburtstag im Januar 2000 bestanden wir Kinder aber darauf, dass er diesen Turnus unterbrechen sollte, um einmal mit all seinen Freunden und seiner großen Familie ein Fest zu feiern. Da die Eltern mittlerweile so einen guten und freundschaftlichen Kontakt zu Familie Schroth hatten, wollten sie gerne diesen Geburtstag in den „Christlichen Gästehäusern" in der Hohen Rhön feiern. Dort war genug Platz für die über 100 Festgäste, die aus ganz Deutschland angereist waren. Besonders freute sich Vater, dass wir Kinder alle kommen konnten. Sogar Henrike war mit ihrem ersten Sohn Till aus Mosambik angereist.

Am Samstagnachmittag ging es mit einem leckeren Kaffeetrinken los und mündete in ein edles Festessen in dem von Heinrich Schneider aus Lemgo wunderschön mit Orchideen geschmückten Saal. Das war eine richtig gelungene Überraschung für Vater. Neben vielen guten Reden und einigen Musikstücken gab es auch eine bunte Diashow, die das bewegte Leben unseres Vaters bezeugte.

Bis heute ist diese schöne Feier nicht nur der Familie, sondern auch vielen Freunden der Eltern in guter Erinnerung, zumal es das einzige Fest in dieser Größenordnung für Vater blieb.

Viel unterwegs

Da die Eltern gerne eine Rundreise durch die neuen Bundesländer machen, aber nicht so viel für die jeweiligen Hotels ausgeben wollten und konnten, machte ich ihnen den Vorschlag, sich doch ein Wohnmobil zu mieten. Schließlich hatten sie das in Kanada sehr genossen. Zwei Wochen später rief Vater mich an und erzählte mir, dass sie sich nicht eines gemietet, sondern gleich ein gebrauchtes Wohnmobil gekauft hätten. Im Nachhinein erwies sich das als die beste Lösung, denn fortan fuhren sie so oft es ging damit durch die Gegend – quer durch Skandinavien, nach Norwegen, Holland, Frankreich, Österreich und natürlich besonders häufig und gerne gen Osten. Und wenn sie es einmal nicht brauchten, dann wurde es von uns Kindern für einen Familienurlaub an die unterschiedlichsten Orte ausgeliehen.

Allerdings benötigten die Eltern bald ein Nachfolgemodell, da Vater in Norwegen aus Versehen den Mittagsschlaf während des Fahrens gemacht hatte und alle (Johann begleitete die Eltern auf dieser Reise) im Graben wieder aufwachten! Zum Glück war nur das Wohnmobil kaputt und nichts Schlimmeres passiert.

Zwischendurch fuhren die Eltern sehr gerne mit dem Wohnmobil zu den vielen Familienfeiern, die sich über die Jahre recht regelmäßig verteilten, da wegen des großen Altersunterschiedes von uns Kindern auch die Enkelkinder eine große Altersspanne hatten. So war immer wieder eine Geburt oder Taufe zu feiern, bevor dann bei den Älteren die Konfirmationen losgingen. Mittlerweile ist die Zahl der Enkel auf stattliche 17 angewachsen: Julius und Sophie von Mechthild und Reinhard und später noch Alexander mit Bernd Dellith; Micha, Anthea, David und Lukas von Liebgard und Andres Kuhn; Tobias, Daniel, Johannes und Benjamin von Andreas und mir; Nils-Simon, Christopher und Jonathan von Brigitte und Georg Ruoß sowie Till, Philipp und Beryl von Henrike und Dieter Englert. Bei uns fünf Mädchen hatten sich jeweils die Jungen durchgesetzt! So ging es auf den vielen Familienfeiern hoch her.

Ein besonderes Highlight – nicht nur für Karl, sondern für alle Teilnehmer – war die Gruppenreise nach Sri Lanka und Bangkok im Juli und August 2001 mit 15 Personen, darunter einigen Schwelmern. Bis ins Kleinste wurde diese Reise durchgeplant und ein Teilnehmer schrieb in Tagebuchform einen minutiösen Bericht dieser wunderschönen Reise zu vielen Sehenswürdigkeiten der Länder, aber auch über den Besuch bei der Kandy City Mission. Man merkt dem Bericht an, wie überwältigend diese Reise für alle Beteiligten war mitsamt der von Karl gehaltenen Bibelarbeiten.

Verleihung des Bundesverdienstkreuzes

Zwei Jahre später, im Mai 2003, bekam Karl eine Auszeichnung besonderer Art, in die Wege geleitet durch seinen guten Freund Hartmut Kreikebaum: In der Staatskanzlei Nordrhein-Westfalens in Düsseldorf wurde ihm das „Bundesverdienstkreuz am Bande" überreicht, insbesondere für seine Entwicklungshilfe und sein Engagement in Sri Lanka. Hartmut Kreikebaum hatte dafür zwei Jahre zuvor einen Brief an den damaligen Ministerpräsidenten von Nordrhein-Westfalen, Johannes Rau, geschrieben und Karl für diese Auszeichnung vorgeschlagen. Nach zwei Jahren war es dann endlich so weit und Johannes Rau, mittlerweile Bundespräsident, konnte die Urkunde unterschreiben, die dann durch Herrn Krusche feierlich überreicht wurde.

Das war ein – auch für uns Kinder – bewegender Moment, wenn er auch ganz schnell vorbeiging. Hartmut Kreikebaum und seine Frau Inge waren natürlich auch bei der Verleihung dabei; und hinterher beim festlichen gemeinsamen Essen in einem schönen Lokal war die Stimmung fröhlich und ausgelassen.

50 Jahre verheiratet

Ihre goldene Hochzeit feierten die Eltern 2007 mit der ganzen Familie. Wieder einmal – wie schon zum 40. Hochzeitstag – mieteten sie dazu die Räume der Elsenburg in dem Freizeitzentrum in Kaub am Rhein und organisierten eine wunderschöne Dampferfahrt für die ganze Großfamilie am Samstagnachmittag. Schön war, dass Frieder dazu seine Freundin Rebekka mitbrachte, sodass wir sie näher kennenlernen konnten. Das war eine unvergessliche, fröhliche Familiendampferfahrt auf dem Rhein und danach eine wunderschöne Feier auf der Elsenburg.

Die mittlerweile schon recht großen Enkelkinder trugen durch diverse Sketche und Darbietungen zu diesem gelungenen Abend bei. Wir alle überreichten den Eltern jeweils eine rote Rose mit einem Satz des Dankes für sie, bis sie einen schönen Strauß mit 50 Rosen hatten. Auch Johann gab seinen altbewährten „Teesieb-Sketch" zum Besten, indem er vor aller Augen köstlich aromatisierten Tee kochte und uns allen zum Probieren gab. Hinterher zeigte er dann, wodurch das un-

Im Jahr 2007 feierten Marlene und Karl auf der Elsenburg ihre goldene Hochzeit.

verwechselbar köstliche Aroma entstand: Von einem – wie er sagte – mehrfach gebrauchten Damenstrumpf, den er genüsslich aus der Kanne herauszog. Schon in Sri Lanka hatten meine Eltern und wir „Großen" diesen Sketch immer genossen, aber für meine jüngeren Geschwister und für unsere Kinder war er neu.

Zum Ende des Abends veranstalteten wir auf der Terrasse ein kleines „Feuerwerk" mit Wunderkerzen, in Erinnerung daran, dass es diese immer an Silvester bei uns zu Hause statt Böllern gegeben hatte – zusammen mit den als Nachtisch bei jeder Silvesterfeier in Sri Lanka von Vater liebevoll flambierten Kirschen auf Vanilleeis (die natürlich als Besonderheit aus Deutschland importiert worden waren).

Höhepunkt der Feier war der Gottesdienst am Sonntagmorgen, den wir gemeinsam auf der Elsenburg feierten und zu dem auch Familie Kreikebaum hinzukam. Vater hatte Hartmut gebeten, über ihren Trautext die Predigt zu halten. Liebgard hatte den Gottesdienst liebevoll vorbereitet, und wir begleiteten die Lieder mit unserem kleinen Familienposaunenchor. Im Nachhinein waren wir alle dankbar, dass wir noch einmal als ganze Familie dieses schöne, große Fest feiern konnten.

Schon im Jahr darauf im März stand das nächste große Fest an, zu dem wir alle sehr gerne hinfuhren: die Hochzeit von Frieder und Rebekka. Frieder hatte mittlerweile sein Elektrotechnikstudium beendet und arbeitete bei der Firma „Bosch" in Stuttgart.

Karls 80. Geburtstag und die „Sundermeier-Familientreffen"

Anlässlich seines 80. Geburtstages wurde Vater von Horst Marquardt für die christliche Zeitschrift *Idea* interviewt. Dass er die Kassette mit dem Interview für uns alle kopierte, damit wir auch daran teilhaben konnten, zeigt, wie sehr er sich darüber freute. Den Geburtstag selbst feierte er allerdings nicht in Deutschland, sondern wieder in Sri Lanka mit seiner „Familie", der dortigen Gemeinde, beziehungsweise den Tag selber mit Mutter und Johann auf den Seychellen, zu denen Johann sie eingeladen hatte. Im März, als die Eltern von Sri Lanka zurückgekommen waren, veranstalteten wir aber noch eine kleine Nachfeier mit der Familie in einem Freizeitzentrum in Iserlohn, was auch sehr schön war.

Eine Sache war meinem Vater in den letzten Jahren immer sehr wichtig: die Treffen seiner eigenen Cousins und Cousinen, die alle zwei Jahre stattfanden. So sah er auch regelmäßig seine Geschwister wieder, was in all den Jahren im Ausland nur sehr selten möglich gewesen war. Auch an dem „Sundermeier-Familientreffen" der letzten Jahre war es meinen Eltern wichtig, teilzunehmen.

Meine Mutter hatte mittlerweile ihren Namen in Marilene geändert, in den Namen, den ihr Vater ihr ursprünglich geben wollte, aus dem dann aber Maria Helene Sieglinde geworden war. Meinem Vater und den Geschwistern meiner Eltern fiel diese Änderung zwar nicht so leicht, aber sie berücksichtigten ihren Wunsch, sodass meine Mutter jetzt von allen Marilene genannt wird.

Dienst im hohen Alter – wenn auch nicht mehr so häufig

Mittlerweile gingen Marilene und Karl sonntags oft in Rüggeberg zum Gottesdienst, weil Karl dort sehr oft predigte, einen guten Kontakt zur gesamten Gemeinde hatte und natürlich auch wegen ihrer guten Freunde, Familie Bubenzer. Der Hauskreis in Schwelm traf sich nach wie vor einmal im Monat – nun wieder im Sundermeier-Haus, wo Karl so wie früher die Bibelarbeit hielt. Dieser Hauskreis war für ihn ein großer Grund zur Dankbarkeit. Hier war er gefordert, hier spürte er, dass er auch im hohen Alter den Menschen noch etwas mitgeben konnte. Hier tat er das, was er in seiner ganzen Amtszeit am liebsten gemacht hatte: in der Bibel forschen und weitergeben, was ihm selber durch die Zeit mit dem Wort Gottes wichtig geworden war.

Auf der anderen Seite machte es ihn schon traurig, dass er nur noch wenige Predigtanfragen bekam und darüber hinaus kaum noch Einladungen als Referent. Umso mehr freute er sich, dass er weiterhin mit viel Segen für alle Beteiligten die Bibelarbeiten und Predigten bei der Silvesterfreizeit in der Hohen Rhön halten durfte. Und er spürte, dass er in diesem Dienst wirklich wertgeschätzt wurde.

Besonders freute es ihn auch, dass mein Schwager, Andres Michael Kuhn, ihn noch einmal bat, in seiner Gemeinde einen speziellen Wortgottesdienst zu halten. Andres war zunächst skeptisch, ob unser

Vater das in seinem hohen Alter von 83 Jahren noch packen würde – und erstaunt, wie hervorragend und vollmächtig er nach wie vor predigte. Das muss Vater gespürt haben, denn hinterher meinte er verschmitzt zu Andres: „Na, das hättest du dem alten Mann nicht zugetraut, oder?"

ABSCHIED NEHMEN

Ja, so hätte es noch lange Jahre weitergehen können. Karl war nach wie vor fit, gesund und voller Tatendrang. Doch 2013 sollte sein letztes Jahr hier auf der Erde werden. Es hatte ganz normal in der Rhön angefangen, als er über die Jahreslosung „Denn wir haben hier keine bleibende Stadt, sondern die Zukünftige suchen wir" predigte – ohne zu ahnen, dass diese Sehnsucht nach der Ewigkeit sich für ihn noch dieses Jahr erfüllen würde.

Noch einmal Sri Lanka

Dann ging es im Januar wie gewohnt nach Sri Lanka. Dieses Mal blieben die Eltern sogar bis nach Ostern in Sri Lanka, damit ich in den Osterferien noch zwei Wochen mit ihnen zusammen dort verbringen konnte. Keiner von uns wusste, dass sie das letzte Mal in Sri Lanka sein würden. Während meines Aufenthaltes bekam ich auch seine letzte Taufe mit – die Taufe vom jüngsten Kind von Pushpas jüngstem Sohn Dominikus, der mit seiner sri-lankischen Frau in Deutschland lebt, die Taufe aber in Sri Lanka feiern wollte und dazu eben ihre Verwandtschaft aus Deutschland eingeflogen hatte.

Diese zwei Wochen mit den Eltern zusammen im „Hill House" und dann noch ein paar Tage am Strand in Colombo, wo wir auch Dilly und ihre Familie besuchten, waren wunderschön und ich bin sehr dankbar dafür. Wie gewöhnlich buchte mein Vater den Flug für 2014 nach Sri Lanka, in dem festen Glauben, dann wiederzukommen.

Für mich war diese Zeit mit den Eltern auch Gelegenheit, noch einmal über ihr Leben, wie ich es bis dahin schon aufgeschrieben hatte, zu reden und Korrekturen vorzunehmen. Da ich gerade über die Zeit in Sri Lanka Zeit schrieb, war der Ort natürlich das richtige Ambiente, um alles noch einmal Revue passieren zu lassen. Ich merkte immer wieder, wie wichtig es meinem Vater war, auch auf Einzelheiten einzugehen, so als spürte er, dass er nicht mehr viel Gelegenheit dazu haben würde.

Die Herbstkonferenz der SMD, das Freundestreffen des CVJM-Westbundes und ein Urlaub in Spanien

Das letzte große gemeinsame Familientreffen war die Konfirmation von Mechthilds Sohn Alexander im Juni. In der Vorfreude auf die gemeinsame Weihnachtsfeier am zweiten Advent verabschiedeten wir uns – und für einige der Enkel war es das letzte Mal, dass sie den Großvater sahen.

Wie immer fuhren die Eltern Anfang Oktober zur Herbstkonferenz der SMD und verschoben sogar den gemeinsamen Urlaub mit Johann, Frieder und Rebekka in Spanien, um beim Freundestreffen des CVJM-Westbundes dabei sein zu können.

Ich nahm zum ersten Mal in meinem Leben an so einem Freundestreffen teil, um anlässlich meines Buches *Fast wie im Paradies* mit Bildern über die Arbeit der Eltern in Sri Lanka zu berichten. Im Nachhinein bin ich natürlich sehr dankbar dafür, denn so hatte ich noch einmal ein wunderschönes Wochenende mit meinen Eltern zusammen und konnte auch Vaters „alte Heimat", den CVJM, miterleben. Ja, wir überlegten sogar, Mutters 80. Geburtstag im kommenden Jahr in der Tagungsstätte auf der Bundeshöhe zu feiern. Dieses vertraute Treffen auf der Bundeshöhe war für Vater die letzte Möglichkeit, viele Freunde des Westbundes zu sehen.

Im Anschluss an das Freundestreffen flogen die Eltern mit Johann nach Spanien in die Nähe von Valencia zu einem wunderschönen Urlaub. Zunächst einmal machten sie mit Johann große Tagestouren, um zum Beispiel die berühmte Festung Alhambra zu besichtigen. Als dann

Frieder und Rebekka aus China, wo sie seit 2013 leben, dazukamen, war die Freude über diesen gemeinsamen Urlaub perfekt. Frieder schrieb dazu:

Es war ein wunderbares Beisammensein, zwei Tage alleine und dann vier weitere Tage mit Johann (der zwischendurch kurz fortreisen musste). Wie in alten Zeiten haben wir am Strand Karten gespielt, während Mutter gelesen hat bzw. am Strand spazieren war. Mit Vater alleine noch mal im Meer schwimmen zu gehen, war für mich ein besonderes Erlebnis, das ich sehr genossen habe. Sogar Mutter ist noch kurz mit uns ins Wasser gegangen. Wie die Eltern es gerne pflegten, lange Strandspaziergänge zu machen, sind sie auch auf dem langen Strand bei Dénia für über eine Stunde gelaufen. Vater hat sich oft bereit erklärt, in unserem Lieblingsrestaurant direkt am Strand „Schicht zu schieben", weil immer jemand auf unsere Sachen aufpassen musste, und er genoss es, einen Kaffee nach dem anderen zu trinken und ganz „zufällig" abwechselnd mal von mir, mal von Rebekka auf ein Tässchen eingeladen zu werden. Dabei tat er immer ganz unschuldig, als hätte er noch keinen Kaffee gehabt.

Auch ihren 56. Hochzeitstag feierten die Eltern mit den dreien in Spanien. Mittags aßen sie in einem schönen spanischen Restaurant am Strand von Jávea und am Abend gab es noch ein von Johann gekochtes Festessen. Im Nachhinein ist es für unsere Mutter ein Trost, noch einmal so einen schönen Urlaub mit Vater gehabt zu haben.

Der Schlaganfall

Denn knapp zwei Monate später, am Montag vor dem Ewigkeitssonntag 2013, erlitt Vater einen Schlaganfall und wurde ins Schwelmer Krankenhaus eingeliefert. Zunächst ging es ihm eigentlich recht gut und er konnte sich schon am Dienstag mit meiner Schwester Liebgard etwas unterhalten. Doch in der Nacht danach verschlechterte sich sein Zustand rapide, sodass wir gesagt bekamen, wir sollten alle kommen, um uns von ihm zu verabschieden. Dieses Wochenende vom Ewigkeitssonntag war sehr intensiv und gefüllt mit viel singen, beten und

Psalmen lesen. Obwohl Vater sich kaum noch bewegen und auch nicht mehr reden konnte, waren seine Augen doch hellwach und er bekam alles mit. Ja, bei den geliebten Liedern von Paul Gerhardt versuchte er sogar mitzusummen.

Seine Augen leuchteten ganz besonders, als Johann aus Singapur kam und Frieder und Rebekka aus China. Die Orchidee, die Johann ihm mitbrachte, entlockte Vater ein entzücktes „Oh", und man sah ihm richtig an, wie sehr er sich über diesen Gruß aus dem geliebten Sri Lanka freute.

Am 1. Dezember, dem ersten Advent, starb Vater frühmorgens friedlich im Beisein von Liebgard und Brigitte, die die Nacht bei ihm gewacht hatten. Wir waren alle sehr dankbar, dass er nicht lange leiden musste, sondern jetzt in Ruhe daheim in der Ewigkeit sein kann.

Diese Dankbarkeit spiegelte sich auch an seiner Beerdigung wider, die wir am Freitag vor dem zweiten Advent feierten. Das hätte ihm gut gefallen: keine Trauergesänge, sondern Lieder des Dankes für sein gutes Leben, unter den Klängen des Schwelmer CVJM- und Ennepetaler Posaunenchores. Die Predigt hielt Pfarrer Graf aus Rüggeberg über den Konfirmationsspruch von Vater aus 1. Johannes 3,1: „Seht, welch eine Liebe hat uns der Vater erwiesen, dass wir Gottes Kinder heißen sollen – und wir sind es auch." Vaters jüngster Bruder Theo las den Lebenslauf vor, den er sehr präzise und gespickt mit dem typischen Sundermeierschen Humor vorbereitet hatte. Schade war nur, dass durch den plötzlichen Schneesturm an diesem Morgen etliche Gäste und auch Vaters Schwager auf diversen Autobahnen im Stau stecken blieben. Selbst sein Bruder Fritz konnte leider nicht dabei sein, weil sein Flug gestrichen worden war. Aber die anderen Geschwister und viele weitere Verwandte und Freunde waren anwesend.

So war es ein langer, aber getroster Trauerzug, und meiner Mutter taten die vielen guten Worte all der Freunde und der treuen Wegbegleiter sehr gut. Sie war und ist bis heute überwältigt von den vielen liebevollen und wertschätzenden Briefen, die sie bekommen hat und die sie immer wieder liest und sich darüber freut. Das hilft ihr sehr in ihrer Trauer. Dazu trägt auch die Erinnerung an die schöne und bewegende Nachfeier im Rüggeberger Vereinshaus bei, zu der noch viele der Gäste mitkamen.

Dort wurde noch einmal an Vater in all seinem Wirken in bewegenden Reden erinnert. Zu Wort kam nicht nur die gegenwärtige Generalsekretärin des CVJM-Westbundes, Hildegard vom Baur, sondern auch seine langjährigen Freunde und Weggefährten Siegfried Lauer und Fritz Schroth.

Wir Kinder können nur Danke sagen allen, die gekommen sind, die geschrieben und angerufen und die unsere Eltern in all den Jahren treu als Freunde und Fürbitter zur Seite gestanden haben. Als Familie haben wir immer wieder gespürt: Für die Eltern war Familie nicht in erster Linie Blutsverwandtschaft, sondern die große und weltweite Familie Gottes.

Unser Vater hat nie viel geschrieben, aber es gibt ein Gedicht von ihm, das auf sehr schöne Weise ausdrückt, was ihm in seinem Leben wichtig war:

Nun leg in Gottes Hände das Gestern deiner Zeit,
dass er zum Segen wende die Freude und das Leid.
An seiner Hand, der treuen, dein Heute lebe schlicht,
darfst lieben und erneuen des Nächsten Angesicht.
In seiner Hand geborgen dein Morgen nimmt Gestalt,
dein Glaub' hoff ohne Sorgen, Herr Jesu, du kommst bald.
Karl Sundermeier

NACHWORT UND DANK

Auslöser für diese Biografie war eigentlich das Buch *Fast wie im Paradies* über die Arbeit meines Vaters in Sri Lanka. Der Verlag meinte, dass die CVJM-Zeit ja gar nicht darin enthalten sei. So wurde angedacht, ein Buch über das ganze Leben und Wirken meines Vaters in der SMD, im CVJM, in Sri Lanka und in Namibia zu schreiben.

Als ich vor knapp zwei Jahren damit anfing, ging ich davon aus, dass mein Vater bei bester Gesundheit und mit dem Willen, noch mindestens zehn Jahre voll tätig zu sein, mir alle dafür nötigen Informationen geben würde. Keiner von uns ahnte, dass die Fertigstellung der Biografie jetzt doch erst nach seinem Tod erfolgen würde. Deshalb danke ich allen, die mir – gerade für seine Arbeit im CVJM und in Namibia – mit Rat und Tat und einigen hilfreichen Episoden und Geschichten geholfen haben. Auch danke ich allen, die mich immer wieder ermutigt haben, dieses Werk doch zu Ende zu führen. Insbesondere möchte ich hier meine Geschwister nennen, die ja auch ganz anders hätten reagieren können.

Danken möchte ich allen, die jetzt in der Zeit nach dem Tod meines Vaters weiterhin an meine Mutter gedacht haben und denken.

Und ein ganz besonderer Dank gilt meiner Familie. Nach meinem letzten Buch hatte ich Besserung bezüglich der „schnellen Küche" gelobt, ein Versprechen, das ich jetzt wieder einmal nicht halten konnte – und ich fürchte auch weiterhin nicht wirklich halten werde, da schon neue Projekte in meinem Kopf herumschwirren. Aber ich werde mir trotzdem Mühe geben!

So hoffe ich, dass das Buch zu einem Segen wird für alle, die es lesen. Nicht wegen der Leistungen meines Vaters, sondern wegen des großartigen Wirkens unseres lebendigen Gottes, der uns Menschen durch das gesprochene Wort bis heute anspricht – und hoffentlich auch durch das geschriebene.

LITERATURVERZEICHNIS

- 1. ADK Schriftenreihe. Was man von Südwestafrika wissen sollte. Daten und Fakten. Windhuk – Südwestafrika, 1978.
- 850 Jahre Südlengern. Ein Dorf in Minden-Ravensberg. Herausgegeben von der Gemeinschaft zur Förderung des Dorf- und Kulturwesens Südlengern e.V. Verlag Drei Mühlen, Kirchlengern-Südlengern, 2001.
- Afrikanischer Heimatkalender 1978, Windhuk, Allgemeine Zeitung.
- Allgemeine Zeitung Windhuk 67 (12.10.1982), Nr. 196; 67 (14.10.1982), Nr. 196; Sonderausgabe (März 1990).
- Afrikanisch-Deutsche Kulturgemeinschaft (A.D.K.). „Informationen". Windhuk, Südwestafrika, 14.01.1982.
- Wilhelm Busch: Johannes Busch. Ein Botschafter Jesu Christi. Sein Leben – erzählt von seinem Bruder Wilhelm Busch. Aussaat Verlag, Wuppertal 1957.
- Der Leuchtturm. Mitteilungsblatt für Mitarbeiter im Westdeutschen Jungmännerbund (CVJM). Wuppertal-Barmen, 1955–1971.
- Siegfried Groth: Namibische Passion. Peter Hammer Verlag, Wuppertal ^{3}1996.
- Heimat. Deutsches Evangelisches Kirchenblatt für das Südliche Afrika 53 (1980), Nr. 4; 57 (1984), Nr. 2/3.
- Idea Spektrum 40 (1983); 42 (1982); 5 (1984).
- Michael Iwanowski: Wüsten, Pads und Elefanten. Reise-Handbuch Namibia. Reisebuchverlag Iwanowski, Dormagen ^{12}1994/95.
- Constance Kenna (Hrsg.): Die „DDR-Kinder" von Namibia. Heimkehrer in ein fremdes Land. Klaus Hess Verlag, Göttingen/Windhuk ^{3}2007.

- Siegfried Lauer: Leben in der Wüste. Erlebnisse und Erfahrungen. Eigenverlag, Butzbach-Hochweisel 2005.
- Engombe Lucia: Kind Nr. 95. Meine deutsch-afrikanische Odyssee. Ullstein Verlag, Berlin 2004.
- Dieter Oberndörfer: Das Umsiedlungsprojekt Urawela-Augusta in Kandy City/Sri Lanka.
- Ulrich Parzany (Hrsg.): Die Basis trägt. Die Pariser Basis und der CVJM heute. Aussaat Verlag, Neukirchen-Vluyn 2004.
- Protokoll zur Mi-Aus-Sitzung in Gomaringen am 04./05.02.1956, Archiv der SMD-Zentralstelle, Marburg.
- Reisebericht einer Gemeindereise nach Sri Lanka von der Wicherngemeinde in Bad Cannstadt im November 1980.
- Hans Rohrbach: Studenten begegnen der Wahrheit. Die Studentenmission in Deutschland. Entstehung, Weg und Ziel. Marburg ²1959.
- Rundbriefe von Karl und Marlene Sundermeier der Jahre 1971 bis 1993.
- Sri Lanka: Ein Studienbericht über die Studienfahrt einer Gruppe von Studierenden der Abt. Evangelische Theologie an der Ruhr-Universität Bochum vom 18. Februar bis 11. März 1981.
- Walter Stursberg: Glauben, wagen, handeln. Eine Geschichte der CVJM-Bewegung in Deutschland. Aussaat Verlag, Wuppertal 1977.

ANMERKUNGEN

1 Vgl. Hans Rohrbach: Studenten begegnen der Wahrheit. Die Studentenmission in Deutschland – Entstehung, Weg und Ziel. Marburg ²1959, S. 22–23.
2 Vgl. Festschrift zum 50-jährigen Bestehen der SMD, 1999, S. 101.
3 Der Leuchtturm. Mitteilungsblatt für Mitarbeiter im Westdeutschen Jungmännerbund (CVJM). Wuppertal-Barmen. Nr. 3, September 1957, S. 3.
4 Walter Stursberg: Glauben, wagen, handeln. Eine Geschichte der CVJM-Bewegung in Deutschland. Aussaat Verlag, Wuppertal 1977, S. 71.
5 Leuchtturm, Nr. 4, Oktober 1955, S. 18.
6 Vgl. Leuchtturm, Nr. 3, September 1958, S. 7
7 Vgl. Leuchtturm, Nr. 3, September 1958, S. 9 u. 19.
8 Leuchtturm, Nr. 3, September 1958, S. 8.
9 Vgl. Stursberg, Glauben, wagen, handeln, S. 246–248.
10 Vgl. Leuchtturm, Nr. 5, Dezember 1955, S. 6.
11 „Young Men's Christian Association" ist die englischsprachige Version von „Christlicher Verein Junger Männer".
12 Leuchtturm, Nr. 1, Februar 1955, S. 18.
13 Leuchtturm, Nr. 3, September 1960, S. 11.
14 Vgl. Stursberg, Glauben, wagen, handeln, S. 168ff u. 330.
15 „Young Women Christian Association", auf Deutsch: „Christlicher Verein Junger Frauen".
16 Leuchtturm, Nr. 1, Januar 1962, S. 2.
17 Vgl. Leuchtturm, Nr. 2, März 1962, S. 3.
18 Vgl. Leuchtturm Nr. 6, November 1962, S. 7–8.
19 Vgl. Leuchtturm, Nr. 5, September/Oktober 1963, S. 6–8.
20 Leuchtturm, Nr. 5, September/Oktober 1963, S. 8.
21 Leuchtturm, Nr. 1, 1966, S. 16–17.

22 Vgl. Leuchtturm, Nr. 4, 1965, S. 6–7.
23 Leuchtturm Nr. 1, Januar/Februar 1968, S. 26.
24 Leuchtturm, Nr. 2, März/April 1968, S. 14.
25 Leuchtturm Nr. 6, November/Dezember 1969, S. 3.
26 „Gewidmet der Jugend: Wir danken dem deutschen CVJM und Bundessekretär Pastor Hans H. Zeller, durch dessen Bemühungen dieses Jugendzentrum möglich gemacht wurde, eröffnet am 14. Februar 1970 durch Pastor Karl Sundermeier, Bundeswart des CVJM-Westbundes, Deutschland."
27 Vgl. Leuchtturm, Nr. 3, Mai/Juni 1971, S. 2.
28 Leuchtturm, Nr. 3, Mai/Juni 1971, S. 2.
29 Leuchtturm, Nr. 3, Mai/Juni 1971, S. 6.
30 Siegfried Groth: Namibische Passion. Peter Hammer Verlag, Wuppertal, ³1996, S. 17–18.
31 Vgl. Groth, Namibische Passion, S. 21.
32 Vgl. Groth, Namibische Passion, S. 24 u. 26.
33 Vgl. Groth, Namibische Passion, S. 28.
34 Vgl. Groth, Namibische Passion, S. 28f.
35 Vgl. Groth, Namibische Passion, S. 45.
36 Groth, Namibische Passion, S. 45.
37 Heimat. Deutsches Evangelisches Kirchenblatt für das Südliche Afrika. 57. Jahrgang. Nr. 2/3, November 1984, S. 1.
38 Heimat. Deutsches Evangelisches Kirchenblatt für das Südliche Afrika. 57. Jahrgang. Nr. 2/3, November 1984, S. 2.

neukirchener aussaat

Leben aus dem Einen!

Harmonie und Wortgefechte – Töchter erzählen von ihren Väter

Jede Frau hat eine ganz eigene Beziehung zu ihrem Vater, die von Harmonie, Rückhalt oder Wortgefechten geprägt sein kann. 24 bekannte Christinnen, darunter auch Schwesternpaare, erzählen persönliche und bewegende Geschichten von ihren Vätern; u. a. Judy Bailey, Ruth Scheffbuch und die Töchter von Nikolaus Schneider.

Claudia Filker (Hg.)
Mein Vater – Töchter erzählen
gebunden, 238 Seiten, ISBN 978-3-7615-5828-7

neukirchener aussaat

Leben aus dem Einen!

Eine Nomadin und Pfarrerin auf dem Weg zu den Herzen der Menschen

Das Porträt einer einzigartigen Persönlichkeit und engagierten Missionarin: Begleitet von Hund und Esel wandert die Pfarrerin durch die Schweiz und bringt Menschen den Glauben an Gott nahe.

Hetty Overeem
Die Wanderpfarrerin
gebunden, 304 Seiten, ISBN 978-3-7615-6098-3